新闻的"真相"话语

李青藜◎著

光明日报出版社

图书在版编目（CIP）数据

新闻的"真相"话语 / 李青藜著 . -- 北京：光明
日报出版社，2024.9. -- ISBN 978 - 7 - 5194 - 8291 - 6

Ⅰ. G210

中国国家版本馆 CIP 数据核字第 20249A57H1 号

新闻的"真相"话语

XINWEN DE "ZHENXIANG" HUAYU

著　者：李青藜	
责任编辑：杨　茹	责任校对：杨　娜　李海慧
封面设计：中联华文	责任印制：曹　净

出版发行：光明日报出版社

地　　址：北京市西城区永安路 106 号，100050

电　　话：010-63169890（咨询），010-63131930（邮购）

传　　真：010-63131930

网　　址：http：// book. gmw. cn

E - mail：gmrbcbs@ gmw. cn

法律顾问：北京市兰台律师事务所龚柳方律师

印　　刷：三河市华东印刷有限公司

装　　订：三河市华东印刷有限公司

本书如有破损、缺页、装订错误，请与本社联系调换，电话：010-63131930

开　　本：170mm×240mm			
字　　数：302 千字		印　　张：18.5	
版　　次：2025 年 1 月第 1 版		印　　次：2025 年 1 月第 1 次印刷	
书　　号：ISBN 978 - 7 - 5194 - 8291 - 6			

定　　价：98.00 元

献给我的父亲和母亲

此生何幸

前　言

20世纪90年代以来，互联网与传播全球化深刻地影响了全球政治、经济和文化环境，一场媒体革命正在不可逆转地改变着新闻场域及其道德规范。以报道真相作为存在基础的专业媒体，如何在新信息生态中认知新闻与真相的关系？如何认知和阐释真相这一职业核心概念？如何面对信任危机，又如何在这场变革中维护自身的合法性？对于这些问题，鲜有研究从新闻实践者自身的视角进行系统深入的分析。本书从文化分析路径出发，运用话语分析法考察西方媒介体制中的专业媒体关于真相的元新闻话语，既通过新闻工作者自己的眼睛认知真相以及与其相关的身份，又质疑这种认知和自我呈现，力图揭示新闻在社会中的意义。

元新闻话语理论认为，话语实践与社会实践之间存在明确的动态关系，通过话语过程的产生对新闻进行共同理解，并在实践中得到体现，这二者不可分割。因此，专业媒体使用机构性话语阐释真相与事实等核心概念，指向的是职业的根本——什么是新闻（journalism）？谁是新闻工作者（journalist）？这不但关涉其身份的自我认知和在社会中的自我呈现，还影响他们做新闻的方式。

以事实为中心的话语形成于北美和英国的商业性报界，是北大西洋或西方媒介体制的核心内容，并向全世界不均匀输出。因此，本书研究该媒介体制所在国家的专业媒体具有标本意义。同时，21世纪的前20年见证了传媒业和社会的数字化转型，本书的时间跨度对理解专业媒体的观念变迁具有重要意义。

本书以元新闻话语作为理论框架，以EBSCO的Newspaper Source全球报纸数据库作为样本来源，选取5个西方媒介体制国家的专业媒体（共77家）在2000—2021年间发表的包含"journalism"和"truth"的文本（共434篇）作为研究对象，运用话语分析法，对专业媒体前台的显性表述及其意涵进行描述性阐释，之后挖掘后台的潜在意义，结合新闻真相的哲学支点、西方媒介体制的特征、专业媒体的生产实践和社会评价、新信息生态的现实环境对其进行批判性审视。

元新闻话语提供了一个方法，来动态地分析和理解新闻范式，这是一个遭到冲击、加以维护、不断修复或更新的过程。研究发现，在21世纪的头20年，信息与传播技术和社会环境的变化不但没有令专业媒体放弃对真相的宣称，反而强化了真相的地位。在元新闻话语中，"真相"与"新闻"具有语义等价性，建构了二者之间的简单等同，而且是一套以"符合"为核心、包含并超越了"真"或"假"的事实判断，融合了本体论、方法论和价值论的复杂系统。专业媒体将自己建构为真相的化身，在公共传播领域具有排他性的真相垄断权，并仍具有不可替代的社会地位。但是，这种认知和自我呈现是停滞的，未能真诚面对受众，也未能正视传播秩序的变化。过于简化的真相和观念的内在矛盾在理解上制造了分歧和混乱，价值独断主义和传播权力之争导致专业媒体的固执和傲慢，使其无法应对一个媒介融合的世界，也无法给予公众一个有意义的框架，使公众得以形成对新闻内容及其可信度的预期，最终导致专业媒体建构的观念神话和身份神话坍塌。不过，专业媒体的观念危机和身份危机是整个社会认识论危机的一部分，在新的传播秩序中，专业媒体传统理念与规范的闪光内核是社会中的一股稳定性力量，必须保持不变，专业媒体同时需祛除陈腐教条，调整对新闻、真相、新闻真相的观念认知与关系认知，真诚面对受众，在主体间性中走向"无蔽"。

本书立足历史和现实，首先结合研究背景提出了研究问题，明确了研究意义，通过对国内外新闻真相与元新闻话语相关文献的回顾，确定了理论框架和研究方法。

第一章运用文本分析法，考察话语的行动者和主题，绘制出"话语地形（discourse terrain）"，寻找真相在这个话语地形中的位置。研究发现，真相言说的主体是精英媒体，并且通过纳入精英行动者的表述、使用不同的话语策略，将报道真相设置为默认规范和核心价值。新闻真相的生产、流通和消费被置于更大的社会语境之下，展现了一个真相始终遭到威胁和侵蚀的焦虑故事。尽管如此，专业媒体仍然坚守真相的价值，一方面坚持优秀的传统实践和规范，另一方面呼唤范式修补与转换。

第二章结合语义方法和文本分析法，挖掘真相话语建构的真相观念。研究发现：1. 西方媒介体制中的专业媒体建构的真相观念是一个容纳了本体论、方法论和价值论的复杂系统。本体论中的真相是不言自明的客观实在，与新闻（journalism）具有语义等价性。它以事实为本源，具有重大公共属性和负面偏向，而且准确、全面、公正，剔除了观点和情绪。方法论中的真相以追求符合为核心，包含一套实践原则，来使"新闻"符合本体论中的那个"真相"。价值论中的真相既是至善信念，又是规范求真手段的伦理原则，力求目的与手段达到真与善的统一。2. 进入 21 世纪后，真相观念有所变化，体现在曾经占主导地位的客观性范式进一步式微上，真相作为"目的"回归话语体系。个人情感与主观判断在求真实践中得到接纳，透明性原则日益突出，不过，目前尚未形成具有主导性地位的新范式。3. 复杂的真相系统还充满着矛盾。语义等价掩盖了新闻真相并非"真相"，而是基于特定价值判断对社会事件的选择性报道，从而造成了概念上的混乱。此外，不同主体持有不同的价值立场和取向，且求真和求善之间往往存在艰难的取舍和平衡，客观上导致共同体的内部分裂和外部批评。

第三章考察专业媒体自我身份的建构。研究发现，尽管存在有限调整，专业媒体仍然坚持传统地位与角色，排斥其他传播主体，将自己建构为真相代理人和民主的核心，形成了"为公众带来真相"的单向关系和"代表公众挑战权力"的二元对立，并运用各种话语策略维护和巩固这种身份和地位。

第四章将专业媒体建构的真相观念和自我呈现置于新信息生态系统中进行批判性审视，指出话语实践和生产实践存在的矛盾和断裂，专业媒体面临信任危机。专业媒体尽管对信任危机有充分认识，并进行归因和相应调整，但是话语内容存在盲点，既反映了传统新闻认识论的哲学困境，也体现了话语背后的传播权力之争和精英话语体系的封闭与傲慢。这种有意无意的隐瞒和遗漏与专业媒体的真相宣称背道而驰。

以上研究表明，西方媒介体制中的专业媒体运用机构性话语建构的真相观念和身份，未能形成广泛共识，未能真诚面对受众，也未能顺应新信息生态。

第五章联系西方国家当代社会的现状，指出专业媒体面临的信任危机是整个社会认识论危机的一部分。"捍卫知识"就是保护人类社会，专业媒体的存在基础、闪光的理念和规范内核决定了它是"捍卫知识"的重要力量。不过，专业媒体必须重新认识新闻与真相的关系、新闻真相本身、自身角色，祛除观念与身份中的陈腐教条，为新信息生态中的公共传播做出积极贡献。

最后，本书的研究仅仅是一个起点，在大数据风行的环境中，可能存在样本范围不够大和研究方法单一的问题，特别是面对当下复杂多变的新闻实践，未能将新入场的多元传播主体的真相言说纳入研究范围。这需要在未来的研究中将专业媒体和其他传播者的真相阐释进行比较研究。

序

最近30年，网络传播已经发展到数字化和AI智能化阶段，信息的真实性却愈加模糊，于是这个时代又被称为"后真相"时代，这多少有些贬义，因为已有的新闻真实理论遭遇到重大挑战。我们现在通过推理来考察这个问题已经远远不够了，新闻真实需要更多的论据。本书作者把近20年来5个代表性英语发达国家77家各类媒体发表的涉及新闻真实的434篇文章作为观念变化的依据，通过话语分析发现诸多观念变化的轨迹，以及各种观念变化的动因，将新闻实践的话语，努力提升到理论层面。这为推进网络传播条件下的新闻理论研究，提供了丰富的新观念和新的思想资料。

本书立足哲学和新闻文化理论，提出在网络传播时代，专业新闻的文化权威必须来自以生命神圣作为原规范的道德真相。因而，对本专业学者有一定的启发，也适合对社会性传播感兴趣的一般读者。

新闻传播学界与业界的长期脱节，使处于一线的传媒人的思考往往被学界忽视。将传媒人关于本专业的思考作为系统的研究对象，来讨论新闻学基本理念变迁的研究很少，这样做需要沉下心来，花费较多时间和精力。本书作者通过新闻一线人群工作中有意无意阐发的关于新闻的观念，研究现实新闻理念的变化轨迹，从不同学科角度对这些话语进行分析，对新闻传播学界应该有所启示和警醒。

信息要真实，新闻要真实，本来是不言而喻的事情，但在人人都有"麦克风"的情境下，人性的多样、个人的观念和利益、群体的意识形态和群体利益和各种无道德公关手段的运用等，都会影响信息的真实或使信息在传播中被扭曲。在缺乏传播规范的制约和道德的自我约束的情形下，真实、真相这类传播过程中的基本要求显得颇为珍贵，也显得极为脆弱。

列宁有一句名言"真实不应取决于为谁服务"（原文德文：Und die Wahrheit kann nicht davon abhängen, für wen sie dienen soll）。他讲述了一个常识，即真实本身是没有阶级性的，但编辑和传播者是有观点立场的，信息被编辑和被传播的过程本身，已经影响了真实，这很无奈。恩格斯也有一句名言"在这里我们应以历史的公正记录事实"（原文英文：we have here to record facts with historical impartiality）。这个要求谁都会认可，看似平常，但认真掂量起来，就知道做到很难。"历史的公正记录"是要经过时间检验的，这个时间长度经常超越人的生命周期多少倍。我们先不要说主观有意为之的曲解，就以准确转述为目的的专业翻译，也会把原本的信息无意扭曲，就如上面的两句话，第一句至今的最新译文是"真实性不应取决于情报该为谁服务"。第二句至今的最新译文是"在这里我们应以历史学家的公正态度记述事实"。前者错译，后者译文不准确。

这里不是说真实、真相就没有希望得到实现，而是需要在传播的专业领域和传播的社会领域两方面做出努力。信息的传播应该是一种专业，现在传播的专业藩篱被打破，但专业精神对于职业传播工作者来说更要坚守，他们现在似乎在退守，甚至弃守。社会性传播成为主流传播形态，公众的传播权得以扩大应该是好事，但从专业为主的社会行为转变到普遍的社会行为过快，社会公认的传播规范和道德准则需要达成共识，否则无序的传播将会使所有传播者陷于假象的困境，传播者会付出过多的精力用于辨别真假。这里没有使用"建立规范"的概念，因为达成共识是一个过程，外力强迫遵循的结果是无人遵循的。不同社会的文化传统和成熟程度不同，这个过程在不同国度或民族会有快慢之别，但都必须跟上传播科技的步伐。一个充斥虚假信息的社会，传播技术水平越高，越难走出现代化陷阱。

新闻传播学界能够做的，首先是促进专业工作者坚守真实报道的职业规范，目前这样的规范正在不断被专业工作者自己打破，这种情形是很糟糕的，同时在社会层面尽可能广泛地普及辨别真假信息的方法和路径，让人们形成这方面的社会公德意识。我们写文章不要从概念到概念这样说空话，要多一些实际的案例分析。

本书作者在自己设定的范围内，艰辛地做着这项工作。作者从哲学角度把握"真相"观念的历史变迁和当代语境，并结合元新闻话语理论对历时性文本进行分析。同时，作者还将专业媒体建构的"真相"理念置于社会现实中，加以批评性审视，指出话语建构中的盲点。

关于信息或新闻的真实，其实没什么深奥的理论，问题在于信息或新闻的制作、编辑、传播，受各方面的干扰因素太多，以至于永远得不出所有人认可的所谓"原理"。既然所有人都认可"信息或新闻应该真实"这个抽象的道理，我们就在这被认可的道理的基础上，做一些推进信息或新闻接近真实、真相的事情。本书作者在这方面做了一项微小但有意义的工作。

陈力丹

2023 年 7 月 27 日

目 录
CONTENTS

绪　论　不确定性中的追问 ………………………………………… 1

第一节　专业新闻面临不确定性 ……………………………………… 3

第二节　核心概念 …………………………………………………… 7

第三节　"新闻真相"的历史与当代语境 …………………………… 11

第四节　取径元新闻话语理论 ……………………………………… 27

第五节　追问什么？如何追问？ …………………………………… 37

第一章　真相的地位：困境与争议中坚守的核心价值 ………… 44

第一节　真相言说的"话语地形" ………………………………… 45

第二节　真相的恒久价值 …………………………………………… 61

第三节　真相呈现面临日益严峻的困境 …………………………… 66

第四节　求真实践面临持续批评与争议 …………………………… 73

第五节　专业媒体的真相坚守与突围 ……………………………… 77

小　结 ……………………………………………………………… 82

第二章　真相的观念：新闻恰好就是真相吗 …………………… 84

第一节　本体论中的真相：以事实为基础的矛盾实体 …………… 85

第二节　方法论中的真相：以"符合"为核心的实践规范 ……… 98

第三节　价值论中的真相：真相之"善" ………………………… 104

第四节　真相观念的变迁与争议 …………………………………… 113

小　结 ……………………………………………………… 124

第三章　真相的垄断:"唯我独真"的坚守和正当化策略 ……… 127
　第一节　传统角色的坚守 ……………………………………… 127
　第二节　传统角色的有限调整 ……………………………… 138
　第三节　身份的正当化策略 ………………………………… 144
　小　结 ……………………………………………………… 160

第四章　真相话语批判:断裂与盲点 ………………………… 163
　第一节　话语建构与现实的断裂 …………………………… 164
　第二节　信任危机:现实与归因 …………………………… 170
　第三节　话语建构的盲点 …………………………………… 177
　小　结 ……………………………………………………… 198

第五章　新闻与真相的生机:"所有盛开的鲜花" …………… 200
　第一节　依然闪光的内核 …………………………………… 201
　第二节　亟须批判的教条 …………………………………… 214
　第三节　新闻与真相的未来 ………………………………… 220
　小　结 ……………………………………………………… 227

结　语　星空在我头顶,道德在我心中 …………………… 229
参考文献 …………………………………………………… 234
附录一　EBSCO 文本库 …………………………………… 244
附录二　77 家专业媒体一览表 …………………………… 271
后　记 ……………………………………………………… 275

绪　论

不确定性中的追问

　　真相被视为新闻业的"上帝之词（Godterm）"①。美国职业新闻工作者协会（Society of Professional Journalists）伦理规约中第一条提出：追寻真相并加以报道。学者们对此亦有共识，例如，罗恩·史密斯指出："新闻工作者有义务尽力收集信息，一旦获悉真相便公之于众。他们必须勇敢地追寻真相，不受利益冲突的左右。"② 帕特森（Patterson）和威尔金斯（Wilkins）说："每一种传统职业都宣称拥有一条哲学的中心原则。理想的状态下，法律被视为是公正的同义词，医学则被等同于提供援助的责任。新闻事业也有一个崇高的理想：传播真相。"③

　　在我国，"真相"一词在新闻界使用时间并不算长，类似的意思，"新闻真实"和"事实"使用频率更高。④ 第一位为新闻下定义的中国人徐宝璜先生说："新闻者，乃多数阅者所注意之最近之事实也，故第一需确实。凡闭门捏造，以讹传讹，或颠倒事实之消息，均非新闻。"⑤《中国新闻工作者职业道德准则》第三条提出"坚持新闻真实性原则。要把真实作为新闻的生命，坚持深入调查研究，报道做到真实、准确、全面、客观"。陈力丹教授强调："新闻记者首先

---

①　ZELIZER B. When Facts, Truth and Reality Are God-terms: On Journalism's Uneasy Place in Cultural Studies [J]. Communication and Critical/Cultural Studies, 2004, 1 (1): 100 - 119.

②　史密斯. 新闻道德评价 [M]. 李青藜, 译. 北京：新华出版社, 2001：9.

③　帕特森, 威尔金斯. 媒介伦理学：问题与案例 [M]. 李青藜, 译. 8 版. 北京：中国人民大学出版社, 2018：19.

④　关于真实、事实、真相, 我国学者杨保军有专文精辟论述, 本书将在文献部分介绍.

⑤　徐宝璜. 新闻学 [M]. 北京：中国传媒大学出版社, 2016：3.

要对真相负责。"①

事实上，在 20 世纪的大部分时间里，新闻机构的自我形象就是建立在对真相、事实和现实的尊重上，进而将其身份定位为权威知识的提供者和何为真实、何为重要的仲裁者。②

然而，这种宣称存在诸多问题。其一，"新闻工作首先要对真相负责"尽管已经成为人们绝对一致的看法，但是人们对"真相"的含义不甚了解，因为"这些讨论通常没有从现实世界出发。关于'真实'是否存在的哲学讨论多数沦为名学之争"③。

其二，新闻机构、学者和公众对新闻与真相的关系认知存在较大分歧。早在 20 世纪 20 年代，李普曼提出"新闻与真相并非同一回事，而且必须加以清楚地区分"④。2020 年，盖洛普民意调查显示，在美国人严重依赖媒体获取有关新冠疫情、总统选举和其他重大事件信息的时候，公众在很大程度上仍然不信任大众媒体，只有 40% 的美国成年人"很大程度上"（9%）或"相当程度上"（31%）相信媒体能够"全面、准确、公正"地报道新闻，而 60% 的人"不太"（27%）或"完全不相信"（33%）。⑤

其三，随着全球化和数字技术的飞速发展，新的新闻生产者借助互联网技术进入曾经由专业媒体所垄断的新闻场域，专业媒体的生产过程也浸润着公民的参与。新闻业的边界、记者的身份乃至新闻的概念都变得模糊，"真实性这一概念本身的重要性也在减弱"⑥。专业媒体对真相的宣称面临新的挑战。

卡尔·曼海姆强调从概念出发考察不同观念与社会和历史变迁之间的关系，他指出，同一概念在历史的不同阶段会发生变化，也会在不同的使用群体

---

① 陈力丹. 新闻记者首先要对真相负责 [J]. 新闻战线，2011（4）：33-36.

② ANDERSON C，SCHUDSON M. Objectivity，Professionalism，and Truth Seeking [M] // WAHL-JORGENSEN K，HANZITSCH T，eds. The Routledge Handbook of Journalism Studies（2nd ed）. ICA Handbook Series. Routledge，Oxon，2019：136-150.

③ 科瓦齐，罗森斯蒂尔. 新闻的十大基本原则 [M]. 刘海龙，连晓东，译. 北京：北京大学出版社，2014：42-47.

④ 李普曼. 公众舆论 [M]. 阎克文，江红，译. 上海：上海世纪出版集团，2006：256.

⑤ BRENAN M. Americans Remain Distrustful of Mass Media [R/OL]. News Gallup，2020-09-30.

⑥ 尼罗，等. 最后的权利：重议《报刊的四种理论》[M]. 周翔，译. 汕头：汕头大学出版社，2008：208-209.

中存在差别。① 因此，本书对思想观念、特定语境以及相互关联的群体之间的关系进行考察和阐释，可以赋予碎片化的信息以可靠的意义，对"真相"观念的探索，最终指向以其为核心的职业本身——什么是新闻？谁是新闻工作者？

本书意在从现实世界出发，考察主要英语国家专业媒体围绕真相展开的话语，探讨其如何在复杂多元的"后真相"语境里，通过对新闻业的核心概念——真相的阐释，维系新闻业的意义和价值体系，并据此开展实践。

第一节　专业新闻面临不确定性

在 20 世纪的下半叶，二战和冷战带来的政治共识、媒体在经济上的成功，新闻工作者的日益专业化和共同的职业意识形态的巩固，共同促成西方新闻业出现了一段高度现代性（high modernity）时期，在提供真实和直接接触现实的途径方面拥有几乎无可争议的地位。西方新闻业仍然夹在市场逻辑和新闻逻辑之间，但这些紧张并没有影响高度现代主义新闻业的真相宣称。然而，在随后的数十年里，政治共识的崩塌和商业化的严重侵蚀导致记者自我形象中的"完整性和无缝感"被彻底动摇了。② 进入 21 世纪后，情况变得更加复杂。

一、传播技术的革新

全球最成功的在线统计数据门户之一 Statista 发布的最新数据显示，截至 2023 年 1 月，全球共有 51.6 亿互联网用户，占全球人口的 64.4%。其中，47.6 亿人是社交媒体用户，占世界人口的 59.4%。③ 在互联网发展的过程中，每一步技术创新都激发和支持了新兴媒体的发展，例如，万维网、云计算、大数据等，都在不同的阶段起到了相应的作用。最引人注目的是博客及微博技术的出现，降低了网民发布内容的门槛，提高了网民互动的参与度，进而改变了网络

---

① 卡尔·曼海姆. 意识形态与乌托邦［M］. 黎鸣，李书崇，译. 南京：译林出版社，2016：53-54.

② HALLIN D. The Passing of the "High Modernism" of American Journalism［J］. Journal of Communication, 1992, 42（3）：14-25.

③ PETROSYAN A. Worldwide digital population［R/OL］. Statista, 2023-04-03.

传播和网络舆论的格局。最新的挑战是生成式人工智能（generative AI）对新闻业和媒体的潜在影响。

首先，新闻生产数量井喷。互联网和数字技术的升级使每个人都可以将自己耳闻目睹的信息随时随地发布给无远弗届的受众，生产出令人目不暇接的信息。同时，人工智能技术和大数据不但有力地辅助了新闻报道，而且开始直接参与新闻生产。2022 年推出的 AI 生成平台 ChatGPT 允许用户输入文本提示，并根据其通过机器学习与互联网互动获得的知识快速生成文本，进一步引发了人工智能取代新闻工作者的担忧。

其次，新闻内容形式多样。网络新闻报道能够充分结合文字、图片、音频、视频、动漫等元素，使新闻的表现形式越发多样化，特别是可视化手段和互动式新闻的出现将原本可能乏味的新闻报道变得更易被受众接受。最近，VR 技术在新闻传播中的应用更是将受众带入了"真实"的新闻事件场景中，给受众以沉浸式的体验。

再次，新闻发布渠道增加。随着互联网和数字技术的发展，新闻发布渠道逐渐去中心化，从新闻网站到新闻客户端、从 BBS 到博客、微博、微信，再到问答社区，受众拥有了多元、多层次的信息获取途径。传统媒体和新兴媒体、新闻内容提供者和信息资讯平台之间的融合正在深化，其中，社交媒体运用算法为受众提供资讯推送的方法格外受关注。

最后，新闻消费行为发生重大变化。伴随着互联网及移动互联网的普及，受众越来越习惯使用网络接收新闻。路透社新闻研究所 2022 年发布的《数字新闻报告》表明，约四分之一的人更喜欢通过网站或应用程序开始他们的新闻之旅，18~24 岁的人则更喜欢通过社交媒体、搜索和移动聚合器获取新闻。[1]

潜在这些事实之下的是互联网对整个社会的结构性改变，以及对传统媒体的巨大冲击。新闻业和新闻工作者身份的"液态化"使原有的框架不断变形甚至消失，并产生新的意义。因此，这是一个多元传播主体共同界定新闻、共同实践新闻的时代，新闻业的意义需要重新定义。[2]

---

[1] Reutersinstitute. Digital News Report ［R/OL］. Reutersinstitute，2022-06-15.

[2] 陆晔，周睿鸣."液态"的新闻业：新传播形态与新闻专业主义再思考：以澎湃新闻"东方之星"长江沉船事故报道为个案 ［J］. 新闻与传播研究，2016（7）：24-49.

二、政治环境的变化

根据联合国教科文组织的数据，自 2012 年以来，新型政治民粹主义的兴起代表了重要的发展态势，全球新闻报道环境明显恶化。特别是在过去 5 年里，威胁全球言论交流和互联网普遍性的行动有所增加，网络新闻服务被屏蔽，记者被非法监视甚至杀害，媒体网站被黑客攻击。①

一些国家对新闻业的恐吓和限制也在西方世界蔓延。在过去 10 年中，那些以前被认为媒体相对独立和以信息为导向的新闻传统的国家占据了中心舞台。② 这些国家的政府更有可能借助新技术破坏媒体的诚信、削弱其影响力，最终搞垮媒体。③ 讽刺的是，傲于拥有《宪法第一修正案》保护的美国新闻业遭到了最具破坏性的打击：美国前总统特朗普在就任后次日便高调宣布"我和媒体正在进行一场战争"，他每天都会称媒体的报道为"假新闻（fake news）"，抨击专业媒体是"人民的敌人（enemy of people）"。2017 年 2 月，特朗普白宫发言人将包括 CNN、《纽约时报》在内的一些媒体组织排除在新闻发布会之外。2018年，蒙莫斯大学（Monmouth University）进行了一项民意调查，显示四分之三的美国人相信特朗普的指控，认为传统新闻机构报道的是"假新闻"④。

三、专业媒体的衰落

过去 20 多年来，互联网和全球经济衰退导致传统新闻业的衰落。从实体来看，在这场颠覆性的变革中，报纸首当其冲，成为伤亡最惨重的行业。全球报纸"倒闭潮"似乎绵绵无绝期，最近引起全球关注的事件是在 2020 年 2 月 14日，拥有 163 年历史的美国报业巨头麦克兰奇报业集团（McClatchy）申请破产保护。麦克兰奇旗下拥有一家电视台、29 家报纸企业，其中不乏诸如《迈阿密

① 联合国教科文组织. 新闻是一种公共产品：言论自由和媒体发展的世界趋势，全球报告 2021/2022［R］. 巴黎：联合国教科文组织，2021.

② RIBEIRO N，ZELIZER B. When "Formerly" Becomes Now：Populism and the Media［J］. Communication，Culture & Critique，2020（13）：111-116.

③ 科瓦齐，罗森斯蒂尔. 新闻的十大基本原则［M］. 刘海龙，连晓东，译. 北京：北京大学出版社，2014：13.

④ SULLIVEN M. "Fake News"，Has Lost Its Meaning. Is "Truth" Next?［N］. The Washington Post，2018-05-04.

先驱报》(*Miami Herald*)、《萨克拉门托蜜蜂报》(*Sacramento Bee*)等具有一定影响力的报纸,它的破产被视为传统纸媒日渐凋零的最新迹象。伴随着传统媒体的普遍衰落,裁员当然无可避免。根据美国皮尤研究中心的最新调查,近年来,报纸行业的就业率持续急剧下降,2020年,美国平均周日发行量在5万份以上的报纸中有三分之一裁员,超过了2019年裁员的报纸数量的四分之一。另外,曾经被寄予厚望的数字原生新闻媒体也挣扎在商业困境之中,从2016年开始,倒闭和裁员潮仍在继续,2020年数字原生新闻媒体的裁员人数比2019年略有上升。① 路透社新闻研究所2022年的数据显示,自2013年以来,每周印刷品消费量从63%下降到26%,电视新闻使用量从82%下降到65%,而且越来越多的人似乎完全脱离新闻,这一比例在2022年达到5%。②

专业媒体的衰落不仅是生存问题,对其至关重要的公信力也遭遇危机。2016年,美国大选和英国脱欧将专业媒体的公信力打压到历史最低。根据路透新闻研究所2023年发布的数字新闻报告,在46个被调查国家中,总体新闻信任度最高的国家是芬兰(69%),本书的研究对象所在国家新闻信任度依次为爱尔兰(52%)、加拿大(42%)、澳大利亚(41%)、英国(34%)、美国(26%),其中,美国在46个国家中排名最后。③

四、"后真相"环境的挑战

新媒体环境一方面以技术民主给人们赋权,带来了海量信息,另一方面,网上信息鱼龙混杂、真假难辨,在这个信息超载时代,"事实"和"真相"更难获取。聚合分发类平台利用算法机制精准地生产和推送信息,容易导致用户生活在"信息茧房"和"过滤气泡"之中,强化用户的原有立场和偏见。此外,社交媒体作为很多人的新闻来源,其信息过滤所产生的回声室效应导致信息在相对封闭的群体中传播和强化,使用户对新闻信息的重要性产生认知偏向。

因此,正如胡泳所说,我们如今已经进入了事实发展史的第三段:从经典事实和数据事实进入了网络化事实(network fact),它最大的特点就是"大到不

---

① WALKER M, MATSA K. A Third of Large U. S. Newspapers Experienced Layoffs in 2020, More Than in 2019 [R/OL]. Pewresearch, 2021-05-21.

② Reutersinstitute. Digital News Report [R/OL]. Reutersinstitute, 2022-06-15.

③ Reutersinstitute. Digital News Report [R/OL]. Reutersinstitute, 2022-06-15.

可知",其结果:第一,可用事实数量大增,使人们对真相产生愤世嫉俗的态度;第二,网络强化了本来的立场,事实和观点之间的界限不再分明;第三,不论何种观点,网上都永远不可能使所有人都同意。加之20世纪以来,后现代主义和相对主义思潮的影响,人类社会迎来了"后真相"时代。①

"后真相(post-truth)",是指客观事实在形成舆论方面影响较小,而诉诸情感和个人信仰会产生更大影响的情形。2016年,《牛津词典》将"后真相"选为年度词汇,其成为社会中的热词。"后真相"进一步加剧了专业新闻的危机。人们根据自己的既有立场乃至偏见选择自己愿意相信的事实(无论它是真是假),接受并不加核实地转发,导致严肃新闻和事实核查的努力败下阵来,与真正的"假新闻(fake news)"、错误信息(misinformation)、误导信息(disinformation)一起成为攻击对象。更严峻的问题却不在于信息的真假难辨,而在于根本无人关心真假,人们要么抱着对真相毫不在乎的犬儒主义态度,要么质疑一切,这是更加危险的"扯淡(bullshit)"文化。

面对人类社会的巨大变革,以收集、生产、发布真实信息为生存基础的专业新闻应当何去何从?"每一代人都在创造他们自己的新闻事业"②。而做新闻的方式与理解新闻的方式是分不开的,本书要考察的就是新闻工作者"理解新闻的方式"。

第二节　核心概念

新闻业的日常生产实践就是话语实践,它不仅是对社会现实的记录和报道,还包括对日常生产实践的评论和反思,本书研究的是后者——西方媒介体制中的专业媒体围绕新闻与真相展开的评论和反思,即"专业媒体的真相话语"。

---

① 胡泳.后真相与政治的未来[J].新闻与传播研究,2017(4):5-13.
② 科瓦齐,罗森斯蒂尔.新闻的十大基本原则[M].刘海龙,连晓东,译.北京:北京大学出版社,2014:14.

一、西方媒介体制

哈林和曼奇尼[①]研究了欧美 18 个"最相似国家",并在经验研究基础上将其分为三种媒介体制,即"民主法团主义""极化多元主义"和"北大西洋或西方模式"。在哈林和曼奇尼看来,北美和英国的商业性报界"在形成'以事实为中心的话语'(fact-centered discourse)的过程中扮演了先驱角色",并且在全世界范围内被当作规范性理想得到普遍接受,作为研究对象具有标本意义。在北大西洋模式的国家,新闻业是相当强大的机构,其既定角色是信息的提供者和精英话语的来源,其特点是中立的商业报界、信息取向型新闻事业、内部多元主义、广播电视治理的专业模式、专业化强、非制度化的自律、国家干预低以及法理型权威。我们需要说明的是,在哈林和曼奇尼研究的北大西洋或西方模式中不包括澳大利亚,但是作为英联邦国家,澳大利亚与英、美、加拿大同属于盎格鲁世界,本书将其纳入研究视野。

二、专业媒体

专业媒体是指"职业化新闻媒体,将新闻报道视为专业化的社会分工,追求真实客观等专业标准,核心功能是生产专业化的原创新闻"[②]。专业媒体主要由专业媒体及其新媒体的延伸构成,也包括职业化的网络原生新闻媒体。

在旧的信息生态中,专业媒体机构垄断着信息收集和分发渠道,用单向的技术向大众进行传播,专业媒体及其从业者在生产实践活动中形成了相对稳定和一致的职业意识形态和操作规范。新信息生态对专业媒体提出了巨大挑战。在连接一切的互联网这个"高维媒介"上,以往以"机构"为基本单位的社会传播格局被以"个人"为基本单位的社会传播稀释,形成了传播领域的种种"新常态"。专业媒体对信息的垄断以及由此带来的权威进行消解,原有的二次售卖商业模式失灵,社会地位下降,专业媒体和其他组织、机构、个人一

---

① 哈林,曼奇尼. 比较媒介体制 [M]. 陈娟,展江,等译. 北京:中国人民大学出版社,2012:204.

② 张志安,汤敏. 专业媒体的格局变迁与业态重塑 [J]. 新闻与写作,2018(5):62-67.

样，成为错综复杂网络中的一个节点。①

不过，在互联网时代到来之初，主要的新闻组织就已经在互联网上进行了部署，建立了新的新闻领域。② 互联网上流通的新闻多数源于专业媒体，少数具有标志性意义的专业媒体不但没有土崩瓦解，反而还在逆势上升，形成了"赢者通吃"的环境，少数国内和国际大品牌占据了大部分战利品。特别是在新冠疫情发生之后，人们对高质、原创、独立的新闻需求空前高涨。《纽约时报》在2020年增加了100多万数字订阅用户；英国的《卫报》拥有超过100万的常规订阅者，到2020年，其付费应用程序的订阅者增长了60%；《华盛顿邮报》计划在2021年增加150个新工作岗位，创建一个超过1000人的新闻编辑室。③ 显然，专业媒体在满足人们最重要的信息需求方面仍然具有不可替代的优势。

三、真相（truth）

在英语中，新闻业的最高追求就是报道"truth"，即"关于事实的真相——一种就当日事件在赋予其意义的情境中的真实、全面和智慧的报道"④，它首先是一个作为本体的存在，即新闻报道，强调及时、真实、准确、事实与意见分开，以及恰当的上下文。

在汉语中，"truth"除了译为"真相"之外，还译为"真理""真实"。在汉语中，"真理"是一个哲学名词，"指客观事物及其规律在人们意识中的正确反映"⑤。汉语中的"真相"是外来语，出自佛教，"犹言本相、实相。后指事物的本来面目或真实情况"⑥。学者们在翻译与"truth"相关的学术作品时，会根据语境的不同而选择相应的汉语词汇。例如，《真理与真诚》（*Truth and Truthfulness*）的译者徐向东说明：

---

① 喻国明，张超，李珊，等."个人被激活"的时代：互联网逻辑下传播生态的重构：关于"互联网是一种高维媒介"观点的延伸探讨［J］.现代传播，2015（5）：1-4.
② 柯兰，芬顿，弗里德曼.互联网的误读［M］.何道宽，译.北京：中国人民大学出版社，2014：19.
③ Reutersinstitute. Digital News Report 2021 ［R/OL］. Reutersinstitute，2021-06-23.
④ 新闻自由委员会.一个自由而负责的新闻界［M］.展江，王征，王涛，译.北京：中国人民大学出版社，2004：11.
⑤ 罗竹风，主编.汉语大词典：第二卷［M］.上海：汉语大词典出版社，1988：148.
⑥ 罗竹风，主编.汉语大词典：第二卷［M］.上海：汉语大词典出版社，1988：145.

　　"truth"这个概念很难翻译为中文,不仅因为西方人或者西方哲学家对"truth"的本质可以有很不相同的理解,而且也因为在中文的语境中,"真理"这个概念好像有一些特定的含义,甚至具有某些意识形态的色彩。在本书中,按照不同的语境,我将把这个词翻译为"真理""真""真相"或者"事实真相"①。

《新闻的十大基本原则》译者刘海龙亦采取了相同的做法:

　　"truth"一词有真实、真相和真理三种不同的翻译。这三种中文解释在不同的语境中略有区别。在本书中,涉及哲学讨论时译成"真理",作为抽象原则时译作"真实",而在新闻操作层面使用这个概念是译作"真相"②。

　　本书在新闻学语境中讨论"truth"。新闻的意义在于报道充满偶然性的经验世界,而不在于揭示其背后的恒常规律③,因此无法自称"真理"。同时,因为"真实"属于认识论范畴④,无法体现新闻报道的本体存在。考虑到讨论的相关性,本书统一使用"真相"一词,不过涉及中国的学术讨论时,以"真理""真实"为关键词的文献亦在本书的参考范围之内。

　　本书的研究对象既不是本体论意义上的"真相",也不是经过框架化建构后完成的"新闻真相",而是元新闻话语建构出的"真相观念"及与之相关的媒体身份。

四、元新闻话语（metajournalistic discourse）

　　元新闻话语即"关于新闻话语的话语",它可以被定义为评价新闻文本、新闻文本的生产实践或接受新闻文本的条件的公共表达。通过元新闻话语,新闻行业内外的各种行动者争相构建、重申,甚至挑战可接受的新闻实践的边

①　威廉斯.真理与真诚［M］.徐向东,译.上海:上海译文出版社,2013:2.
②　科瓦齐,罗森斯蒂尔.新闻的十大基本原则［M］.刘海龙,连晓东,译.北京:北京大学出版社,2014:41.
③　王亦高.新闻与现代性:从"永恒"到"流变"的世界观转向［J］.国际新闻界,2010（10）:66-72.
④　杨保军.如何理解新闻真实论中所讲的符合［J］.国际新闻界,2008（5）:9-14.

界，以及挑战什么能做、什么不能做的极限。①

本书关于"真相"的元新闻话语即专业媒体在其公开发表的各类新闻文本中，围绕新闻业追求并报道"真相"的实践活动展开的书面或口头评价，它既反映了专业媒体对"真相"观念的认知和定义，也建构着专业媒体的职业身份和社会关系，并直接影响新闻业的生产实践。

第三节　"新闻真相"的历史与当代语境

真相是新闻业的最高理想，可以说，新闻研究的一切都与真相有关，文献浩如烟海，本书从新闻与真相的历史、新闻真相的概念与认知、追求和报道真相的影响因素以及相关规范四个方面梳理文献。

一、新闻与真相历史溯源

我们要理解今天的话语，首先要通过"历史的先验知识"确定它的位置，"这种陈述是怎么出现的，在其位置的不是其他陈述"②。新闻（journalism）是现代性的产物，追溯它与真相在职业历史中的关系，有助于我们理解今天的话语。

（一）新闻求真的萌芽

在 17 世纪初，随着资产阶级登上历史舞台，人们需要自由流通的信息来从事政治、商业活动，定期报刊在欧洲各国几乎同时兴起。"只有当信息定期公开发送，也就是说能为大众所知晓的情况下，才有真正意义上的新闻可言"③。

为党派利益服务的政党报刊（partisan press）作为资产阶级革命的宣传工具，充斥着鲜明的党派色彩和强烈的论战气味，缺乏客观真实的新闻报道。不

---

① CARLSON M. Metajournalistic Discourse and the Meanings of Journalism: Definitional Control, Boundary Work, and Legitimation [J]. Communication Theory, 2016, 26 (4): 349-368.

② 福柯. 知识考古学 [M]. 谢强，马月，译. 北京：生活·读书·新知三联书店，1998：32.

③ 哈贝马斯. 公共领域的结构转型 [M]. 曹卫东，等译. 上海：学林出版社，1999：16.

过，当时的新兴阶级——商人、银行家和市民阶层需要新的、可靠的市场信息和政策信息来决定市场机会，对最新、最可靠、最真实事件记录的渴求成为一种占主导地位的文化欲望。在这个过程中，事实和虚构需要被区分开来，报道和社会评论需要与其他写作形式区别开来。报纸承诺提供可靠的信息，而不是观点或虚构的东西，以此区别于八卦、小册子、时事通信和其他早期现代新闻产品。"最终，新闻记录的是特定个人和特定社区中可验证的事件，这成为一种惯例"。① 1695 年，德国的卡斯帕尔·斯蒂尔勒撰写了世界上第一本新闻指南，提出报纸出版商要通过报道的真实性赢得声誉。②

　　法国学者让-诺埃尔·让纳内考证，自 17 世纪开始，报纸"及时地追寻事实真相是无法克制的愿望"③。1702 年，英国首家日报《每日新闻》（*Daily Courant*）出版，首期告白中提出了关于新闻真实性和客观性的原则："本报创办之目的，在于迅速、正确而公正地报道国外新闻，不加评论，相信读者的智慧，对刊载消息的确切含义一定有正确判断。报纸的义务在于将事实叙述出来，结论应由读者来做。"④ 在美国，早期的新闻工作者试图将自己与他们那个时代的普通八卦区分开。例如，在英法北美战争期间，康涅狄格州的一家印刷商为一篇批评文章的出版辩护，理由是真相"永远不会被谎言的传播所伤害"，"只会让真相显得更加光彩夺目"。在 18 世纪的大部分时间里，殖民地的印刷商认为，对提交给他们出版的材料保持公正的仲裁者角色是最有利于真相事业的。即使在革命之后，报纸开始放弃中立，转而支持党派，声称为真相事业服务仍然是新闻话语的中心。"记者们对真相的祈求不再是对新闻自由的普遍捍卫，而是使自己的出版物合法化的一种手段，同时也败坏了竞争对手媒体的名声"⑤。

　　由此可见，现代新闻业的求真萌芽，源自其服务对象、职业地位和合法性

① CAREY J. A Short History of Journalism for Journalists：A Proposal and Essay［J］. Press/ Politics，2007，12（1）：3-16.
② BROERSMA M. The Unbearable Limitations of Journalism：On Press Critique and Journalism's Claim to Truth［J］. International Communication Gazette，2010，72（1）：21-33.
③ 让纳内. 西方媒介史［M］. 段慧敏，译. 桂林：广西师范大学出版社，2005：31.
④ 陈力丹. 世界新闻传播史［M］. 2 版. 上海：上海交通大学出版社，2007：33.
⑤ VOS T，MOORE J. Building the journalistic paradigm：Beyond paradigm repair［J］. Journalism，2020，21（1）：17-33.

的根本需求。

(二) 新闻求真的胜出和普及

在政党报的观点鼓吹声中, 求真新闻显得十分弱小, "人们都把报纸上刊登道听途说乃至胡编乱造的'新闻'视为正常现象。所谓'真事', 常常是真真假假, 虚虚实实"①。即便美国在19世纪30年代、英国在19世纪50年代分别进入便士报或者大众报刊时代, 它们对真实也并无严格追求。只要能够吸引受众, 进而售卖广告, 这对便士报而言就足矣, 因此, 为了卖报纸而强调轰动效应非事实的"黄色新闻"在19世纪末成为流行的报道风格, 编造假新闻也在所不惜。1835年,《纽约太阳报》报道说, 南非有位教授正在建造世界上最大的望远镜, 它功率极大, 能使人感觉月亮近在咫尺。有关这台望远镜建造工作进展的定期报道引起了读者的极大兴趣。最后,《纽约太阳报》报道说这一工程已完成, 观测结果的报道提到了奇异的植物, 甚至月球上人的足印。此时, 一家竞争报纸揭露了整个报道是一个骗局。这场月球骗局使《纽约太阳报》成为销量最大的报纸, 被揭穿后, 公众并不愤恨, 反倒觉得有趣。②

尽管如此, 真实与可信度仍然是报纸再三申明的原则。19世纪中期, 六便士出版社对新兴的便士报发起了一场"道德战争", 指控其"猥亵、亵渎、敲诈、撒谎和诽谤"③。与此同时, 便士报纸之间展开了可信度的竞争, "每一份报纸都声称其 (事件的) 版本是唯一真实和唯一准确的报道"。19世纪30年代和19世纪40年代早期的废奴主义报刊在敌对的商业报刊面前, 为其事业的真相及其主张的正确性进行了坚决的辩论。废奴报纸《解放者》(the Liberator) 的创刊号承诺要"像真相一样残酷, 像正义一样不妥协"。作为回应, 支持奴隶制报纸的谴责废奴主义者是暴力极端分子, 这些人质疑他们声明的真实性, 甚至狂热的党派主义和耸人听闻的报纸也称自己为"真相讲述者"④。

随着独立报业的形成和记者地位的提高, 新闻报道的真实性日益受到重视。19世纪90年代, 各家报纸在发行大战中为了争取读者, 努力兼顾生动、多彩、

---

① 李彬. 全球新闻传播史 [M]. 北京: 清华大学出版社, 2009: 43.
② 阿特休尔. 权力的媒介 [M]. 黄煜, 裘志康, 译. 北京: 华夏出版社, 1989: 53.
③ 舒德森. 发掘新闻 [M]. 陈昌凤, 常江, 译. 北京: 北京大学出版社, 2009: 46-47.
④ VOS T, MOORE J. Building the Journalistic Paradigm: Beyond Paradigm Repair [J]. Journalism, 2020, 21 (1): 17-33.

娱乐和报道的真实性。曾任《纽约先驱报》和《纽约世界报》副总编的朱利叶斯·钱伯斯回忆自己在19世纪70年代的《纽约论坛报》实习时，被要求"事实，事实，除了事实，什么都不要……僵化的规定，被僵化地执行着"①。当时的记者在某种程度上视自己为科学家，比前人更大胆、更准确、更现实地发掘现代社会的经济和政治真相，来迎合"公众对事实的渴望"。"一堆又一堆的事实堆积成干巴巴的确信，这就是当时美国人民真正渴望的东西"②。

这种基于启蒙运动的真相观认为事实就是事实，不论是谁在提供和阅读。人们当时普遍相信，外在的现象不仅可以确定"真相"，而且就是真相的一个部分。建立于经验主义基础的"现实主义"，使记者几乎不怀疑自己反映现实的能力，因此，像科学家那样去报道描述事实，就等于反映了社会的真相。那时，报纸常以"镜子"命名，意为新闻是一面镜子。从"目击新闻"这样的表述或者"一切适合刊登的新闻"这样的口号到诸如"哨兵""灯塔""先驱""论坛"或者"纪事"这样特定的报纸名称，这些表明新闻记录真实世界事件的功能始终是其最重要的职业考量。③

（三）从镜子到框架

新闻＝事实＝真相，这种看法未能持久。19世纪末，尼采等思想家的怀疑主义和质疑态度在20世纪走进了大众教育。20世纪的实用主义者对启蒙运动的真相观提出了挑战。他们指出，"真相取决于它受到怎样的调查和调查由谁实施"，并反对只存在一种恰当的调查方法的观点。在实用主义的指导下，真相丧失了大部分普遍性。④

第一次世界大战中的宣传、公关业的兴起使人们了解到，事实可以受人摆布，真相可以被建构。人们对理性的质疑使新闻业不再相信事实本身能够说话，事实的堆砌也不足以反映世界的真相。20世纪20年代，记者已经不再相信事实可以不证自明，不再坚持信息的功效。⑤ 李普曼在其富于洞见的《舆论学》

---

① 舒德森. 发掘新闻 [M]. 陈昌凤，常江，译. 北京：北京大学出版社，2009：67-69.

② 舒德森. 发掘新闻 [M]. 陈昌凤，常江，译. 北京：北京大学出版社，2009：61-63.

③ ZELIZER B. Taking Journalism Seriously [M]. California：Sage Publication，2004：24.

④ 帕特森，威尔金斯. 媒介伦理学：问题与案例 [M]. 李青藜，译.8版. 北京：中国人民大学出版社，2018：23.

⑤ 舒德森. 发掘新闻 [M]. 陈昌凤，常江，译. 北京：北京大学出版社，2009：108.

中指出，新闻与真相并不能等同。"新闻的作用是突出地表明一个事件，而真相的作用是把隐藏的事实显露出来，将它们联系起来构成一幅真实的情景，人们能够根据它来行动。更糟的是，新闻还会不由自主地扭曲真相，因为人们对世界的认识都必须经过感情、习惯和偏见这个三棱镜的折射"①。

基于社会和文化的变迁，新闻业开始区分事实与真相，"可信地报道事实已经不够了。现在必须报道关于事实的真相"②。今天的大部分记者都认为报道"有关事实的真相"是理所当然的。事实上，在20世纪，"大部分记者都坚信自己的工作便是尽可能客观——至少是公正地——提供真相"③。但是，这种规范性的要求在现实中不断受到质疑。

以新闻作为研究对象的学术探索从不同的学科和视角出发，对新闻业提供真相的能力和表现提出了连续不断的质疑。20世纪三四十年代的研究就已表明，"媒体以及拥有和使用媒体的实体不仅仅是温和的事实真相供应商，事实上，它们有自己的议程"④。新闻生产实践的经典研究一再表明这一点。大卫·怀特（David White）研究发现，通讯社主编在选择报道时主要基于主观意志，"把关人"成为家喻户晓的术语，逐渐被认为有能力屏蔽、增加和改变信息的人。⑤此后，"把关人"这一概念被一再检视并得到证明。沃伦·布雷德的经典研究《新闻编辑室的社会控制》考察了新闻组织的意志如何通过各种不那么明显的方式规训记者，而记者又是如何"自愿"追随的。⑥20世纪70年代以后，塔克曼、甘斯、吉特林等社会科学家对新闻生产的隐形框架进行了研

---

① 李普曼. 公众舆论［M］. 阎克文，江红，译. 上海：上海世纪出版集团，2006：256.
② 新闻自由委员会. 一个自由而负责的新闻界［M］. 展江，王征，王涛，译. 北京：中国人民大学出版社，2004：12.
③ 史密斯. 新闻道德评价［M］. 李青藜，译. 北京：新华出版社，2001：47.
④ 尼罗，等. 最后的权利：重议《报刊的四种理论》［M］. 周翔，译. 汕头：汕头大学出版社，2008：28-29.
⑤ WHITE D. The Gate Keeper：A Case Study in the Selection of News［J］. Journalism Quarterly，1950，27（3）：383-390.
⑥ BREED W. Social Control in the Newsroom：A Functional Analysis［J］. Social Forces，1955（33）：326-335.

究，从根本上挑战了新闻业声称追寻真相的努力和实践。①②③

（四）对新闻真相的质疑

受众对新闻业能提供真相也持越来越怀疑的态度。1986年，"几乎一半的美国人认为记者不讲道德"；1996年，"大约一半的美国人认为记者没有搞清事实，一半以上的人认为媒体常掩盖自己所犯的错误"④。2003年，《纽约时报》记者杰森·布莱尔因报道中有大量编造、虚构的内容而被辞退，并导致该报主编辞职，这在全球新闻界引起轩然大波。但是，人们也注意到，布莱尔"瞎编乱造的众多受害者保持令人震惊的沉默，表明他们想法全然不同"⑤，因为，"他们感到虚构报道就是新闻业的做事方式"⑥。不少记者也公开承认，他们的报道多多少少歪曲了社会现实。⑦⑧

显然，专业新闻业倡导并建立的真相的逻辑并没有得到普遍认可。"长期以来，专业新闻业一直面临着两大困境，第一个困境来自专业新闻业的社会层面，即作为一种专业，新闻业一直不具备自己的知识壁垒；第二个困境则来自专业新闻业的意识形态层面，尤其是对于客观性问题的强调。"⑨ 最近这40年人们还给这一问题增加了另外一重复杂性：信息爆炸。怀疑论者可以质疑一切他们看到的事实和真相，而社交媒体的出现加剧了这种现象：事实从世界各地奔涌而来，每一个有情绪、有主见的个人只选择自己那一瓢饮。

2018年3月9日，麻省理工学院媒介研究所的三位研究人员在《科学》（Science）发表的研究发现：假新闻比真相扩散更快、更广、更深入、更容

---

① TUCHMAN G. Objectivity as Strategic Ritual：An Examination of Newsmen's Notions of Objectivity ［J］. American Journal of Sociology，1972，77（4）：660-679.

② 甘斯 . 什么在决定新闻 ［M］. 石琳，李洪涛，译 . 北京：北京大学出版社，2009.

③ 吉特林 . 新左派运动的媒介镜像 ［M］. 张锐，译 . 北京：华夏出版社，2007.

④ 史密斯 . 新闻道德评价 ［M］. 李青藜，译 . 北京：新华出版社，2001：13.

⑤ CUNNINGHAM B. Re-thinking Objectivity ［J］. Columbia Journalism Review，2003（4）.

⑥ 帕特森，威尔金斯 . 媒介伦理学：问题与案例 ［M］. 李青藜，译 . 8版 . 北京：中国人民大学出版社，2018：31.

⑦ 阿特休尔 . 权力的媒介 ［M］. 黄煜，裘志康，译 . 北京：华夏出版社，1989：3.

⑧ BROERSMA M. The Unbearable Limitations of Journalism：On Press Critique and Journalism's Claim to Truth ［J］. International Communication Gazette，2010，72（1）：21-33.

⑨ 胡翼青 . 后真相时代的传播：兼论专业新闻业的当下危机 ［J］. 西北师大学报（社会科学版），2017（11）：28-35.

易，因为其新奇性和它煽动的义愤情绪。这项研究的惊人发现是假新闻的快速传播并不是受机器人和算法的影响。这意味着错误信息的驱动者是人，而不是算法或机器人。"向读者和观众讲述真相已成为一个复杂的行业。"①

随着人们对专业新闻实践与运作的理解不断加深，新闻再现真相的能力和可能性不断受到质疑，但是新闻业仍然坚持对真相和真实性的声言，这种"一边明知不可能，一边又宣称讲述真相的悖论，似乎是新闻话语的一个重要组成部分"，成为令人"难以忍受的局限"②。然而，若不声言真相，新闻业何以在社会中立足？新闻业对真相的追求是它存在的理由，是它身份认同的基础，将其与娱乐以及政治观点区分开来，可以使新闻业的特殊地位合法化。③④

二、新闻真相的概念与认知

讨论新闻真相，我们必须理解其背后的哲学支点。从古典哲学对真理的本体追问，到近代哲学的认识转向，古往今来的哲学家对真理的探讨可谓众说纷纭，莫衷一是，仅真相概念本身，在西方哲学史上就经历了以下演化。

真相哲学的进程⑤

出处	真相等于
古希腊	被记住并流传下去的东西
柏拉图	存在于完美世界的东西
中世纪	国王、教会或上帝所说的话
弥尔顿	浮现于"观点的市场"的东西
启蒙运动	可以检验、复制并普遍适用的东西
实用哲学	通过个人的理解过滤过的东西

---

① 帕特森，威尔金斯. 媒介伦理学：问题与案例 [M]. 李青藜，译. 8版. 北京：中国人民大学出版社，2018：24.

② BROERSMA M. The Unbearable Limitations of Journalism：On Press Critique and Journalism's Claim to Truth [J]. International Communication Gazette，2010，72（1）：21-33.

③ ZELIZER B. Taking Journalism Seriously [M]. California：Sage Publication，2004：187.

④ 操瑞青. 作为假设的"新闻真实"：新闻报道的"知识合法性"建构 [J]. 国际新闻界，2017（5）：6-36.

⑤ 帕特森，威尔金斯. 媒介伦理学：问题与案例 [M]. 李青藜，译. 8版. 北京：中国人民大学出版社，2018：22.

新闻业是现代性的产物,其真相观念秉承启蒙运动思想,背后的哲学支点是基于主客观二分法的真相的"符合论(correspondence theory)"。符合论在实在论和可知论的基础上,将世界区分为主体和客体,并认为主体能够通过理性和才智认识客体。其基本的思想是,表征的真伪完全取决于它是否符合现实。最终,真相掌握了事物的本质。它能够被获知,而且能够被重复,不会因人而异或因文化而异。

(一) 新闻真相的概念

新闻真相首先属于存在论的范畴。新闻的本原是事实,新闻是对现实世界的描述,无论是天气、经济状况、政治事件、犯罪,都是关于世界的事情。新闻工作者生产的多数语句都可以确定为真或者确定为假,因此新闻真相是实在论(realism)的。

不过,新闻真相不是简单的、单一的"事实",而是"一种就当日事件在赋予其意义的情境中的真实、全面和智慧的报道"[1]。杨保军指出,"'真相'在直接意义上是与'假相'相对应的概念……真相是指真实地表现了一定对象的实际情况或本质的现象"[2],并对"真相"及其相关的概念"事实"和"真实"进行了细致的区分,指出"真实"是认识论范畴的概念,"是指认识结果与认识对象间的一种关系"[3]。"事实"是"存在","新闻事实"是"可以直接经历、知觉并依据一定的证据证明存在过或存在着的事实"。"真相都是事实,但事实并不都是真相,事实中可能会有假相"。他认为三者之间既有联系又有区别。他还进一步区分了真相真实和假相真实,提出"追求真相真实、追求本质真实,是新闻报道必需的目标"[4]。

自李普曼以来,学者们也都同意存在论范畴的新闻真相是经过建构的,受各种影响因素的制约,对现实的反映是有限的。[5] 科瓦齐和罗森斯蒂尔指出,

① 新闻自由委员会. 一个自由而负责的新闻界 [M]. 展江, 王征, 王涛, 译. 北京: 中国人民大学出版社, 2004: 12.
② 杨保军. 事实·真相·真实: 对新闻真实论中三个关键概念及其相互关系的理解 [J]. 新闻记者, 2008 (6): 61-65.
③ 杨保军. 事实·真相·真实: 对新闻真实论中三个关键概念及其相互关系的理解 [J]. 新闻记者, 2008 (6): 61-65.
④ 杨保军. 简论新闻的真相真实与假象真实 [J]. 国际新闻界, 2005 (6): 53-56.
⑤ 杨保军. 如何理解新闻真实论中所讲的符合 [J]. 国际新闻界, 2008 (5): 9-14.

"新闻所追求的真实是一种操作性的或实用的真实。这种真实不是绝对的或哲学意义上的真实，不是化学方程式那样的真实"，真相，只是"相对于现有证据来说的最具可能性的陈述"①。在这个"陈述"中，其必然存在陈述者的判断和阐释。"新闻报道是一个阐释，真相只可能最接近现实。问题不在于阐释本身，而在于阐释的正当性、合理性和解释的权力"。②

美国新闻学者芭比·泽利泽索性认为，真相是一个"堕落的神"。基于文化研究对权力与知识生产的关系的分析，新闻工作者仍将真相当作上帝之词"是一种令人不安的证据，表明他们对一个堕落之神的有点盲目的忠诚"③。尽管如此，由记者转型为学者的泽利泽还是给新闻真相下了这样一个定义：

> 真相是优秀新闻的原则之一，在新闻制作实践中，新闻工作者不仅将它作为一个绝对的实体靠近，而且将它作为一个能够实现的实践目标。真相指按照事物"真正的模样"进行报道的能力，它有赖于多重相邻的价值观，包括与事实、准确、声言的真实相符合。它是新闻工作者组合和核实事实，并将它们收集到一个报道中的结果，需要新闻工作者有能力使其最大限度地以可信和可靠的方式接近现实世界中正在展开的行动。④

这个定义可以被视为一个"系统"，即真相既是一个可以无限靠近的实体，又是新闻业的实践目标，同时还是一整套操作原则和能力。她并确认新闻真相具有主观性，是再现之真，是由新闻工作者对经过核实的、准确、真实的事实进行的组合。对这些事实的选择、强调和淡化的结果是力争忠实地展示现实世界。

（二）新闻真相的认知

从认识论的范畴而言，有学者持符合论："新闻真实论所讲的'符合'，追

---

① 科瓦齐，罗森斯蒂尔. 新闻的十大基本原则 [M]. 刘海龙，连晓东，译. 北京：北京大学出版社，2014：34.

② LISBOA S, BENETT M. Journalism as Justified True Belief [J]. Brazilian Journalism Research, 2015, 2 (2)：10-28.

③ ZELIZER B. Taking Journalism Seriously [M]. California：Sage Publication, 2004：188-189.

④ ZELIZER B, ALLAN S. Keywords in News & Journalism Studies [M]. New York：The McGraw-Hill Companies, 2010：162-163.

求的是新闻与'事实真相'的符合,不是一般意义上的与'事实现象'符合;新闻真实论所讲的'符合',是可以检验的、可证明的符合。"① 巴西学者指出,"新闻真相是新闻话语和事实的本体存在相符合。这就是说有一个不依靠于观察者而存在的外部现实。人们对新闻的信任取决于新闻真相与现实的关系"②。

真相的符合论建立在启蒙运动的实证主义二分法之上,因此在现代性危机中,"社会科学的反基础主义与长期以来的攻击相结合,在真相的符合观上制造了危机。维持一个与人类意识相分离的不容置疑的领域几乎是不可能的"③。符合观的消解给真相的概念带来了困境,特别是由数字技术推动的公共领域的转变为公共表达和多种多样的信仰社群提供了机会,而这些社群在参与新闻和信息时拥有不同的认识论,以科学理性作为唯一合法模式来规范知识的现代工程崩溃,这才是"后真相"的真问题。④

于是,在符合论之外,有学者提出,新闻之真是符号的"再现之真",而非"客体之真",并引入皮尔斯的社群真知概念,提出"后真相时代的新闻求真之路,是一个社群间明亮对话、理性互动并最终通往公共合意的过程"⑤。还有学者认为,"当我们把新闻求真的过程视为在探究社群的基础上去寻找真知的时候,新闻求真将是一个由多元新闻活动主体共同进行的永无止境的解释过程",因而"比以往任何时候都更有机会接近事件的真相,更有机会发现更多的真相"⑥。如此,新闻业"从错误信息、误导性信息或自吹自擂的信息中剥离出有用的信息,接着观察社群的反应,然后再完成去伪存真的过程,使寻找真相

---

① 杨保军. 如何理解新闻真实论中所讲的符合 [J]. 国际新闻界,2008 (5):9-14.
② LISBOA S, BENETT M. Journalism as Justified True Belief [J]. Brazilian Journalism Research, 2015, 2 (2):10-28.
③ CHRISTIANS C. Media Ethics and Global Justice in the Digital Age [M]. New York: Cambridge University Press, 2019:141.
④ WAISBORD D. Truth is What Happens to News: On Journalism, Fake News, and Post-truth [J]. Journalism Studies, 2018 (19):1866-1878.
⑤ 李玮,蒋晓丽. 从"符合事实"到"社群真知":后真相时代对新闻何以为"真"的符号哲学省思 [J]. 现代传播,2018 (12):50-58.
⑥ 张骋. 后真相时代新闻求真的困境与出路:基于符号现象学"真知"视角的思考 [J]. 湘潭大学学报 (哲学社会科学版). 2019 (7):130-135.

的过程成为一场对话"①。近年来，数字技术的赋权凸显了受众的作用，新闻和真相的概念不再是新闻工作者单方面决定的对现实的准确描述。真相不是固有的观念，而是被证明或被否定的动态过程。这种洞察力有助于将"新闻的真相"作为一个集体过程而不是作为特定新闻故事的属性来看待，由此体现了真相的"共识论（concensus）"。

美国学者克里斯琴斯认为，真相最佳的定义是希腊语中的"无蔽（Aletheia）"，意思是"真正的公开"。他指出，在全球化时代，真相不同于诞生在西方现代化语境下的客观和准确，而是在后现代语境下的"彻底的披露（authentic disclosure）"和"充分的阐释（sufficient interpretative）"。作为新闻专业核心的真相，其需要从现代主义形态中解放出来。后现代性时代的真相应该被置于义务论的地位。真相首先应成为价值论，而不应局限于认识论②，特别是在全球化时代，以真相本身作为最高的道德召唤，或能整合不同类型的新闻媒体，让它们在更一般的新闻原则下和谐共存。

> 讲述真相本质上不再是认知问题，而是整合人类意识和社会构成。真相意味着找到丰富的消息、直击问题的核心、本质和中心。真相必须是充分的阐释。……事实和阐释之间并没有严格的界线，因此真实的表述必须包括恰当可信的阐释，而非第一印象。优秀的记者用态度、文化、报道对象的语言和正在报道的事件编织出一幅真相的挂毯。他们揭露的真相在理论上可靠，在事件上真实。③

三、呈现真相的伦理规范

真相并不会主动打开自己，对于新闻这样的低自治领域，追寻真相的道路可谓荆棘丛生。因此，记者必须采用多重手段来追求并报道新闻真相。"媒体公信力不是理所当然地自动获得而是成为话语互动的结果，其建构真相的策略和

---

① 科瓦齐，罗森斯蒂尔. 新闻的十大基本原则 [M]. 刘海龙，连晓东，译. 北京：北京大学出版社，2014：53.

② 甘丽华，克里斯琴斯. 全球媒介伦理及技术化时代的挑战——克利福德·克里斯琴斯学术访谈 [J]. 新闻记者，2015（7）：4-14.

③ CHRISTIANS C. Media Ethics in Education [J]. Journalism & Communication Monographs, 2008, 9（4）.

原则自然面临着更新和改变。"① 在数百年的实践中，这些方法和手段逐渐形成并体现在行业协会、新闻机构制定的伦理规约之中。例如，美国职业新闻工作者协会（Society of Professional Journalist）的伦理规约包括 4 个基本原则，第一个原则就是"追寻并报道真相"，强调新闻的准确和公正，以及新闻工作者在收集、报道和解释信息时的诚实和勇气。以揭露巴拿马文件和天堂文件一举成名的国际调查记者联盟（International Consortium of Investigative Journalist，ICIJ）集结了全球 140 多个国家的新闻组织和机构从事调查报道，它的编辑方针便采用了 SPJ 的伦理规约。在大众媒体时代，追寻真相最重要的主导性伦理原则就是客观性，是被集中论述的原则。

启蒙运动的真相观是客观性原则的基础。它的最低要求是新闻工作者将事实与意见区分开。它是一种获知方式，将人类感觉与事实、知识相联系，它还是一种信息收集的过程。多数学者认为，美国报业在 19 世纪中期随着便士报的兴起开始拥抱客观性，当时社会对世界的解释从宗教转向科学和经验。② 但是，舒德森认为，客观性正式诞生在 20 世纪 20 年代，其崛起"与其说是因为天真的经验主义和对事实的盲从，还不如说是对怀疑主义的回击"③。此后，"作为一种被认可的有效报道现实世界的方法，新闻客观性体制牢固地根植于新闻工作者的职业规则和标准中、新闻传媒经济和其他组织的原则中，以及更广泛的文化认知和社会权力的关系中"④。在 20 世纪后半叶，客观性几乎取代了真相，成为新闻业的目标。

但是，客观性从诞生之日起就处于重重炮火之下，"有人诅咒它的虚伪，有人悲叹它的式微，有人以捍卫它为借口来影响公共舆论，更有人在客观性旗帜下与影响媒体的外部政治经济权力进行抗争"⑤，结果，"近些年，对新闻报道

① 夏倩芳，王艳. 从"客观性"到"透明性"：新闻专业权威演进的历史与逻辑［J］. 南京社会科学，2016（7）：97−109.

② CUNNINGHAM B. Re−thinking Objectivity［J］. Columbia Journalism Review，2003（4）：209.

③ 舒德森. 发掘新闻［M］. 陈昌凤，常江，译. 北京：北京大学出版社，2009：110.

④ 哈克特，赵月枝. 维系民主？西方政治与新闻客观性［M］. 修订版. 沈荟，周雨，译. 北京：清华大学出版社，2010：序言 18.

⑤ 哈克特，赵月枝. 维系民主？西方政治与新闻客观性［M］. 修订版. 沈荟，周雨，译. 北京：清华大学出版社，2010：序言 8.

带有偏见的指责越来越多。因此，许多记者对'客观'一词退避三舍，转而使用'平衡''公正'等字眼"①。作为客观性的双胞胎卫士，"公正"和"平衡"也一样受到批评，因为"通常新闻平衡都被错误地理解为类似数学上的平等，就好像一则好的报道中，双方的引语数量一定要相等"②。还有学者从客观性的哲学基础上抨击其可能性，认为"客观主义和相对主义是双胞胎，都导致了对真相的消解"，因此"迫切需要一劳永逸地克服客观性范式，用一种新的范式取代它"。

然而，作为新闻业占主导地位的职业规范，客观性无可取代，主要的原因是还没有什么原则能够取代它。科瓦齐和罗森斯蒂尔认为，原始的客观性是一种方法，而不是一个目标，这个观念应该被反复强调。③ 而在舒德森看来，20世纪60年代晚期到70年代，一种新的标准超越并取代了原有的客观性观念，他称为从"客观性1.0"向"客观性2.0"的转变。"客观性2.0"的新闻变得更加富有开拓精神，有时调查属性更强，经常带有分析性质，从而正面承认了"记者要做出判断"，即他们需要做出选择。舒德森赞赏这种转变，同时指出，"如何将记者本身的价值融入新闻生产之中，探寻一种更稳定、更具阐释力的新闻业，成为当前新闻业的另一核心任务"④。

作为一种逼近真相的方法，客观性以及与其相邻的准则，例如，一整套检验信息的方法，将所有证据公布于众，仍然是报道新闻真相的最重要的伦理原则。互联网时代对客观性原则提出了更为严峻的挑战，作为回应，"透明性"原则逐渐受到重视。"透明意味着在新闻报道中植入一种新的意识，说明新闻是如何获得的，以及为什么要用这种方式表达"⑤。2010年前后，"透明性"开始陆续明确地被写入一些新闻伦理教科书和行业规范中。2011年，美国公共广播公司

---

① 班尼特. 新闻：幻象的政治 [M]. 杨晓红，王家全，译. 9 版. 北京：中国人民大学出版社，2018：228.
② 科瓦齐，罗森斯蒂尔. 新闻的十大基本原则 [M]. 刘海龙，连晓东，译. 北京：北京大学出版社，2014：105.
③ 科瓦齐，罗森斯蒂尔. 新闻的十大基本原则 [M]. 刘海龙，连晓东，译. 北京：北京大学出版社，2014：100-101.
④ 舒德森，李思雪. 新闻专业主义的伟大重塑：从客观性1.0到客观性2.0 [J]. 新闻界，2021（2）：5-13.
⑤ 科瓦齐，罗森斯蒂尔. 新闻的十大基本原则 [M]. 刘海龙，连晓东，译. 北京：北京大学出版社，2014：118.

（Corporation for Public Broadcasting）将透明性作为其新的标准和实践政策的基础。2014 年，SPJ 修订的伦理规约将原来的第四条原则"可问责（Be Accountable）"修订为"可问责和透明（Be Accountable and Transparent）"，标志着近 20 年对透明性的呼吁，其正式成为新闻职业社群认可的伦理规范。

四、呈现真相的困境

一个多世纪以来，人们不断质疑新闻报道追求和呈现真相的意愿和能力。在确认新闻报道在呈现关于事实的真相方面力有不逮的共识基础上，学者们进一步探讨了"为何如此"。

第一，社会政治制度和意识形态无可避免地决定了新闻业的基本图景，只不过在某些地方，这只手是隐形的，而在另一些地方，这只手是具象的。1956 年，《传媒的四种理论》在开篇追问："传媒为什么是现在这个样子？为什么它为不同的目的服务？为什么在不同的国家，它的表现形式存在极大差别？"它给出的答案虽受到广泛争议，但是其基本观点历久弥新："传媒总是带有它所属社会和政治结构的形态和色彩，尤其是传媒反映了一种调节个人与社会关系的社会管制制度。"① 联合国教科文组织发布的世界媒体发展趋势报告指出，近年来，全球各地的媒体都面临新的压力，并呈现发展的趋势。②

第二，媒体的组织形式和商业模式给新闻生产打上了深深的烙印。在实行自由市场的国家，大众传播机构始终纠结其身份：它究竟是一桩生意，还是社会公器？有责任感的新闻组织及其成员无论付出多少努力践行新闻专业主义，总逃不脱"公共利益和媒介责任始终是私利至上的经济压力的牺牲品"这一宿命。③"随着大众媒介成为巨大的、经济强势的机构，他们加入了政治学家 C. 赖特·米尔斯所称的'权力精英'中，即民主社会中的统治阶级中。……如果拥有多家媒体的集团只关心利润而非变化，我们还有哪家新闻组织可以被信

---

① 西伯特，彼得森，施拉姆. 传媒的四种理论［M］. 戴鑫，译. 北京：中国人民大学出版社，2008：2.

② 联合国教科文组织. 新闻是一种公共产品：言论自由和媒体发展的世界趋势：全球报告 2021/2022［M］. 巴黎：联合国教科文组织，2021：6.

③ TEBBEL J. Journalism：Public Enlightenment or Private Interest？［J］. Annals of the American Academy of Political and Social Science，1966，363（1）：79-86.

任呢？当媒介公司为了追求利润而扩张时，谁来当监督者呢？"①

第三，传统的新闻生产过程本身影响着真相的呈现。从沃伦·布雷德的经典把关人研究发现新闻工作者的行为动机，这多多少少是为了追求无冲突的环境和形成参照群体的需要。约翰·加尔通和玛丽·鲁格对把关行为和选择的研究显示，就理解新闻实践和新闻生产而言，一个看似十分简单而局限的框架实则是根据一些新闻价值或标准而实施的一系列选择过程，它们影响了对新闻事件的理解。② 盖伊·塔奇曼的新闻编辑室研究指出新闻机构的日常工作程序无须刻意造成新闻报道的倾向性，最终"记者及其供职媒体的日常工作导致新闻报道'权威—失序'的倾向性，并继而带来新闻的个人化、戏剧化、碎片化"③。

第四，作为新闻产品的直接负责人，新闻工作者体制和组织的要求和压力最终会体现在他们自己身上。新闻工作者是一个个活生生的人，在政治控制、市场控制和专业控制之外，亦有着各自的阶级、教育背景和个人喜好。因此，有人可能为了金钱利益制造假新闻或者压制隐瞒某些新闻，甚至搞新闻敲诈。这可能因为个人的认识水平而轻信新闻来源或者无从寻找真相，也可能有意无意地将自己的偏见加诸新闻产品之上从而影响受众的判断。当然，在任何时代都有优秀者和堕落者，因此，我们只有"使媒介的公德和新闻人的私德各就其位，互动共进良性循环"，才能够"达到媒介社会公德与记者品行私德的有机统一"④。

第五，新媒体环境带来了更加复杂的因素。以互联网为核心的"技术丛"使新的媒介组织形式和数不清的公民自媒体得以参与新闻报道活动，促成了"后新闻业时代"的诞生。⑤ 技术的进步导致真相更加难以获得，假象更加逼

① 帕特森，威尔金斯．媒介伦理学：问题与案例［M］．李青藜，译．8 版．北京：中国人民大学出版社，2018：162.
② GALTUNG J，RUGE M．The Structure of Foreign News［J］．Journal of Peace Research，1965，2 (1)：64-91.
③ 班尼特．新闻：幻象的政治［M］．杨晓红，王家全，译．9 版．北京：中国人民大学出版社，2018：192.
④ 陈绚．论记者的私德与媒介的公德［J］．山西大学学报（哲学社会科学版），2016 (1)：69-75.
⑤ 杨保军．"共"时代的开创：试论新闻传播主体"三元"类型结构形成的新闻学意义［J］．新闻记者，2013 (12)：32-41.

真。2018 年兴起的深度伪造（deepfake）、2021 年脸书改名 meta 的"元宇宙"，这些似乎都在将人类驱逐回那个"洞穴"，人类都是山洞中的囚犯，他们看到的世界，不过是外界投射在洞壁上的影子。①

综上，100 多年来，随着社会、文化、技术的变迁，新闻学研究对"真相"的理解经历了从镜子到框架的变迁，对新闻真相的认识存在"符合之真""再现之真""符号之真""社群之真""具身真实"等不同观点。在今天，不少学者认为，新闻真相的内容已经不仅仅是单纯的"准确+客观"的事实，而是基于伦理判断，对多元传播主体提供的事实进行选择和组合，是一个"去伪存真的过程"，最终不但最大限度地接近"事物的本来面目"，而且具有引领社会良善的道德意义，并需要在受众中加以实现。

不过，新闻学术界现在多从哲学层面和规范性视角出发，围绕"新闻"与"现实"之间的表征关系及其合法性加以探讨，却鲜有对新闻工作者自身如何理解这一概念的经验性研究，从业者如何理解自己从事的工作、如何建构职业理念决定他们的日常实践。② 正如格尔茨指出的，如果你想理解一门学科是什么，你首先应该观察的不是这门学科的理论或发现，更不是它的辩护士说了些什么，而是观察这门学科的实践者在做什么，也就是详尽的"深描"（thick description）。通过深描，人们能够理解"眨眼"这个动作，这个动作是人类作为动物的本能反应，还是带有文化意味的"挤眼"。在格尔茨看来，人是悬在由他自己所编织的意义之网中的动物，文化就是这样一些由人自己编织的意义之网，因此，人们对文化的分析不是一种寻求规律的实验科学，而是一种探求意义的解释科学。③ 凯瑞主张将传播视为文化。在凯瑞看来，文化研究追求的不是预测人类行为，而是理解人类行为、诊断人的意义。因此，现代社会科学应当了解自己的研究对象，而不是把意义强加在研究对象身上。④ 凯瑞所推崇的基本路径立足于历史或现实（经验），理解作为文本的新闻传播过程及传播技术，并对其意义展开阐释。循此路径展开的新闻文化研究，尊重参与者，"既不提供抽

---

① 柏拉图. 理想国［M］. 郭斌和，张竹明，译. 北京：商务印书馆，1986：272.
② DEUZE M. What is Journalism? Professional Identity and Ideology of Journalists Reconsidered ［J］. Journalism：Theory Practice and Criticism，2005（6）：443-465.
③ 格尔茨. 文化的解释［M］. 韩莉，译. 南京：译林出版社，2014：6.
④ 凯瑞. 作为文化的传播［M］. 丁未，译. 北京：中国人民大学出版社，2019：51.

象的、框架外的、从上至下的、有距离感的所谓'应有的看待新闻业的方式'，也不认为新闻业必须规范地为民主、善治或保障公民参与而服务。……文化检视的是新闻记者及媒体从业者，严肃地看待他们，给他们发声的可能"①。文化分析假定，新闻工作者利用集体的、通常是默会的知识成为这个群体的成员，并随时间的推移保持成员身份。文化视角的研究既通过新闻工作者自己的眼睛看待新闻，又质疑新闻工作者的自我呈现，进而揭示新闻业在社会中的意义。② 这对我们理解身处巨大变革、从职业到身份都面临挑战和威胁的新闻业具有格外重大的意义。

第四节　取径元新闻话语理论

在费尔克拉夫看来，"话语"用于"指称口头语言或书写语言的使用"，在使用"话语"一词时，是"把语言使用当作社会实践的一种形式"③。新闻的日常工作就是话语实践，这些话语一方面反映和建构社会现实，另一方面也在反映和建构新闻本身的社会意义和角色。率先将话语分析引入媒体研究的梵·迪克、费尔克拉夫等学者对新闻的话语研究均聚焦于新闻报道，分析其如何建构社会现实。④⑤ 美国新闻学者芭比·泽利泽则将新闻话语的研究领域转向新闻工作者对新闻工作的评估和讨论。她研究了新闻工作者对重大公共事件的现时模式（local mode of interpretation）和延续模式（durational mode of interpretation）的阐释，认为他们通过共享的话语和对关键公共事件的集体阐释形成一个阐释共同体（interpretive community），并通过这种话语"讨论、审视、有时挑战围绕新闻实践的主流共识，帮助他们适应不断变化的技术、不断变化的环境和不断变化的新闻工作的地位"，从而创造了职业行为的标准，在话语实践中形成了新

---

①　陈静茜，白红义. 新闻业能做什么［J］. 新闻记者，2018（7）：84-90.

②　ZELIZER B. Taking Journalism Seriously［M］. California：Sage Publication，2004：192-193.

③　费尔克拉夫. 话语与社会变迁［M］. 殷晓蓉，译. 北京：华夏出版社，2003：58-59.

④　梵迪克. 作为话语的新闻［M］. 曾庆香，译. 北京：华夏出版社，2003.

⑤　GAMSON W，MODIGLIANI A. Media Discourse and Public Opinion on Nuclear Power：A Constructionist Approach［J］. American Journal of Sociology，1989，95（1）：1-37.

闻的意义和新闻职业共同体。① 在这个意义上，新闻（journalism）本质上被视为一种话语制度（discursive institution），一直处于关于新闻在社会中的意义和角色的对话中，围绕话语权威进行斗争的状态。②

泽利泽的研究正式开启了新闻学的文化分析路径。此后，许多新闻学研究探讨了新闻工作者如何使用话语来建构身份认同、从事边界工作、适应新的环境、评价新闻实践，进而维持自己作为公共领域发言人的文化权威。"这些研究促进了对新闻各个方面的考察，而这些方面往往被其他的学术视角所忽略"③。

美国学者卡尔森进而将这种研究路径概念化为元新闻话语理论。元新闻话语理论的前提是，新闻业是一个社会建构的、流动的职业，理解该行业的定义、实践和伦理的方法之一是检视由行业内外的行动者发表的关于该行业的话语，这就是"元新闻话语"，即"关于新闻话语的话语"。它可以被定义为"评价新闻文本、新闻文本的生产实践或接受新闻文本的条件的公共表达"。元新闻话语理论将理解和建构新闻业的话语主体从新闻生产者扩大到非新闻行动者，将话语产生的场所扩大到新闻场所和非新闻场所，并将元新闻话语的主题分为反应性的（某一特定故事、记者或新闻渠道的反应）和生成性的（与源自对当代新闻的广泛考虑的一般性讨论），之后将这一话语过程与定义制定、边界设置和合法化的过程联系起来，以此作为"一种综合的理论方法，将新闻的意义与对实践的理解联系起来"④。

近年来，使用元新闻话语理论的研究在国内外已大量出现，大致围绕元新闻话语对内（新闻业）和对外（社会和受众）的作用、新闻角色/身份认同、边界工作/文化权威、核心概念的认知与理解展开探索。

① ZELIZER B. Journalists as Interpretive Communities [J]. Critical Studies in Mass Communication, 1993（10）：219-237.

② HANITZSCH T, VOS T. Journalistic Roles and the Struggle Over Institutional Identity：The Discursive Constitution of Journalism [J]. Communication Theory, 2017, 27（2）：115-135.

③ ZELIZER B. Taking Journalism Seriously [M]. California：Sage Publication, 2004：192.

④ CARLSON M. Metajournalistic Discourse and the Meanings of Journalism：Definitional Control, Boundary Work, and Legitimation [J]. Communication Theory, 2016, 26（4）：349-368.

一、元新闻话语的作用

元新闻话语是一种强大的建构性力量。通过元新闻话语，新闻工作者一方面不断向社会宣讲新闻业在民主治理运作中的中心地位，另一方面帮助记者理解新的实践、环境，并加以调适。

例如，在疫情防控中，新闻工作者的元新闻话语将历史作为一种资源，提醒读者新闻业的公共服务角色，以及它在市场上失败的后果。这些关键的话语实践确立和稳定了新闻工作的专业功能，并使人们理解记者在报道新闻时所扮演的角色。① 另外，疫情防控期间的元新闻话语研究得出了类似的结论，展示了当面临危机时，报纸如何宣传自己在民主和社区中的作用，来吸引读者，并保持新闻工作的生命力。②

学界更多研究聚焦于新闻工作者如何通过元新闻话语理解和适应新闻业变革。例如，澳大利亚的"媒体条线"（mediabeat）记者在报道 2012 年费尔法克斯报业（Farefax）的裁员，以及 2020 年澳大利亚联合通讯社（AAP）关闭两个重大事件时的方式有所不同，显示了媒体内外的利益相关者通过积极讨论行业转型对新闻质量和知情公众的影响，并对新闻业变革叙事的发展做出了贡献。③ 美国新闻工作者关于 6 起著名的新闻不端事件的记忆表明，新闻界在面对新出现的紧张局势时，通过重新唤起对过去不当行为的记忆来理清自己的思路。④ 营利性数字新闻初创公司的创刊宣言公开定义了新闻业的变与不变，既肯

① PERREAULT G, PERREAULT M, MAARES P. Metajournalistic Discourse as a Stabilizer within the Journalistic Field：Journalistic Practice in the Covid-19 Pandemic［J］. Journalism Practice，2022，16（2-3）：365-383.
② FINNEMAN T, THOMAS R J. "Our Company is in Survival Mode"：Metajournalistic Discourse on COVID - 19's Impact on U. S. Community Newspapers［J］. Journalism Practice，2022，16（10）：1965-1983.
③ ZION L, SHERWOOD M, O'DONNELL P, et al. Media in the News：How Australia's Media Beat Covered Two Major Journalism Change Events［J］. Journalism Practice，2023，17（2）：264-282.
④ CARLSON M. Gone, But Not Forgotten：Memories of Journalistic Deviance as Metajournalistic Discourse［J］. Journalism Studies，2014，15（1）：33-47.

定和批评了现有的新闻实践，也重新思考了新闻业和技术之间长期存在的界限。① 2016 年，美国大选后 10 天发表的元新闻话语显示，新闻媒体对预测失败内部反思的更多指向与新闻行业共享媒体生态系统的机构，揭示了建构和重构新闻场域的话语斗争。② 美国报纸编辑协会在"前互联网时代"（1986—2000）举办的讨论都将怀旧和危机作为共同的表征策略，从而有助于新闻作为一个领域的凝聚。在南非，当《星期日时报》（Sunday Times）涉嫌协助国家抓捕行动的丑闻曝光时，新闻工作者和媒体批评人士之间展开的辩论显示，在后种族隔离时代，新闻媒体的角色和职业精神存在范式适应的紧张关系，传统新闻规范需要修改来适应南非的语境③。英国的莱文森调查产生的元新闻话语表达了反对法定监管、重申媒体自治的态度，体现了英国报业对任何形式监管的激烈反抗。④

二、角色认知与身份认同

新闻角色是由话语构成的，并建立在新闻作为话语制度的概念之上。它是在一个关系结构中协商的结果。记者、新闻媒体和媒体组织在关于新闻身份和社会位置的对话中争夺话语权威⑤，因而，在不同时空中，新闻角色也并不相同。

例如，人们研究发现，作为数字世界的发展和经济紧缩的结果，新闻的"元角色"（meta-role）——把关人在 2000 年至 2017 年间一直处于（重新）定

① CARLSON M, USHER N. News Startups as Agents of Innovation：For-profit Digital News Startup Manifestos as Metajournalistic Discourse［J］. Digital Journalism, 2016, 4（5）：563-581.
② WANG Q, NAPOLI P, PHILIP M, et al. Problems and Solutions for American Political Coverage：Journalistic Self-critique in the Wake of the 2016 Presidential Election［J］. Journalism Practice, 2018, 12（10）：1241-1258.
③ ZIRUGO D. Journalism Hybridization in Postcolonial Societies：Paradigm Adaptation Tensions in Post-Apartheid South Africa［J］. Journalism Studies, 2021, 22（7）：860-877.
④ 钱婕，康伯伊，咸学文. 莱文森调查：元新闻话语交锋与英国报业监管困境［J］. 新闻界, 2021（6）：84-93.
⑤ HANITZSCH T, VOS T. Journalistic Roles and the Struggle Over Institutional Identity：The Discursive Constitution of Journalism［J］. Communication Theory, 2017, 27（2）：115-135.

义和（重新）构建的过程。① 2018 年 8 月 15 日左右，美国各地数百家报纸发表抵抗特朗普攻击的社论，运用修辞策略强调了新闻业在民主社会中作为客观的"信息传播者"和"看门狗"的传统角色，有些社论也明确表达了"好邻居"的角色②。建设性新闻（constructive journalism）的支持者通过修辞策略，将自己与倡导者角色进行区分，从而把建设性新闻置于盎格鲁-萨克森的新闻业传统监督角色的界限之内。③ 2017 年，《纽约时报》决定撤销意见调查员（ombudsmen）这一职位，对相关讨论的分析发现，尽管过去 20 年的经济和技术变革不断颠覆着新闻业，并导致新闻业的许多传统角色发生变化，但意见调查员的角色仍然没有改变，而且在今天的新闻实践中仍具有不可替代的价值。④ 2004 年至 2018年间，新闻行业出版物围绕泄密（leaks）和举报（whistleblowing）的元新闻话语，随着社会和技术的变革发生了转变，出于战略性的目的将自己塑造成一个倡导泄密的机构角色。⑤ 在西班牙，公共服务新闻在"民主化"元新闻理论中的角色，重塑了职业实践并影响了社会。⑥ 流亡海外的叙利亚公民记者面临安全威胁，因而在传统的新闻角色上发展出新的角色：监督者、捍卫者、培训者和监管者/政策制定者。⑦

　　在互联网时代，记者如何使用新媒体技术形成新的身份认同和阐释共同

---

① VOS T, TIM P, THOMAS R. The Discursive Construction of Journalistic Authority in a Post-truth Age [J]. Journalism Studies, 2018, 19 (13)：2001-2010.

② LAWRENCE R G, MOON Y. "We Aren't Fake News"：The Information Politics of the 2018# FreePress Editorial Campaign [J]. Journalism Studies, 2021, 22 (2)：155-173.

③ AITAMURTO T, VARMA A. The Constructive Role of Journalism Contentious Metadiscourse on Constructive Journalism and Solutions Journalism [J]. Journalism Practice, 2018, 12 (6)：695-713.

④ FERRUCCI P. The End of Ombudsmen? 21st-CenturyJournalism and Reader Representatives [J]. Journalism & Mass Communication Quarterly, 2019, 96 (1)：288-307.

⑤ JOHNSON B, BENT L, DADE C. An Ethic of Advocacy：Metajournalistic Discourse on the Practice of Leaks and Whistleblowing from Valerie Plame to the Trump Administration [J]. Journal of Media Ethics, 2020, 35 (1)：2-16.

⑥ LAMUEDRA M, MARTINC, CONCHA M, BROULLÓN - LOZANO M. Normative and Audience Discourses on Public Service Journalism at a "Critical Juncture"：the Case of TVE in Spain [J]. Journalism Studies, 2019, 20 (11)：1528-1545.

⑦ PORLEZZA C, ARAFAT R. Promoting Newsafety from the Exile：The Emergence of New Journalistic Roles in Diaspora Journalists, Networks [J]. Journalism Practice, 2022, 16 (9)：1867-1889.

体，这也成为研究者关注的领域。在 2012 年总统大选期间，政治记者在推特上发表对政治进程的看法，并用幽默来构建一个专业群体的特征，表明推特的覆盖范围有助于建立新的职业边界，形成新的阐释共同体。① 香港的新闻工作者利用博客来理解他们的新闻生活和职业意识形态，显示新闻记者的博客正在促成一种新的阐释共同体形式。② 一些公民记者以不同于传统新闻的实践、谈判和分享新闻故事的方式形成了非正式的阐释共同体。③ 被体育组织雇用来为自己的网站撰写独立体育报道的内容从业者，大多数将自己视为记者，通过阐明遵循独立和寻求真相的基本新闻伦理来为自己在职业社会中的位置辩护。④ 新闻编辑室的开发人员在开源软件（OSS）环境中共享他们的组织生成的代码，他们解释代码如何运作，说明它在新闻工作中的中心地位，这促进了开发数字新闻工作的共享实践，使开发人员成为新闻实践中的一个阐释共同体。⑤ 在中国，2010年至 2014 年间，中国新闻社群的话语变迁揭示了其在新信息环境下维护身份认同、重塑职业正当性的努力。⑥

三、边界工作和文化权威

新闻内嵌于社会环境之中，它的边界是流动的。新闻通过对合法/不合法的实践进行评价、尝试范式修复、驱逐越轨者、排斥和接纳创新和外来者，使新闻业不断定义和争夺边界，同时也在构建新闻机构的文化权威。

有研究表明，专业媒体在评论脸书（Facebook）时，将其定义为一个新闻机构，以便批评它没有履行新闻机构的传统职责，从而将脸书纳入了传统新闻

---

① MOURAO R. The Boys on the Timeline：Political Journalists, Use of Twitter for Building Interpretive Communities [J]. Journalism, 2015, 16 (8)：1107–1123.

② CHU D. Interpreting News Values in J-blogs：Case Studies of Journalist Bloggers in Post-1997 Hong Kong [J]. Journalism, 2011, 13 (3)：371–387.

③ ROBINSON S, DESHANO C. "Anyone can know"：Citizen Journalism and the Interpretive Community of the Mainstream Press [J]. Journalism, 2011, 12 (8)：963–982.

④ MIRER M. Playing the Right Way：In-House Sports Reporters and Media Ethics as Boundary Work [J]. Journal of Media Ethics, 2019, 34 (2)：73–86.

⑤ BOYLES J. Deciphering Code：How Newsroom Developers Communicate Journalistic Labor [J]. Journalism Studies, 2020, 21 (3)：336–351.

⑥ 丁方舟，韦路. 社会化媒体时代中国新闻人的职业困境：基于 2010–2014 年"记者节"新闻人微博职业话语变迁的考察 [J]. 新闻记者, 2014 (12)：3–9.

业的界限内。① 另一项研究发现，公众对脸书在更大的新闻生态系统中所扮演角色的看法存在根本分歧。脸书将新闻作为一种内容形式，与网站上的其他内容一样，以用户参与的形式，根据受欢迎程度进行组织，并且不受社交媒体网站编辑的控制。记者们则将新闻定位为有目的的选择和分享，同时将脸书定位为新闻生态系统中的积极参与者，因此，脸书对公共责任负有制度性义务，并适当加强。② 德国一位广播记者在推特上发布"纳粹下台"言论时，德国推特圈的大多数用户评论都是正面的，但媒体同行则持批判的态度，谴责她作为记者参与激进主义，从而将激进主义新闻实践从"合法的"新闻边界中排斥出去。③ 在北欧，不同国家的专业媒体通过对右翼媒体的不同态度表明了二者之间的显著边界。④ 美国新闻机构在上诉法院提交的《法庭之友》中通过包容性话语来扩大其领域的边界，将那些看似处于新闻业边缘的人带入该领域，并赋予他们新闻地位，从而为他们争取法律保护。⑤ 网络原创媒体《体育》（*Athletic*）杂志"我为什么加入"专栏中所蕴含的元新闻话语表明，新媒体网站实际上可以加强而不是削弱传统新闻的边界。⑥ 对两项新闻摄影大赛 BOP 和 POYi 的公开评比视频的话语分析表明，讲故事和情感是定义和合法化摄影新闻的关键，摄影记者的行为和动力是标记边界的手段。⑦ 游戏新闻（gaming journalism）的元新闻话语显示，基于人们对职业价值和新闻知识的认知差异，游戏新闻被认为

① JOHNSON B, KELLING K. Placing Facebook："Trending"，"Napalm Girl"，"fake news" and journalistic boundary work［J］. Journalism Practice，2018，12（7）：817-833.

② CARLSON M. Facebook in the News：Social media，journalism，and public responsibility following the 2016 Trending Topics controversy［J］. Digital Journalism，2018，6（1）：4-20.

③ SORCE G. Journalist-Activist Boundary Work in Populist Times：The#NazisRaus Debate in German Media［J］. Journalism Practice，2021，15（7）：894-910.

④ NYGAARD S. On the Mainstream/Alternative Continuum：Mainstream Media Reactions to Right-Wing Alternative News Media［J］. Digital Journalism，2023，11（7）：1311-1327.

⑤ JOHNSON B, THOMAS R, FUZY J. Beyond Journalism about Journalism：Amicus Briefs as Metajournalistic Discourse［J］. Journalism Practice，2021，15（7）：937-954.

⑥ FERRUCCI P. Joining the Team：Metajournalistic Discourse，Paradigm Repair，the Athletic and Sports［J］. Journalism Practice，2022，16（10）：2064-2082.

⑦ LOUGH K. Judging Photojournalism：The Metajournalistic Discourse of Judges at the Best of Photojournalism and Pictures of the Year Contests［J］. Journalism Studies，2021，22（3）：305-321.

是一种较低的、边缘的新闻形式。①

数字时代媒体，报道美国国会新闻资格的认证对新闻职业合法性具有实质性影响，《世界网络日报》（WND）和记者常设委员会（SCC）之间的管辖权冲突扩展了新闻权威的关系模型，阐明了新闻—国家关系如何从根本上增强其模糊边界上的合法性过程。② 围绕加纳卧底记者的讨论显示，卧底故事的耸人听闻的本质可能会激发公众对腐败案件的兴趣，但它可能会两极化、商品化，甚至破坏功利主义的正当性。③ 在互联网时代，新闻消费者通过传统媒体在网络版中附加在新闻报道上的链接和评论，将新闻消费的语境从其原始地点转移到新的意义网络中，对新闻业的文化权威产生影响。④ 美国记者在 2000 年至 2016 年期间对新闻制度权威的评估和构建显示，在面对新闻的物质基础、职业角色和社会影响基础所面临的挑战时，记者努力重新协商自身的权威，但是在一个看似后真相时代，记者似乎也不确定他们的权威的基础。⑤ 在中国，纪许光微博反腐引发的争议显示，职业新闻人将纪许光建构为新闻业的"他者"，从而重申"好记者"的职业边界与文化权威。⑥ 中国新闻社群使用的高频词"理想"的话语建构致力于呈现"过去"和"现在"的矛盾，而在新媒体/专业媒体之间建构了二元对立关系，来巩固专业媒体及其从业者在新闻场域固有的优势性地位。⑦ 记者对新闻平台、新闻职业、新闻产品的阐释显示，新媒体的勃兴带来了

① PERREAULT G, VOS T. Metajournalistic discourse on the rise of gaming journalism [J]. New Media & Society, 2020, 22 (1): 159-176.

② FOLEY J. Press Credentials and Hybrid Boundary Zones: The Case of World Net Daily and the Standing Committee of Correspondents [J]. Journalism Practice, 2020, 14 (8): 933-953.

③ OFORI-PARKU S, BOTWE K. "This is (Not) Journalism": Corruption, Subterfuge, and Metajournalistic Discourses on Undercover Journalism in Ghana [J]. Journalism Studies, 2020, 21 (3): 388-405.

④ CARLSON M. Embedded Links, Embedded Meanings: Social media commentary and news sharing as mundane media criticism [J]. Journalism Studies, 2016, 17 (7): 915-924.

⑤ VOS T, TIM P, THOMAS R. The discursive construction of journalistic authority in a post-truth age [J]. Journalism Studies, 2018, 19 (13): 2001-2010.

⑥ 陈楚洁，袁梦倩. 社交媒体，职业"他者"与"记者"的文化权威之争：以纪许光微博反腐引发的争议为例 [J]. 新闻大学，2015 (5): 139-148.

⑦ 丁方舟. "理想"与"新媒体"：中国新闻社群的话语建构与权力关系 [J]. 新闻与传播研究，2015 (3): 6-23.

平台边界、职业边界和报道边界的失守①，结合元新闻话语对澎湃新闻的考察发现，当下新闻转型的理念及其包裹的专业导向新闻话语反映了新闻从业者对定义新闻工作的垄断。②

四、新闻业核心概念的认知

　　学界对核心概念的探讨涉及新闻业的自我认知和实践，与本书的研究高度相关，不过，这方面的文献较少，仅有不足10篇，包括：对近20年来流行的透明性（transprancy）的研究，发现美国新闻工作者对透明性的理解和实践存在较大分歧，尽管美国职业工作者协会（SPJ）在2016年将其纳入规范，但是尚未在业界得到明确的合法化；③关于摄影记者如何定义"接近（access）"的探讨，分析了一个摄影行业的博客杂志对顶级摄影记者的访谈文章，发现学术界的定义和研究与摄影记者自己的定义之间存在脱节，并据此提出新闻摄影教育中的改革建议；④跳出西方语境，研究卢旺达新闻工作者如何理解新闻报道自主性（journalistic autonomy），发现在一个冲突后、发展中的威权国家，新闻业成员接受了对自主权的限制，并将自己定位为不值得信任的社会行动者；⑤对美国地方新闻机构如何谈论"影响力"（impact）的研究，发现记者将影响力视为其使命的核心，并以多种方式定义和衡量影响，揭示了记者如何看待自己的使命、评估自己的公民贡献以及如何看待职业规范；⑥对美国新闻业围绕新闻名人法罗的争议进行分析后发现，美国新闻社群对"真相"的认知以"事实"为基

---

① 尹连根，王海燕. 失守的边界：对我国记者诠释社群话语变迁的分析 [J]. 国际新闻界，2018（8）：6-25.

② 周睿鸣. 元新闻话语、新闻认识论与中国新闻业转型 [J]. 南京社会科学，2021（2）：108-117.

③ VOS T，CRAFT S. The Discursive Construction of Journalistic Transparency [J]. Journalism Studies，2017，18（12）：1505-1522.

④ FERRUCCI P，TAYLOR R. Access，Deconstructed：Metajournalistic Discourse and Photojournalism's Shift Away From Geophysical Access [J]. Journal of Communication Inquiry，2018，42（2）：121-137.

⑤ MOON R. When Journalists See Themselves as Villains：The Power of Negative Discourse [J]. Journalism & Mass Communication Quarterly，2021，98（3）：1-18.

⑥ POWERS E. Selecting Metrics，Reflecting Norms：How Journalists in Local Newsrooms Define，Measure，and Discuss Impact [J]. Digital Journalism，2018，6（4）：454-471.

础，或强调"公开"，或强调"核实"，或采取怀疑主义态度，导致社群在实践和话语领域的双重分裂；① 通过美国著名新闻主播谢泼德·史密斯的职业变动产生的新闻文本，透视美国当代新闻业的真相观念和自我呈现，发现美国新闻业的真相观念有所变化且存在矛盾，但仍然将其建构为最高理想，并仍然以真相仲裁者的身份自居。②

以上研究视角并不互斥，无论是自身功能和作用的宣讲，还是角色认知、身份认同，抑或是边界工作、范式修复，其根本目的都是研究专业媒体和新闻工作者如何通过日常话语实践来维护和更新新闻业在公共领域充任真实记录者的文化权威。

在既往研究中，学者多运用文本分析的方法，对新闻工作者如何根据自身所在的场域、位置，运用话语理解和建构对职业和身份的认同。他们认知新闻生产环境的变化并调适自身实践，形成了多元而复杂的阐释群体，在变动不居的传播场域与其他传播主体进行协商和争夺中，建构权力关系，进而划分边界，确立自身的合法性和文化权威，并进行广泛而深入的研究，其不足之处：

首先，他们对"真相"这一核心概念的研究尚不充分，正如泽利泽所说："有一些与文化权威相联系的特性没有得到考察，而这些特性仅仅与新闻相关，或者主要与新闻相关，特别是与新闻对事实、真相和现实的尊重相关"③。既有的文献数量极少，无法充分呈现从业者的视角。

其次，学者们选择的经验性材料多为新闻工作者发表在行业期刊、社交媒体上和在演讲、会议、颁奖等不同场合以自身作为话语建构对象的文本，以及相关的访谈材料，以"对内"的元新闻话语为主，触达的主要是行业内部人士。

最后，大部分研究都集中在记者对特定事件做出反应的具体案例上，即"反应式话语"④，对同一个主题的长时间段观察较少。

---

① 李青藜. 真相的重申与困惑：从"史密斯 VS 法罗"之争看美国当代新闻伦理困境[J]. 中国新闻传播研究，2021（1）：209-222.
② 李青藜，刘嘉妍. 孤独的理想主义者：美国当代新闻业"真相"话的建构与消解[J]. 新闻记者，2023（2）：15-31.
③ ZELIZER B. Taking Journalism Seriously［M］. California：Sage Publication，2004：186.
④ CARLSON M. Metajournalistic Discourse and the Meanings of Journalism：Definitional Control，Boundary Work，and Legitimation［J］. Communication Theory，2016，26（4）：349-368.

本书的研究对象是在长时间段内（2000 年到 2021 年）发生于新闻场所的元新闻话语，是一种机构性话语（institutional discourse）。机构性话语指以职业背景和机构语境为主要依托的言语互动，它发生在机构场所或制度下，参与者具有特定的机构身份，并带有明确的机构目标。它以完成任务为导向，同时受机构规则制约。① 如果将媒体视为阐释共同体自导自演的"舞台"，那么专业媒体在这个舞台上的话语实践是一种"表演"，机构性话语就是他们的"台词"。针对这些"台词"，元新闻话语理论提供了分析指导，有助于在经验上阐明一个主题的意义范围，以及表演者如何定义合适的、规范的和不合适的主题，而历时的研究则"将推动这一工作主体超越描述（在特定的实例中识别特定的话语），走向解释（将话语与社会现象联系起来，并绘制话语枢轴点）"②。

第五节　追问什么？如何追问？

当我们聚焦于新闻业"应该是什么"的研究时，就在一定程度上"将新闻工作者与他们周遭的世界割裂开来"，并导致新闻学与新闻业的隔膜。③ 对新闻真相的研究也不例外。迄今，学术界对新闻真相的研究主要有两个路径，一是概念界定，二是规范性探讨。这两个路径强调专业媒体和新闻工作者"应当如何报道真相"以及在新闻生产过程中各种因素影响真相呈现的成因、表现、后果，并提出修复的方法。这种模式在全世界广为扩散，并"渗透到各种价值观、信仰和实践中，构成了对新闻业应该是什么的一个无法实现的理想"④。而聚焦于新闻业"是什么"的文化分析路径则较少关注新闻从业者自身如何理解并建构日常实践这个关键概念。

本书从专业媒体和新闻从业者的视角感知真相对新闻业的意义和与其相关

---

① 郭佳. 机构话语与专门用途语言的关系探析：以话语共同体为考察维度 [J]. 外语学刊, 2015 (4)：49-52.
② VOS T, TIM P, THOMAS R. The Discursive Construction of Journalistic Authority in a Post-truth Age [J]. Journalism Studies, 2018, 19 (13)：2001-2010.
③ ZELIZER B. Taking Journalism Seriously [M]. California：Sage Publication, 2004：3-4.
④ ZELIZER B. Invited Commentary：Whose Journalism Matters and for Whom? [J]. International Symposium on Online Journalism, 2019, 9 (1)：69-78.

的语境性因素、真相的观念和与之相关的身份建构。本书从现实世界出发进行讨论，有助于我们理解专业媒体在当代的求真实践，并立足历史和经验，在"是什么""为什么"的基础上探讨专业媒体的求真实践和真相话语在社会文化中的意义。

一、追问什么？

本书关于"真相"的元新闻话语即专业媒体在其公开发表的各类新闻文本中，围绕新闻业追求并报道"真相"的实践活动展开的书面或口头评价，它既反映了专业媒体对"真相"观念的认知和定义，也建构了专业媒体的职业身份和社会关系，并直接影响新闻业的生产实践。本书从"元新闻话语"视角出发，将西方媒介体制中的专业媒体视为具有特定共享话语的集体，研究其在2000—2021年间，如何围绕"真相"这一职业核心概念进行话语建构，从机构视角考察新闻与真相的关系、真相在专业媒体中的地位、专业媒体的真相观念以及据此建构的社会身份与关系，从根本上回答"什么是新闻（journalism）""谁是新闻工作者（journalist）"的问题。

本书同时借用社会学家戈夫曼的"拟剧理论"，将媒体平台视为阐释共同体表演的"前台"，专业媒体在这个舞台上的话语实践是一种"表演"。戈夫曼认为，个体在普通工作情境中向他人呈现他自己和他的活动时，包括两种根本不同的符号活动：他给予（gives）的表达和他流露（gives off）出来的表达。前者是个体通过有意识的符号活动将自己的意图传达给观众；后者则是在上述符号传达过程中无意流露出的信息，这些信息可能与个体本来想要传达的信息并不一致。① 因此，本书还批判性地审视专业媒体的自我呈现与现实之间的关系，并进一步理解这种关系背后的社会制度与文化因素。

借此，本书希望回答以下问题：

1. 专业媒体如何认知和建构"新闻"与"真相"的关系？是否发生了变化？我们如何理解这种建构？

2. 专业媒体所认知和阐释的真相观念是什么？是否发生了变化？我们如何理解这种真相观念？

---

① 戈夫曼.日常生活中的自我呈现［M］.冯钢，译.北京：北京大学出版社，2008：2.

3. 专业媒体围绕"真相"建构了怎样的身份与社会关系？是否发生了变化？我们如何理解这种自我呈现？

4. 专业媒体运用话语建构的真相观念和身份—关系是否与新闻业的实践相符合？是否适应社会现实，并随着环境变化调适？如何理解话语与现实的错位与断裂？

5. 在新信息生态下，专业媒体的"真相"话语有怎样的社会文化意义？新闻与真相有怎样的未来？

如此，本书从理论上突破了传统的规范研究视角，从实践上丰富和加深了对西方媒介体制的理解，为认识全球化语境下的公共传播做出了贡献。

二、如何追问？

（一）研究方法

1. 话语分析

本书的研究对象是"关于真相的元新闻话语"，主要借鉴费尔克拉夫的话语研究框架对经验性的材料展开分析。费尔克拉夫认为，话语作为一种社会实践形式，既是社会现实的反映，又建构了社会现实。话语在社会建构中有三种效果：①"身份"功能。它有助于某些有着不同称呼的东西的建构，诸如"社会身份""社会主体""自我"。②"关系"功能。话语参与者之间的社会关系如何被制定和协商。③"观念"功能。话语有助于知识和信仰体系的建设。① 从话语出发，费尔克拉夫建构了三个向度的框架：文本、话语实践和社会实践。"文本向度（the text dimension）"关注的是文本的语言分析，悬置其他因素；"话语实践向度（the discursive dimension）"关注文本的生产过程和解释过程，将特定文本与同一体系内的共时或历时文本相互对比，理解和揭示文本之间的联系与差异；"社会实践"向度（the socialpractice dimension）将文本置于宏观的社会环境之中，研究话语在社会中的效果。② 我们具体到本书的研究：在文本层面，通过对语言的分析挖掘，揭示专业媒体的机构话语生成的真相观念和建构的身份与关系；在话语实践层面，通过文本之间的对比，阐释社群在观

---

① 费尔克拉夫. 话语与社会变迁［M］. 殷晓蓉，译. 北京：华夏出版社，2003：60.
② 费尔克拉夫. 话语与社会变迁［M］. 殷晓蓉，译. 北京：华夏出版社，2003：4.

念和正当化话语策略上的共识、分歧与变化；在社会实践层面，考察话语建构的制度性因素和话语失灵的原因。

费尔克拉夫提出，文本的意义和结构能够被组织在 4 个主要标题之下：词汇、语法、连贯性和文本结构。不过，由于在谈论文本特性时必然要考察文本生产或文本解释，文本分析和话语实践分析之间的区分并非泾渭分明，费尔克拉夫将连贯性和互文性用于对话语实践的分析。本书提出的问题集中在专业媒体真相观念的认知和建构、真相话语建构的社会关系和身份上，因此重点考察经验性材料的文本和话语实践这两个向度。本书同时将话语置于新闻传播领域的现实中进行审视，考察话语的社会实践向度，即话语反映和建构的意识形态，来进一步理解话语形成的机制和未来走向。

2. 文本分析

文本分析法也被称为定性内容分析，它"不强调研究的客观性、可重复性等，重视的是文本同具体环境的关系，也不仅仅限于显性内容的量化，而是去关注意义、主题和类型，更多是通过字里行间的深入阅读得出的"①。由于在阅读和分析经验性材料之前，笔者对专业媒体如何言说真相、在何种语境下言说真相并没有先验的观点。笔者首先对文本进行了反复细读，经过多次阐释性循环，理解文本的内容；然后采取归纳法，围绕真相言说的"热点时刻"（hot moment）进行开放式主题编码和主题总结②，并再次阅读，对主题进行修正，而后将这些主题运用到反复的阅读中；最后运用话语分析的理论框架研究真相话语中显性内容的存在和隐形内容的缺失，来理解机构性话语反映的现实和建构性目的。

3. 语义分析

"语义指语言的意义，是语言形式对现实世界进行编码时所对应的内容"。"语义学的终极目标，是解决意义的生成问题"。一般而言，狭义的语义学主要研究字面意义，关注独立于语境的意义，广义的语义学则包括了语用学研究，即考虑了发话人和受话人、发话人的意图和受话人的解释、语境因素和使

---

① 彭增军. 媒介内容分析法［M］. 北京：中国人民大学出版社，2012：130.
② 库卡茨. 质性文本分析［M］. 朱志勇，范晓慧，译. 重庆：重庆大学出版社，2017.

用语言来施行某种行为。① 笔者在阅读经验性材料时发现，所有的文本都没有对何为真相、何为新闻真相进行概念化阐释。因此，笔者借助语义学方法，通过"语义场"理论，首先考察"最小语义场"，围绕"truth"节点词，从词汇、词汇搭配、语法（分句，或简单句）进行分析，了解专业媒体的真相文本反映和建构的真相观念——"在已说出的东西中所说的什么?"② 之后考察"篇章"，将句子与文本的其他部分相结合，来呈现概念界定、使用、形塑的方式，并据此生成知识对象体系和关系。

（二）样本选择

1. 数据库选择

本书的研究目的是在新信息生态下，将西方专业媒体如何利用机构性话语在"前台"进行表演进行自我呈现，因此本书选择了 EBSCO 的 Newspaper Source 全球报纸数据库。EBSCO 成立于 1944 年，从一个小型订阅机构起步，迅速成为图书馆服务行业的先驱，是为各类图书馆提供研究数据库、电子期刊、杂志订阅、电子图书和发现服务的领先供应商，70 多年来一直与学校和公共图书馆合作。Newspaper Source 是 EBSCO 的服务板块之一，完整收录了 200 多种美国和国际报纸，以及精选的 310 多种美国地方性报纸全文，此外还提供完整的电视和广播新闻文本，包括 CBS 新闻、CNN、CNN 国际、福克斯新闻、NPR 等，与本书的研究对象高度契合。

2. 时间段选择

进入 21 世纪，互联网和新信息技术飞速发展，以 2004 年创立的脸书（Facebook）和 2006 年创立的推特（Twitter）为代表的社交媒体崛起，既带来了无数新入场的传播者，也提供了前所未有的新型信息。例如，电子政府已经"工具化"了政府和公共服务的许多方面，产生了大量与人、地点和公共服务有关的数据。这些数据大多是为了服务提供、税收征收或其他政府职能的直接利益而收集的，但它也创造了将这些数据用于无数其他目的的可能性。新技术和新型信息改变了大众传播的版图，新的信息生态环境（new information ecology）

---

① 叶文曦. 语义学教程［M］. 北京：北京大学出版社，2016：43.
② 福柯. 知识考古学［M］. 谢强，马月，译. 北京：生活·读书·新知三联书店，1998：33.

出现了。① 考虑到社交媒体出现前后可能发生的变化，本书的样本时间区间选择了 2000 年 1 月 1 日到 2021 年 7 月 30 日。

3. 关键词选择

本书采取以"truth"+"journalism"为关键词进行搜索的方式。本书选择 journalism 而不是 news media/news outlets，是因为 journalism 不但指一个专门收集、制作、生产、发布新信息的行业，而且指"一套专业的理念和操守，肩负追求真相、监督权力和提供公众论坛的政治使命"②。在泽利泽看来，"新闻 (journalism) 作为一个词选择，与诸如'媒体'或者'新闻信息（news）'这样指代新闻世界的机构设置的术语相区分，有时候还用于强调新闻工作中更加公共、集体的维度"。这个术语始终有一种暗含的意味，"表示个人和组织在新闻制作中运用并不断发展的技艺、惯例、技巧和传统。它们在不同的时代呈现不同的面貌"③。因此，"什么是新闻（journalism）"一直处于一个动态的过程。我们可以认为，媒体文本使用 journalism 一词时，包含的行业评价范围既是一种新闻生产（newsmaking）基础设施，又是一种职业精神和理念，适合在一个较长时期内进行观察。

4. 样本筛选结果

本书分别以"truth"和"journalism"为关键词，时间限定为 2000 年 1 月 1 日至 2021 年 7 月 30 日，在 EBSCO Newspaper Source 中进行布尔逻辑搜索，扩展条件为"应用对等科目"，"同时在文章全文范围搜索"，限定为"全文"，对象为全部出版物，包括报纸、杂志、电视新闻脚本，页面搜索得到 645 个结果。初步筛选后，剔除非西方专业媒体，包括斯洛伐克的《斯洛伐克旁观者》 (*Slovak Spectator*)、卡塔尔的半岛电视台（Al Jazeera）、《印度时报》(*Hindustan Times*) 等，以及重复篇目和没有相关性的篇目（例如，介绍只是含有相关词的书籍、戏剧，以及 truth 的用法是 in truth，the truth aboutsth 等），共获得 434 个

---

① CORNFORD J, WILSON R, BAINES S, et al. Local Governance In the New Information Ecology: The Challenge of Building Interpretativ Ecommunities [J]. Public Money & Management, 2013, 33 (3): 201-208.

② 彭增军. 新闻业的救赎 [M]. 北京：中国人民大学出版社，2018：22.

③ ZELIZER B. Taking Journalism Seriously [M]. California: Sage Publication, 2004: 23.

有效样本，共计 648，027 字。①

这些样本来自 77 家专业媒体②，从国别来看，美国媒体总体数量最多，其次为澳大利亚、英国、加拿大、爱尔兰。其中，加拿大仅有一份地方性大报《多伦多明星报》（Toronto Star）进入样本，但是文本数量很多，排名第二；爱尔兰仅有全国性大报《爱尔兰时报》（Irish Times）进入样本，文本数量仅有 4 篇。由于爱尔兰民众大量消费英美国家的媒体，因此，该报认为，爱尔兰新闻界正在"追随美国的脚步"。美国媒体正在面对的技术变革、利润驱动、所有者削减成本以及"骗子和公共关系专家"的围攻在爱尔兰也会到来。从媒体形态来看，其既包括具有全球影响力的大报，也有地方报纸，还有电视网，例如，美国有线新闻网（CNN）、全国公共广播（NPR）、福克斯新闻（FOXNEWS）等；从体裁来看，包括新闻、社评、专栏文章、读者来信、影评、剧评、电视新闻谈话节目等；从篇幅来看，差别较大，电视新闻脚本篇幅很长，有些新闻报道的篇幅则十分短小。

出现在这些媒体上的内容都已经过专业媒体的把关，经历了选择、排除、强调、淡化的框架过程，共同形成了西方专业媒体对真相这个概念的阐释和建构。

---

① 见附录一。
② 见附录二。

第一章

真相的地位：困境与争议中坚守的核心价值

人类作为一个物种，对真相的渴求事关生存与发展，因此，现代新闻业发轫之始，便对求真有了要求。报纸尽管在实践中经历了政党报、黄色报刊时期，但"以事实为中心的话语"（fact-centered discourse）终于率先在北美和英国的商业性报界发展起来，并向全世界不均衡输出。① 在 20 世纪的大部分时间里，西方专业媒体都以报道真相为要，并以真相仲裁者（the arbiter of truth）的身份自居。不过，新闻实践中的真相问题极其复杂，批评和质疑之声从未断绝，而在今天这个多元传播主体同台竞争的时代，专业媒体更难为自己的真相宣称进行辩护。2018 年，兰德智库（Rand Corporation）宣称，人类已经进入了"真相崩塌（truth decay）"的时代，并将媒体列为真相崩塌的四个动因（agents）之一②③，将媒体之真相的权威置于极其尴尬的境地。

新闻是现代社会制度的一部分，在不断变化的社会、经济和技术背景下，新闻实践嵌入一个时而重叠、时而冲突的话语网络中，新闻的实践、规范和制度在其中得以合法化或被质疑。那么，当新闻定义和仲裁真相的权威遭到广泛质疑甚至颠覆之时，真相在新闻业中的核心地位是否发生了变化？新闻实践者又如何认知和建构真相之于新闻的意义？这是本章希望回答的问题。

---

① 哈林，曼奇尼. 比较媒介体制［M］. 陈娟，展江，等译. 北京：中国人民大学出版社，2012：204.

② KAVANAGH J，RICH M. Truth Decay：An Initial Exploration of the Diminishing Role of Facts and Analysis in American Public Life. Rand Cooperation［R/OL］. Rand，2018-01-16.

③ 另外三个分别是学术与研究组织、政治行动者与政府、外国行动者。

第一节 真相言说的"话语地形"

卡尔森提出元新闻话语的三个关键组成部分，即行动者（actor）、场所/受众（site/audience）和主题（topic）。"行动者"指元新闻话语的生产者，对于新闻的论述来自不同的场所和行动者，他们通过公开表达可能相互矛盾的观点，最终塑造了新闻的社会意义和实践。"场所"是元新闻话语发生的地方，包括新闻场所和非新闻场所。"行动者通常由他们说话的地方来定义"，因此不仅要研究元新闻话语的文本特征，而且要研究它的生产、流通和消费条件。"主题"是指那些激发公众对新闻的讨论的话题。如此，元新闻话语提供了一个视角，将相互竞争的行动者、他们说话的场所和他们说话的受众，以及他们谈论的话题联系在一起。这种联系构成了一个"话语地形（discoursiveterrain）"，在此基础上，可以探讨"关于新闻的公共话语如何塑造新闻被理解、执行和消费的方式"[1]。

一、行动者：机构与个人

在本书的研究中，"场所"已经确定为直接面向公众的新闻场所，这个场所可以被视为一个舞台，专业媒体就在这个舞台上进行表演。一个或一个以上的表演者所做的表演称为"剧班"。"不论剧班成员上演的是彼此一致的个体表演，还是彼此不同却组合成一个整体的表演，都会随之产生一种剧班印象"。[2] 作为剧班成员的专业媒体，其并不是铁板一块，报纸、电视、广播在传播方式、渠道上的不同显而易见，其报道形式、风格也各有特色，还存在质报与小报，以及政治偏向的差异。同样，作为个体的新闻工作者也是具有主观能动性的行动者，他们生产的元新闻话语在何种程度上"密切合作"，又在何种程

---

[1] CARLSON M. Metajournalistic Discourse and the Meanings of Journalism：Definitional Control, Boundary Work, and Legitimation［J］. Communication Theory, 2016, 26（4）：349-368.

[2] 戈夫曼. 日常生活中的自我呈现［M］. 冯钢, 译. 北京：北京大学出版社, 2008：70-71.

度上发生分歧，决定了共同体是否能够维持并巩固其试图建立的"剧班印象"。那么，哪些行动者参与了这种仪式化的表演？

（一）作为机构的行动者：精英媒体

本研究的 434 个样本分别来自美国、澳大利亚、加拿大、英国、爱尔兰的西方媒体模式（Liberal Model 或盎格鲁-萨克森模式）中的 77 家专业媒体。其中，收录文本数量排名前十的媒体见表 1-1：

表 1-1　收录文本数量排名前十的媒体一览表①

序号	媒体	数量
1	《澳大利亚人报》 The Australian（澳大利亚）	62
2	《多伦多明星报》 The Toronto Star（加拿大）	59
3	《华盛顿邮报》 The Washington Post（美国）	39
4	《泰晤士报》 The Times（英国）	37
5	全国广播公司 NPR（美国）	29
6	《星期日泰晤士报》 The Sunday Times（英国）	16
7	《今日美国》 USA Today（美国）	13
8	《信使邮报》 The Courier Mail（Brisbane）（澳大利亚） 美国有线新闻网 CNN（美国）	11
9	《基督教科学箴言报》 Christian Science Monitor（美国） 《先驱太阳报》 Herald Sun（Melbourne）（澳大利亚）	10
10	FOX News 福克斯新闻	9

文本数量排名前十的媒体共有 12 家，在 77 家媒体中仅占 16%，文本数量却达到 306 篇，在 434 个文本中占 70%。相比较而言，这些最热衷谈论和阐释"真相"的媒体发行量均巨大，并具有较大国内乃至国际影响力。《澳大利亚人

---

① 说明：1. CNN、NPR、Fox News 进入样本的节目不同，本书按照机构统计。CNN 有 CNN Reliable Sources、Larry King Live、American Morning，NPR 有 Talk of the Nation、Mornming Edition、Fresh Air、Week end Edition、All things Considered，Fox News 有 Hannity & Colmes、O'Reilly Factor、Big Story with John Gibson。2. 因为数据库的权限问题，《纽约时报》和《华尔街日报》的文章只能看到标题，在扩展条件为"全文"时被排除。

报》是澳大利亚唯一面向全国发行的日报，截至 2019 年 9 月，纸质版和在线版的读者人数均为 239.4 万；《多伦多明星报》是加拿大的一份大报，根据 2015 年的统计数据，它的周发行量在加拿大最大；《华盛顿邮报》是美国发行量第六的大报；《泰晤士报》是英国的第一主流大报；全国广播公司（National Public Radio，NPR）是根据美国国会的一项法案成立的，是由美国私人和公共资金资助的非营利会员媒体组织，负责管理公共广播卫星系统。其旗舰节目是早间新闻（Morning Edition）和"一切尽在掌握（All things considered）"，这两种节目在大多数 NPR 成员电台播放，是美国最受欢迎的广播节目之一。《星期日泰晤士报》是《泰晤士报》的姐妹报，截至 2019 年 12 月，它的销量比《泰晤士报》高出 75%；《今日美国》是美国唯一一家全国性报纸，根据 2019 年的资料，其发行量在美国排名第一；美国有线新闻网（CNN）是第一个提供 24 小时新闻报道的电视频道，2019 年收视率排名第三；福克斯新闻是美国占主导地位的订阅新闻，2019 年收视率排名第一；《信使邮报》是澳大利亚布里斯班的日报，根据 2018 年的资料，它是澳大利亚发行量第三的日报；《基督教科学箴言报》是一个非营利性新闻组织，创办于 1908 年，2009 年停止出版纸质版。到 2011 年年底，该报网站的平均每月点击量约为 2200 万次，曾获得 7 项普利策奖和 10 多项海外记者俱乐部奖。《先驱太阳报》是澳大利亚墨尔本的日报，根据 2018 年的资料，它是澳大利亚发行量最大的日报。值得一提的是，12 家媒体中，有 6 家都隶属于默多克的新闻集团，分别是《澳大利亚人报》《泰晤士报》《星期日泰晤士报》、福克斯新闻、《信使邮报》和《先驱太阳报》。

从媒体的政治偏向来看，这 12 家媒体各有不同。例如，新闻集团旗下的专业媒体通常被认为编辑路线中间偏右到右翼，但是，同属新闻集团的《泰晤士报》则享有"英国社会的忠实记录者"之称，编辑路线是中间派，对全世界政治、经济、文化发挥着巨大影响。《多伦多明星报》的编辑路线总体上是中间派和中左派，在社会问题上较开明。《华盛顿邮报》、CNN 被认为政治立场偏左，NPR、《今日美国》被认为编辑路线是中间派等。

这些媒体具有一个共同的特征，就是精英化。精英（elite）是指社会中拥有知识、财富、地位、特权的小群体，但具有强大社会力量。这些精英媒体的社会影响力来自其对社会公共事务的关注和相对优质的新闻报道质量，即便是以言论节目偏激著称的福克斯新闻,也有一个努力坚持真相的新闻部门。① 这说明,越是严肃对待新闻、严肃对待新闻业之社会角色的媒体,就越关注真相问题,越有动力围绕真相展开言说。

但是,精英化媒体的另一面则与民众是脱节的。在商业化媒介体制下,大型的媒介公司"成为巨大的、经济强势的机构,他们加入了政治学家 C. 赖特·米尔斯所称的'权力精英'中,即民主社会中的统治阶级"②。近十几年来,传统媒体在危机中艰难转型,结果只有少数占有优势资源的全国性媒体转型成功,地方新闻机构大量消亡,形成新闻沙漠,这一趋势是全球性的。少数成功的专业媒体采取订户付费和广告并重的新商业模式,但是,这种模式以金钱歧视为基础,实际上更加商业化、精英化和阶级化。③ 精英媒体的样本构成对元新闻话语的特征具有决定性影响。

（二）作为个体的行动者：以新闻工作者为主

元新闻话语的生产者不限于新闻工作者。发生在新闻场所的元新闻话语必然以新闻工作者为主导,但也为社会成员提供了发言平台。

1. 样本体裁

真相话语散见于不同的体裁之中,表明行动者在对专业媒体的求真实践进行评价时并不局限于特定场合。同时,不同体裁的文本还可以表明作者的身份。

表1-2 体裁数量分布一览表

新闻评论	新闻报道	文艺评论	读者来信	其他	合计
236	122	51	23	2	434

（1）新闻评论包括社论、特稿、媒体分析、专栏、电视谈话节目。需要说明的是,本书将新闻专业类书评文章也归入此类,例如,科瓦齐和罗森斯蒂尔

---

① 李青藜,刘嘉妍. 孤独的理想主义者：美国当代新闻业"真相"话语的建构与消解 [J]. 新闻记者,2023（2）：15-31.
② 帕特森,威尔金斯. 媒介伦理学：问题与案例 [M]. 李青藜,译. 8 版. 北京：中国人民大学出版社,2018：162.
③ 彭增军. 此间再无萧萧竹：新闻荒漠化及其后果 [J]. 新闻记者,2021（3）：56-62.

的《新闻的十大基本原则》、英国记者尼克·戴维斯的《平地球新闻》（*Flat Earth News*）①、曾任《纽约时报》执行主编的吉尔·艾布拉姆森撰写的《真相商人》（*The Merchants of Truth*）。这些书籍本身就是对新闻业的观察和评价，媒体在介绍时又经过了剪裁和强调。例如，报纸在介绍"十大基本原则"时，往往只选择其中4~5条刊印，体现了专业媒体的价值判断。新闻评论的作者均为新闻工作者，是对新闻真相的多方位评价和阐释。

（2）新闻报道是对社会事件的报道，其中包含相当数量的新闻工作者退休、逝世、获奖、离职、升职等的消息，报道者和被报道者均为新闻工作者，且均赞美和肯定这些新闻工作者有勇气和能力追求真相。少量新闻事件中的社会成员以消息来源的身份对新闻业或者记者进行评价，主题多为简单的"肯定"或者"批评"，例如，娱乐新闻中的明星、名人多评价"小报里没有真相"。

（3）读者来信均为对具体记者或者报道是否呈现了真相的相关评价，篇幅简短，内容单一，主题均归类为"肯定"或"批评"。

（4）文艺评论是对电影、电视剧、戏剧、文学类书籍的评论，多解释新闻与艺术追求不同的真相，或者是对新闻再现类的文艺作品中的新闻人物、事件的评价，以正面评价居多，也有少量批评。

（5）其他：一则为诗歌，赞美所在城市的方方面面，包括肯定当地报纸对真相的追求；一则是《华盛顿邮报》发行人在线与读者互动、问答，主题既有肯定也有批评。

2. 新闻工作者主导真相话语

文本数量庞大，且体裁多样，多数文本涉及多个发言者，无法进行精确的人数统计。不过，从体裁统计中可以看出，新闻评论、新闻报道和文艺评论的作者均为新闻工作者，数量占绝对多数。其他社会成员通过参与谈话节目、写信主动发表看法，或者以消息来源的身份对专业媒体的求真实践做出评价，所占数量较少。

---

① 也有人将其译为《媒体潜规则》。在这本书里，他发明了著名的"抄闻（Churnalism）"一词。

表 1-3 个体行动者的身份

个体行动者	具体身份
新闻工作者	记者、主编、媒体专栏作家/意见调查员、新闻节目主播、评论员等
其他社会成员	读者/观众、文艺界人士、工商界人士、社会活动家、律师等

从行动者的构成来看表 1-3，首先，精英媒体的新闻工作者主导了关于新闻真相的讨论，是新闻真相的主要定义者。我们需要注意的是，就职于专业媒体的新闻工作者也日益精英化。

（1）在拥有成熟媒体系统的国家，媒体招聘人员不一定要求应聘者拥有特定的"传播"学位，但都注重一般的高等教育。①

（2）精英媒体的从业者更加精英化。例如在美国，《纽约时报》《华盛顿邮报》的新员工更多来自常春藤大学。②

其次，对专业媒体求真实践做出评价的其他社会成员主要是主动向媒体表达观点的读者和拨打节目热线的观众，以及作为消息来源的文艺界人士、政商界人士、娱乐明星、社会活动家、律师，这些人都是受过良好教育、有一定社会地位和财富、能够接近并善于使用精英媒体的中等偏上阶层。显然，新闻媒体不会把"亮相"的机会平等地分配给社会成员，"那些掌握了合法权力的人比其他人更容易接近媒体。社会底层阶级几乎被排除在媒体的信息源之外"③。对人类社会而言，"新闻弃儿"④ 是不可忽视的群体，但是在 434 篇文本中，仅有一篇媒体分析专栏有意识地以"社会底层阶级"或"新闻规避者"作为主角。

---

① ANDERSON C, SCHUDSON M. Objectivity, Professionalism, and Truth Seeking ［M］// WAHL-JORGENSEN K, HANZITSCH T（eds.）The Routledge Hand book of Journalism Studies（2nd ed）. ICA Handbook Series. Routledge, Oxon, 2019：136-150.

② 彭增军. 此间再无萧萧竹：新闻荒漠化及其后果 ［J］. 新闻记者, 2021（3）：56-62.

③ 盖伊·塔奇曼. 做新闻 ［M］. 麻争旗, 刘笑盈, 徐扬, 译. 北京：华夏出版社, 2008：135.

④ 指在相当长的持续时间内，被动或者主动放弃了对专业媒体的严肃新闻消费的人。前一类是由于新闻沙漠化，被主流新闻所遗忘的那些人，多数是老年人、少数族裔、边远地区人、贫民。后一类的规模同样惊人。牛津大学路透新闻研究所发布的 2023 年全球数字新闻报告，在所有市场中，只有约五分之一（22%）的人现在是活跃的参与者，约一半（47%）的人根本不参与新闻。在英国和美国，自 2016 年以来，积极参与者的比例下降了 10 个百分点以上。

最后，其他社会成员的发言多针对具体记者和报道进行单一、简短的"是否为真"的评论，例如，"马虎已经成为小报新闻的常态。没有检验真相的方法，与它争论通常没有好处"。专业媒体发表受众的这些批评，一方面是一种公共关系行为，体现了伦理规范中的"可问责"原则；另一方面也表明，受众对新闻真相的认知是与经验"符合"的。同时需要注意的是，专业媒体不会放任其他社会成员随心所欲地"表演"，选择性地发表读者来信和消息来源的评价同样是框架化的一部分，从而将社会成员的台词纳入"剧班"的集体行为中，成为机构话语的一部分。

通过对行动者的考察，我们绘制了话语地形的第一层：在新闻场所，精英媒体主导了关于真相的元新闻话语生产，而这些由精英媒体生产的话语是为同为精英的受众制作的。这涉及新闻文本—来源和新闻文本—受众的关系，为进一步讨论打下了基础。

二、主题：热点时刻与日常言说

话语是主动的，在元新闻话语的语境下，"关于新闻的公开声明是为特定语境下的消费而有意创建的"①。因此，元新闻语篇的分析必须关注为理解其语境和目的而采取的话语策略。本书聚焦于发生在新闻场所的元新闻话语，它是专业媒体直接为受众生产的声明，它通常发生在对关键事件的回应中。

（一）热点时刻与文本数量

20 年间，文本数量没有呈现均匀分布，而是有比较大的起伏，见图 1-1。

我们从图 1-1 可以看到两个特点：

1. 真相话语持续不断。2000 年全年仅有两篇，此后每年都在 6 篇以上（因论文写作时限问题，2021 年仅收集了半年样本），显示这是一个得到持续讨论的日常话题，并且受到越来越多的关注。

2. 文本数量历年起伏较大。结合关键事件的考察，我们发现真相话语的数

---

① CARLSON M. Metajournalistic Discourse and the Meanings of Journalism：Definitional Control，Boundary Work，and Legitimation ［J］. Communication Theory，2016，26（4）：349-368.

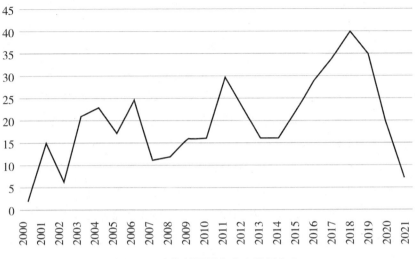

图 1-1　真相话语历年文本数量分布

量随当年发生的"热点时刻"① 而发生明显变化。2003 年发生了《纽约时报》记者杰森·布莱尔造假丑闻和伊拉克战争，人们对二者的集中讨论持续到次年；2006 年上映了两部再现新闻业的影片《卡波特》(Capote)、《晚安，好运》(Good Night and Good Luck)，激发了新闻业关于实践标准和集体记忆的讨论；2011年，鲁珀特·默多克在英国销量最大的报纸《世界新闻报》(News of the World)爆出窃听丑闻，引发全球关注；2016 年之后，政治气候的改变叠加社交媒体的威胁，迫使专业媒体以"真相"作为抵抗的武器，爆出数量最多的关于真相的言说。

　　通过考察围绕新闻采集历史和现时中的关键事件（key event）或者热点时刻（hot moment）产生的元新闻话语，我们可以理解新闻工作者如何共享对新闻的理解，并借此为自己的专业生活赋予意义。② 我们对样本的考察发现，对新闻求真实践的讨论是专业媒体的日常话题，并日渐受到关注。带有丑闻、威胁性

---

① 指关涉新闻专业地位的事件，激活了阐释共同体成员的反思过程，例如，水门事件、肯尼迪之死等重大历史事件，以及诸如新闻越轨这样的日常危机。

② ZELIZER B. Journalists as Interpretive Communities [J]. Critical Studies in Mass Communication, 1993 (10): 219-237.

质的"热点时刻"会触发大量真相话语，着力于集体抵抗和范式修复。这些特点表明，以求真为存在基础的专业媒体关心自己的职业形象和社会地位，并在危急时刻竭力加以维护。

（二）主题分类

本书是历时性研究，并不针对关键事件和热点时刻，但是按照"热点时刻"的特质对触发真相言说的分散事件进行归纳，进而以此作为主题编码的依据，探讨新闻机构的话语实践。

1. 肯定（报道真相的实践）

文本对记者和新闻业报道真相的勇气、能力和呈现结果做出正面评价，既有自我肯定，也有其他社会主体的肯定，包括读者来信、新闻报道中的消息来源、文艺创作者。其具体内容包括：

（1）自我肯定

专业媒体或者新闻工作者对自身和新闻实践的正面评价。例如，肯塔基大学的学生报纸打算发表该校的性侵犯调查记录，遭到校方起诉并败诉。该报发行人称："我的员工追踪这些报道，帮助解决这些诉讼。我虽然对法官没有看到这一点感到失望，但我认为公众肯定是支持这一点的，所以我仍然受到鼓励去追求真相，追求好的新闻。"

（2）其他社会成员的肯定

其他社会成员或者通过读者来信为媒体撰稿的方式主动发言，或者作为消息来源被动发言，肯定专业媒体提供真相的功能和相关新闻实践。例如，一位专写神仙故事的小说家回忆自己曾经当过记者，但是因为不能如实报道真相而放弃；一位读者致信表扬媒体能够报道真相，"谢谢你指出了什么是真相新闻以及感受和观点的不同……请保持真相和事实的活力"；前中央情报局局长和国家安全局局长海登将新闻业与科学、学术和情报机构相提并论，称它们是"试图说出真相的机构。……这四家机构，在它们最好的时候，是完全基于事实的"。

2. 仪式

仪式是对具有宗教或传统象征意义的活动的总称，能够构建和强化群体认同。本书所说仪式，主要指新闻工作者退休、获奖、去世、升职、职业转变得到表彰的时刻和特殊日期，例如，世界新闻日、周年纪念等的献词、演讲等仪式化表达，还包括新闻真相相关的论坛、演讲等活动。这些情景下的言说者均为新闻媒体和新闻工作者。

（1）特殊的焦点时刻

新年前后、创刊周年纪念，这些时间节点发表献词、感言、演讲，例如，世界新闻日（World News Day）的社论《新闻的光芒就是责任的光芒》等。

（2）加冕

新闻工作者将真相作为职业的认可和奖赏，获得"追求真相"的评语，意味着得到共同体的接纳，或者成为职业中的榜样，特别是新闻工作者获奖、退休、去世时。例如，《星期日邮报》在爱尔兰新闻工作者文森特·布朗退休时称赞他："他的退休使我们想起了新闻的目的，那就是向掌权者说出真相。"《澳大利亚人报》的记者讣闻"他从事新闻工作的方式是深思熟虑地说出真相"。

（3）论坛

以新闻真相为主题的论坛活动预告或者报道。例如，《华盛顿邮报》员工发展与标准执行主编特蕾西·格兰特发表《2019年的新闻业：讲述真相》的演讲；亚利桑那大学（The University of Arizona）连续多年主持"市中心系列讨论会（Downtown Series）"，2017年第五季的主题是"全球情境下的真相和信任"，讨论另类事实和假新闻，以及如何维护彼此和机构之间的信任。

3. 批评（报道真相的实践）

文本对记者和新闻业报道真相的意愿、能力、原则和结果做出负面评价，既有自我批评，也有其他社会主体的批评，例如，读者来信和新闻报道中的消息来源。其具体内容包括：

（1）新闻越轨

文本批评新闻业内部破坏传统规范、价值观的行为，本书只针对具体越轨行为的批评。样本中的越轨行为包括：

①偏见/议程驱动：主要是政治立场不同的专业媒体相互攻讦对方阵营，服务于立场而非真相，是议程驱动的新闻实践。

②虚假平衡/客观：20世纪20年代以来，客观性原则成为美国新闻业的主导性原则，并在全世界产生影响，但它经常被批评为"数学上机械的对等"。

③其他：捏造、片面、不准确/客观、追逐利润/收视率而非真相、剽窃、不择手段收集信息、低级新闻等。

（2）系统性失败

系统性失败指专业媒体作为一个整体失去公民信任、脱离受众，导致自身深陷危机，这一主题主要出现在 2016 年之后。

①失去信任：《华盛顿检查者报》（*The Washington Examiner*）的专栏作家萨莱纳·泽托指出，"我们现在的处境非常糟糕"，尽管"我们非常努力地把真相告诉人民，但是人民并不相信我们"。

②脱离受众：由于西方专业媒体从业人员的结构性问题，作为精英群体的新闻工作者与底层人民的脱节一直存在，进入 21 世纪以来，商业模式崩溃导致的新闻荒漠化加剧了这一倾向。

4. 协商与争议

关于操作规范的协商与争论，新闻工作者、受众、其他社会主体各执一词，没有得出一致的结论，其中既有由来已久、反复出现的争论，又有随着社会环境的变化而产生的新问题。

（1）由来已久的争议

例如，我们对重大事件，反复核实更重要还是尽早公开更重要？如何对待隐性采访（以欺骗手段获得信息）？支票簿新闻是否能够买到真相？如何处理报道真相和最小伤害的两难处境？

（2）对新问题的探讨

例如，极端分子实施恐怖行为的目的就是获得媒体曝光以传播自己的极端理念，媒体应该报道真相，还是保持"战略沉默（strategic silence）""不公布恶名（no notoriety）"？在多数专业媒体看来，特朗普是一位身份重要然而满嘴谎言的消息来源，然而，在客观性原则下，如何报道他和他的谎言？

5. 外部威胁

威胁新闻业履行真相报道责任的外部因素，具体内容包括：

（1）政治和政治人物

"在任何社会中，国家都扮演着塑造媒介体制的重要角色，但是在国家干预及其所采取的形式上存有显著差异"①。本书的样本中，各国中央和地方政府、

---

① 哈林，曼奇尼. 比较媒介体制［M］.陈娟，展江，等译. 北京：中国人民大学出版社，2012：41.

各级政府官员的言论和公务活动触发了大量真相言说，其中绝大多数是各级政府和政治人物对新闻真相的威胁，具体内容包括：

①威胁新闻自由：西方模式下的媒介体制将新闻自由视为新闻真相最重要的保障，而新闻自由有赖于政府制定的政策和政治人物的言行。在本书的样本中，政府和政治人物扮演的角色主要是以暴力、法律和口头方式威胁新闻自由，样本中的威胁既来自外国政府，也包括这5国的本国政府。

②攻击和污名化专业媒体：政治人物用"假新闻（fake news）""人民的敌人"污名化专业媒体。

③污染信息环境：制造"另类事实"和误导性信息"把水搅浑"。

（2）数字媒体

数字媒体的出现和繁荣从根本上挑战了专业媒体的社会角色。本书所说的数字媒体，包括互联网上的各种聚合类媒体和社交媒体、数字原创媒体和数字技术。EBSCO样本中对数字媒体的态度绝大多数是负面的，指向其缺陷和缺点。

①污染信息环境：作为信息平台，数字媒体成为假新闻的传播渠道和放大器。充斥在社交媒体上的假新闻、不实信息和误导信息与传统媒体提供的真相竞争，污染了信息环境。

②制造生存竞争：数字媒体给每个网民发声的机会，使他们得以"绕过媒体过滤器"，给受众提供了无限的信息选择，打破了专业媒体的信息垄断。

（3）商业模式崩溃

西方模式传媒体制的特征之一就是商业化，但是，在21世纪的媒体生态系统中，传统媒体被一种破碎的商业模式所束缚。

（4）强势公关

20世纪20年代，公共关系在美国的兴起挑战了新闻真相的观念，在21世纪的前十年，从"PR"到"SPIN"的公关变得更加强势，这给记者报道真相制造了更大的困难。

（5）传媒垄断

20世纪40年代，传媒所有权的垄断就已经引起担忧，并催生了《一个自由而负责的新闻界》，1990年后这一趋势加剧，传媒垄断在21世纪的前十年被视为新闻业求真实践的威胁之一。

6. 边界工作

边界工作（boundary work）是科学社会学家吉尔因在研究科学划界问题时提出的重要概念，它揭示了一种局内人的视角，来满足特定领域的专业人士的需求。"首先，边界通过将专业人士的服务与外部人提供的看似相同但实际不同的服务区别开来，为专业服务创造了需求；其次，边界有助于专业内部人士将那些宣称能够提供相似服务的外部人驱逐出专业服务的领域"①。如此，边界工作的话语策略帮助职业共同体在竞争中维护自身的职业地位。

在本书的样本中，边界工作主要是指在文艺评论中区分文艺作品的真相和新闻的真相，也有少量区分专业媒体和社交媒体提供的信息，但是均发生在2010年之前，此后话语转向被社交媒体视为威胁。

7. 抵抗和解释

面对其他社会成员的批评和外部威胁时，有时文本会进行抵抗式言说或者解释新闻工作的流程。例如，特斯拉老板马斯克发表一系列推文，谴责"那些宣称追求真相的大媒体公司只发表了足以粉饰谎言的内容"，是"假仁假义的虚伪"，《泰晤士报》反驳说："很少有记者了解电力传动系统。同样，马斯克对新闻业的理解也存在差距。它是为了获得真相，而真相的本质往往令人难以面对。严肃新闻必须抵御大量毫无根据但具有破坏性的攻击。"

8. 范式修补与转换

托马斯·库恩将"范式"概念引入科技史和科技哲学研究中，并因其强大的解释力而广泛应用到多学科领域的研究中。所谓范式，是"一个公认的模型或模式"，它吸引了大量坚定的拥护者。同时，范式也是"一种在新的或更严格的条件下有待进一步澄清和明确的对象"②。"新闻范式"（journalistic paradigm）是指"新闻从业者中共享的一套关于何为新闻、如何报道以及怎样区分好新闻坏新闻的世界观。……具有统领新闻实践的各种规范性原则和从业知识，并将之整合成内部统一的意识形态体系的功能"③。新闻实践中发生越轨行为后，新闻共同体争论、驱逐、重申的行为被称为"范式修补（paradigm repair）"。既

---

①　白红义. 新闻业的边界工作：概念、类型及不足［J］. 新闻记者，2015（7）：46-55.

②　库恩. 科学革命的结构：第四版［M］. 金吾伦，胡新和，译. 北京：北京大学出版社，2012：19.

③　白红义. 新闻业的边界工作：概念、类型及不足［J］. 新闻记者，2015（7）：46-55.

有的范式修补研究通常讨论的是新闻共同体内部对原有范式的重新确认,没有将新闻业如何应对来自外界的威胁纳入这一领域。本书回到库恩对"范式"的定义,库恩认为不同的媒介体制为专业媒体提供的外部环境亦是一种新闻范式,在新的传播环境下,原有的体制模式发生了变化,专业媒体如何应对这种变化也是范式修补的一部分。因此,本书将对公共政策的呼吁也纳入范式修补主题中。此外,专业媒体在 21 世纪受到的威胁是全方位的,无法通过"修补"重新确认原有模式,因此还存在"转换"现象。西方媒介体制的范式主要表现在三个方面:作为政治基础的新闻自由、以广告为经济来源的商业模式、信息取向型新闻事业。[①] 在 EBSCO 数据库的样本中,范式修补和转换的话语包括两部分内容。

(1)公共政策

公共政策是政府机关为解决公共问题或满足公众需求而决定是否和如何采取行为的活动。在 EBSCO 中,面对来自三方面的外部威胁,专业媒体向政府呼吁制定公共政策,或者在政治人物采取行动时予以积极和热情的报道,来为专业媒体开展工作,包括:

①保护新闻自由和记者安全的立法。

②税收政策立法。西方商业模式的崩溃是长期而渐进的趋势,传统新闻业由商业模式转向公共模式来确保生存是主流声音之一,这就需要政府制定相关政策。

③治理数字媒体。专业媒体认为,Facebook 和谷歌等科技公司解决假新闻扩散问题的努力不够,应当由政府通过立法来进行治理。

(2)内部措施

专业媒体作为行动者实施的范式修补行为。

①坚守传统规范,继续报道真相(重申):信息环境发生改变,不少新闻工作者认为此时更"需要做好本职工作,报道真相的最佳版本"。

②事实核查:引入事实核查机制,保证报道内容的真实。

③重建信任(透明):专业媒体认为面对系统性失败,除了通过过硬的报道

---

① 哈林,曼奇尼. 比较媒介体制 [M].陈娟,展江,等译. 北京:中国人民大学出版社,2012:244-245.

赢回受众外，还需要一些"修辞手法"，进一步阐释媒体的功能，加强与受众的联系，争取受众的理解。

（三）主题分布与变化

需要说明的是，在建构类目并归类时，有些文本包含了一个以上的主题，本书按照实际言说主题进行统计。（见表1-4）

表1-4　历年主题一览表

年度	批评	肯定	威胁	仪式	协商	抵抗	边界	范式
2000	1	1	—	—	—	—	—	—
2001	6	6	1	—	2	—	1	2
2002	3	2	1			1	1	
2003	13	2	2	1	4	1	—	
2004	13	—	5	2	2	3	3	
2005	5	5	2		2	2	2	
2006	7	12	2	7	2	4	2	—
2007	3	4		2	1	—	1	
2008	8	2	2	1			1	
2009	6	3	3	5	—	1	—	1
2010	4	4	3	2	4		1	
2011	12	7	1	5	5			2
2012	9	8	4	2	1	—	2	2
2013	4	8	3	3			1	1
2014	2	5	2	5	3	—	1	1
2015	10	6	—	3		1	2	—
2016	9	4	7	6			3	3
2017	15	7	14	5	3	3	2	2
2018	9	9	15	10	1	8	1	6
2019	8	7	12	3	2	2	2	2
2020	4	2	5	5	1	1	—	1

续表

年度	批评	肯定	威胁	仪式	协商	抵抗	边界	范式
2021	—	3	2	2	—	—	—	—
合计	151	107	87	69	34	27	26	23

我们从历年的数量和变化趋势来看：

首先，关于真相的元新闻话语不仅出现在对关键事件的讨论中，在没有特别事件发生时的日常工作中，它也是一个常规议题。这种反复出现和持续的话语揭示了新闻业将真相建构为机构核心价值的努力。浮现于机构话语中的新闻工作者和其他社会成员持续对新闻的真相理想和求真实践进行确认、重申、评价，展现求真过程中的语境因素，并以真相为边界与其他传播主体进行区分，显示专业媒体运用话语，在动态的过程中形成了理解"真相"这个抽象概念的现实土壤，将塑造和维护自身作为真相生产者的角色和文化权威。

其次，"批评"的数量和话题均变化明显。因为在发生丑闻和重大社会事件的年度，这也是全社会聚焦和批评新闻业表现的时刻。专业媒体在面对行业危机时生产更多的真相话语，或自我评价和反思求真实践，或针对批评做出解释，或直接抵抗来自外界的批评，从而维护职业的社会身份和地位。

最后，"外部威胁""抵抗与解释""范式修复与转换"从2016年开始显著增加。"外部威胁"的焦点从传媒垄断、强势公关转向政治和数字媒体，"抵抗"的焦点转向政治，"范式修复和转换"的焦点从零星的"重申传统标准"转向事实核查、透明、解释新闻工作以及呼吁公共政策介入，表明在外部威胁加剧时，新闻业利用真相这一符号资源为自己辩护。特别是在前所未有的危机中，基于西方模式的内部修复已无法应对，需要外部因素的介入。外部因素为专业媒体提供保护和资助的话语策略，便是新闻业能够提供民主社会健康运行所需的真相。这些话语最终重申了新闻业在面临威胁时应该坚持的东西，即以真相为核心的优质新闻是该领域得以生存并重新获得合法性的基础。

元新闻话语用以保持对新闻业的稳定理解。新闻工作者承认，他们"非常关心自己的职业地位，以及公众对他们作为记者的看法"。通过新闻场所的元新闻话语，他们试图控制外界对新闻的看法："我们真的需要对这些核心价值观做出新的承诺，以提高我们在公众中的地位和尊重。"

20 年来，西方专业媒体在相对稳定时期和危机时期对真相的话语构建具有强烈的相似性，但是，围绕这一稳定的核心，其外部环境发生了剧变。对此，精英媒体一方面以真相的规范性价值为职业身份和文化权威进行辩护，另一方面新闻业的边界在这个过程中既有坚守，也有变迁。

第二节　真相的恒久价值

"个体出现在他人面前时都会有效地确定一种情境定义"，这种情境定义为"后续合作行为提供了一个程序表"，即表演者声明的出发点和受众对表演者的期待，而且，"任何一种情境定义都具有明显的道德特征"①。对真相的宣称就是专业媒体表演的"情境定义"。所有的主题均以报道真相作为逻辑起点，所有的行动者都默认报道真相是新闻业的核心价值。

一、所有话语的逻辑起点

"肯定"是不同行动者对专业媒体报道真相的正面评价，"仪式"则直接确认和宣扬专业媒体报道真相的规范性角色和价值理念，这两个主题之和超过了其他主题的数量。在其他主题中，报道真相也是话语的逻辑起点。

（一）"批评"话语

"批评"话语数量最多，底层的逻辑是专业媒体因种种原因未能履行自己的职责，需要通过批评和反思，重返追求真相的正确道路。例如，一位时尚界人士尖刻地对记者说："现如今哪里都没有真相——从新闻业到修管道的。"他此后并没有就此发表更多评论，也没有为这一断言提供证据，仅仅将新闻真相作为一个批评的靶子。2003 年，《纽约时报》发生造假丑闻，专业媒体不仅从不同角度批评和探讨了这一丑闻的深层次原因，还将其与 1998 年《新共和》（*NewRepublic*）记者斯蒂芬·格拉斯造假相比较。《泰晤士报》评论："如果不

---

① 戈夫曼．日常生活中的自我呈现［M］．冯钢，译．北京：北京大学出版社，2008：9-10.

欣赏美国新闻业的崇高抱负，就很难理解格拉斯和布莱尔丑闻带来的冲击波。在美国，在第一修正案的保护下，他们被期望成为真相的守护者。"

期待与现实的巨大反差使所有人如此愤怒和失望，于是，"在媒介批评中，新闻从业人员和批评者共同构建了媒介的社会角色，从而建立起专业的身份认同"①。

（二）"威胁"话语

"威胁"话语隐含的前提是专业媒体报道的新闻真相是可信的、合法的、不可替代的。然而，种种外部力量影响和扭曲真相的探求和呈现：在媒体所有权方面，"事实和虚构之间的界限也越来越模糊；将新闻重新定义为只要能卖报纸就行；所有权集中在大公司和跨国公司手中"。在社会政治环境方面，有些邪恶势力阻挠和压制专业媒体的报道——"缅甸不希望真相被告知，而新闻业要求这样做"；有些政客故意攻击和污名化专业媒体——"特朗普总统版本的诚实媒体是不质疑、不调查、不寻求真相的媒体。他害怕真相，是因为特朗普大厦（Trump Tower）和马阿拉歌庄园（Mar-a-Lago）紧闭的门背后可能隐藏着什么"。社交媒体崛起后，其制造的信息竞争和生存竞争被专业媒体指责为破坏了以真相为基础的社会共识——"普通人怎样才能得到真相？社交媒体剥夺了新闻、艰苦的调查工作和报道中的真相的价值。如果没有人真正对此负责，那么谁会关心报纸上写了什么？"

（三）"范式修补"话语

基于同样的前提，"范式修补"议题才能提出应对策略。遭遇经济危机的专业媒体值得公共政策的挽救——"在我们21世纪的媒体生态系统中，真相面临着风险，传统媒体被一种破碎的商业模式所束缚，新闻业的经济模式已经从结构上深刻地崩溃了"。因此，我们需要政府"采取税收措施，为媒体公司在与全球平台竞争广告收入提供公平的竞争环境"。律师才会呼吁制定针对社交媒体的诽谤法——"鉴于社交媒体对新闻真相和负责任的新闻产生了不利影响，有必要更好地为公众利益的报道辩护"。

---

① 谢静. 媒介批评：专业权威的建构策略：从新闻专业主义解读美国的新闻媒介批评 [J]. 新闻大学，2004（3）：40-44.

（四）"协商"话语

"协商"话语探讨如何寻找通往真相的最佳路线。例如，新闻报道的"主观"与"客观"之争从 21 世纪初延续至今，但其目的都是为了接近真相。2001 年，路透社发布了一个声明，称其在报道中不使用"恐怖分子"，是因为它是一个情绪化的词，"我们不描述新闻故事的主题，而是报道他们的行动、身份和背景"。而有些记者认为，这相当于自我审查，而且是不准确的。"新闻应该说出真相。当你不把这称为恐怖袭击时，你就没有说出真相，新闻机构的责任是发现事实……不要在报道中玩弄政治"。

（五）"抵抗"话语

"抵抗"话语为专业媒体提供真相的意愿、能力、原则和结果进行辩护，维护自身地位。例如，有记者感叹："唉，真相有时是难以捉摸的。在报纸和新闻杂志工作了四分之一个世纪之后，我坚信，大多数针对专业媒体和著名电视网络的意识形态偏见的指控都是大错特错的。"最典型的是，2018 年 8 月 17 日，在《波士顿环球报》（*Boston Globe*）的组织下，美国 350 多家报纸发表社论，驳斥特朗普对新闻界的持续攻击，集体反对"这场针对自由新闻界的肮脏战争"——"新闻的口号是追求真相——所有的真相，甚至包括那些有权有势的人、作恶者和其他不愿被报道和曝光的人"。

（六）"边界"话语

"边界"话语致力于厘清专业媒体与其他传播主体提供的真相，彰显专业媒体的重要性和不可替代性。例如，2006 年 5 月，油管的用户规模超过了 CNN，杂志撰稿人保罗·鲍丁（Paul Boutin）在 NPR 节目中表示："该网站已经催生了一种公民新闻，这令人难以理解，但这并不是未来科学家所承诺的揭露丑闻、揭露真相的调查性新闻。该网站点击率最高的是第一人称回忆录，而且并不是每个油管上的自我纪录片都是真实的。"

由以上分析可见，元新闻话语尽管从不同角度、不同语境对新闻求真的理想和实践做出了评价，但是逻辑起点均统一在"报道真相是专业媒体的规范性角色和最高价值理念"上。

二、所有行动者的共识

话语由各类行动者零散的表述构成，这些表述形塑并限制了意义、身份认同与概念的边界。在专业媒体中得到表演机会的行动者全部赞同"报道真相是新闻的本质",是将新闻与其他传播形式区分开来的标准,不能提供真相的新闻业就失去了合法性。

(一)新闻工作者的共识

这种表述数量最多的当然来自新闻工作者这个群体自身。其中,在重要场合和时刻发表的仪式性话语,集中体现了新闻业将追求真相作为建构和维护共同体身份的核心价值。

仪式性话语由不同的仪式性事件触发,但是表述十分相似。无论是获奖感言"所以这就是新闻的工作:它尽其所能,一点一点地寻找真相""我们的新闻必须捕捉到这一痛苦的全部真相和深度,以及由此引发的关于明尼苏达州和这个国家的许多问题",还是对记者的盖棺论定"他对新闻和真相的无限热情将会被《纽约时报》的家人、全世界的读者以及热爱新闻的人们所怀念""迈克告诉我,新闻工作永远只关乎真相,记者需要有他所说的'内心的火焰'""当其他记者满足于名人、丑闻和炒作时,这个人却坚持不懈地追求真相",抑或是特殊时刻的诗意化表述"第四权力的主要角色是坚定不移、勇敢地致力于发现和揭示真相""这就是新闻——揭露真相。这种话语,增加了希望",这些都为共同体树立了榜样和目标,形成了统一的身份认同和职业价值观。

(二)其他社会成员的共识

其他社会成员也从不同的角度表达了"新闻业的使命就是提供真相"这一共识。例如,文艺创作者一方面通过作品颂扬新闻业和新闻工作者的求真努力——英国BBC电视剧《新闻界》(Press)导演迈克·巴特莱特(Mike Bartlett)带领主创人员花三年时间走访了英国各家大报,深入了解这一行业后表示:"我认为我们需要新闻,我们需要知道事实和真相。"另外,人们通过对作品的解读,区分文艺作品和新闻中的真相。剧作家约翰·迪阿加塔(JohnD Agata)撰写的一部小说被改编成戏剧上演,并被宣传为"根据真实故事改编",但是受到真实性的争议。他辩护说,自己"从一开始就认为他在创造艺术,而不是新闻。散文的形式有回避事实、追求更大真相的悠久历史"。我们如果不尊重真相,"在纸媒新闻行业,这种做法可能会终结你的职业生涯",但是在艺术创作领域则不然。这表明,艺术作品和新闻业都能够传递关于世界的真相,但是它们各自传递的是不一样的"真相",从而肯定了新闻真相的独特社会价值和贡献。

　　与新闻业关系紧张的政治人物尽管不断批评专业媒体中"真相和平衡已被置于次要地位，而不是通过报道来提高销量"，且以"假新闻"来攻击专业媒体，但是这些批评隐含的逻辑前提是讲述真相，这是新闻业的规范角色。也有政治人物表达了保护新闻真相的意愿，例如，内布拉斯加州的共和党参议员警告特朗普总统，批评媒体的语言是一种"政治恐怖主义（political terrorism）"："这对共和党是不利的，也会损害这个国家的真相和新闻。"俄亥俄州州长在白宫记者晚宴上说："今晚是第一修正案的庆典、新闻出版自由的庆典、新闻业的庆典、寻找真相的庆典。发现真相要彻底，要自律，因为你们是美国非常非常重要的一部分，也是支持我们国家最重要的机构之一。"可见，政治人物即便忌惮新闻业，但也承认并肯定新闻真相的合法性及重要性。

　　媒体受众或通过参与节目、写信，或通过接受采访对新闻求真做出评价。例如，《多伦多明星报》在"世界新闻日"发起了一个我问你答活动，请读者投稿阐述"新闻为何重要"，排在第一位入选的答案说："优秀的新闻工作者在谎言面前毫不畏惧，毫不偏见地说出真相。当公众被那些有强大的自身利益的人所迷惑时，记者的责任就是把他所知道的事实揭露出来，让读者做出明智的决定。"另一个入选的答案表示："在这个公众接受来自四面八方的谎言和错误信息的时代，我们必须依赖至少一个尊重真相的机构，迫使公众人物对为他们服务的人负责，并将以公共利益作为奋斗的目标。"这些发言表明，受众对新闻业的期待便是提供真相。

　　社会活动家为了鼓励追求真相的新闻业而慷慨解囊，例如，澳大利亚慈善家朱迪斯·尼尔森（Judith Neilson）在 2018 年成立了朱迪斯·尼尔森新闻与思想研究所（Judith Neilson Institute for Journalism & Ideas），她说，自己投入 1 亿美元创办这个研究所的目的是支持"在日益复杂和混乱的世界中以证据为基础的新闻业和对真相的追求"，此举获得了除记者和整个媒体行业之外的更广泛的社区反应，这令她十分振奋。

　　综上，专业媒体的机构话语由不同的行动者、从不同的角度发出了共同的声音，这在 21 年间未曾改变，表明真相在新闻业中的核心价值始终如一，既是专业新闻对社会的承诺，也是社会成员对专业新闻的期待。

第三节 真相呈现面临日益严峻的困境

如上所述，真相是专业媒体对社会始终如一的承诺，也是社会成员默认的规范性期待，然而，真相不会自动向人们打开。专业媒体在报道真相的过程中受到的影响从未消解过。近年来，随着社交媒体的崛起，旧的威胁与困境仍然存在，新的挑战又接踵而来。

一、经济：从过度商业化到商业模式崩溃

商业化是西方媒介模式的特征之一，尽管媒体一再声称只有商业化才能保持监督者的独立地位，但这一说辞早已遭到批评。1947 年，一群美国学者谴责自由放任的媒体制度，批评媒体的垄断趋势、商品化制造的低劣的文化和危险的利己政治。① 此后，报刊并没有变得更负责任。20 世纪 90 年代，美国 99% 的媒体都被地方垄断，"今天的新闻报道比 30 年前更短、信息更少。仿真陈述代替了解释"②。进入 21 世纪，西方专业媒体始终将过度商业化视为报道真相最主要的威胁之一。2001 年，NPR 的一档节目谈道：

> 在过去的 20 年里，新闻行业发生了变化。西屋电气（Westinghouse）、迪士尼（Disney）、美国在线（AOL）和通用电气（General Electric）等大公司已经收购了主要的网络和有线电视频道，将一种商业方式带入了新闻业的大厅。……公司内部的利润率对公司来说已经变得比新闻质量更重要。华尔街对上市公司的要求与做好新闻工作的能力之间存在着一种持续的平衡，有时还会影响新闻报道的质量。……这些新公司将把新闻业用于其他目的，而不是服务于公众利益的新闻业。

2005 年，《爱尔兰时报》评论美国新闻界的现状，感叹"曾经令人羡慕的

---

① 新闻自由委员会. 一个自由而负责的新闻界 [M]. 展江，王征，王涛，译. 北京：中国人民大学出版社，2004.
② 尼罗，等. 最后的权利：重议《报刊的四种理论》[M]. 周翔，译. 汕头：汕头大学出版社，2008.

美国媒体现在很可悲"，但是"我们自己的媒体面临着与那些导致美国媒体衰落的媒体相似的压力。这些压力包括所有权的荒谬集中，不可避免地导致真相和商业之间的利益冲突"。

2008年，《澳大利亚人报》担忧："新闻机构大多是由不断缩减编辑部、关闭分社以节省成本、提高股东利润，它们再也无法生产精心收集、检查和分析的新闻了。"

在数字技术的冲击和2008年席卷全球的金融风暴双重夹击下，以纸媒为代表的传统新闻业陷入更深的困境，商业模式坍塌直接威胁专业媒体的生存，对"真相"的要求似乎有所放松。2013年，当英国的《每日邮报》网站（the Mail Online website）打算进入澳大利亚时，《澳大利亚人报》评价，该网站沉迷于平庸的娱乐节目和名人新闻，"对真相的把握很松散，不关心准确性，只在被逼到尴尬的地步时才费心去纠正"，然而，它是世界上最受欢迎的报纸网站。《每日邮报》网站将在澳大利亚招募一个50人的团队，这对饱受裁员之苦的记者来说是个好消息。在加拿大，新闻市场十分惨淡："在我们21世纪的媒体生态系统中，真相正处于危险之中，传统媒体正被一种破碎的商业模式所束缚，而这种商业模式使长期持续的社区新闻收入大部分流向了美国Facebook、谷歌、YouTube，以及新的数字媒体。"在美国，《纽约时报》《华盛顿邮报》在2016年之后取得了惊人成功，但地方报纸大批关闭，曾经同样是新闻业巨头的《洛杉矶时报》和《新闻周刊》也遭遇了严重动荡，CNN主播弗兰克·赛斯诺忧心忡忡地问："对全国人民以及地方和州市场来说，信息和新闻的未来在哪里？"

原本被寄予厚望的数字原创媒体也逃不过商业化的陷阱，在最初的泡沫过去之后，怀抱新闻理想的人们依然要面对赢利的问题。嗡嗡喂（BuzzFeed）被爆出，联合创办人、新闻主编本·史密斯（Ben Smith）从网站上删除了三篇批评企业品牌的帖子。但是，"问题不在于这些帖子的真实性，而在于它们冒犯了广告商"。事情曝光后，史密斯恢复了这些帖子，并通过电子邮件道歉："我的反应太冲动了，我错了。"

专业媒体对集团化和商业化侵蚀和剥削新闻部门的现状进行了充分的言说，反映出只要是商业化媒体，就无法不考虑账本底线问题，当生计岌岌可危时，真相可以成为祭品这一现实。

二、政治：从隔岸观火到亲历威胁

政府在大众传播中扮演着重要角色。西方模式媒介体制的特征之一就是国家的社会角色受到相对限制，保有"悠久而强大的西方传统"①。这些国家的记者因此被认为"享有特权"，但这一传统正在遭到侵蚀。

在本书的样本中，2016 年之前，政治力量对真相的威胁并未受到 5 国专业媒体的主要关注。从 2000 年到 2015 年，仅有 10 个文本言及政治力量对报道真相的威胁，且基本发生在非西方国家。例如，美国记者被伊拉克武装分子囚禁、被 ISIS 绑架并杀害、伊朗政府逮捕记者等。2016 年之后，记者遭受迫害的记录增多，例如，记者在印度、沙特阿拉伯遭到杀害。记者在缅甸、土耳其、菲律宾、危地马拉被投入监狱，而且西方国家的政府也开始扮演侵害者的角色。

2016 年，美国迎来了一位特立独行的总统，特朗普在就任后次日高调宣布："我和媒体正在进行一场战争。"他每天都会称媒体的报道为"假新闻"，抨击专业媒体是"人民的敌人"。特朗普在宣誓就职一个月后，给新闻媒体贴上了"美国人民的敌人"的标签。在接下来的一年里，他使用了"假"这个词，比如，"假新闻""假故事""假媒体"或"假民调"超过 400 次。在一场政治集会上，特朗普告诉观众，媒体是"假的、假的恶心新闻"。"诚实的报道怎么了？"他问人群。然后，他指着一群报道此事的记者说："他们不报道。他们只会编故事。"他在推特上提出了自己的观点："假新闻讨厌我说他们是人民的敌人，只是因为他们知道这是真的。他们故意造成巨大的分裂和不信任。他们也能引起战争！他们非常危险，而且生病了！"特朗普执政的第一年，由新闻出版自由基金会和保护记者委员会领导的美国新闻自由追踪组织（the U. S. Press Freedom Tracker）记录了 34 起记者被捕事件和 44 起针对记者的人身攻击事件。

CNN 主持人斯特尔特（Stelter）将这场攻击形容为"毒药"："特朗普总统的攻击确实带来了真正的挑战。在你我的有生之年，还没有哪个自由世界的领导人会这样公开谈论媒体。"新闻学者杰·罗森（Jay Rosen）在特朗普当选后说："特朗普把媒体对他谎言的报道变成了文化战争的燃料，这让媒体扮演了特

---

① 哈林，曼奇尼. 比较媒介体制 ［M］. 陈娟，展江，等译. 北京：中国人民大学出版社，2012：229-230.

朗普的对手的角色，并鼓励他的支持者大声反对诚实的报道。"因报道 20 世纪 90 年代的波黑战争而声名鹊起的 CNN 首席国际记者克里斯蒂安·阿曼普（Christiane Amanpour）表示："我从未想过自己会站在纽约这个舞台上呼吁美国媒体的安全和自由。"福克斯新闻主播克里斯·华莱士（Chris Wallace）说："特朗普鼓励想要压制新闻的独裁者，他的言行对 26 个国家的新闻产生了非常真实的影响，这些国家已经颁布或引入了法律和政府规定，以假新闻的名义限制网络媒体和新闻的获取。"

由于美国在国际事务中的主导地位，其他国家媒体同样对特朗普的攻击感到忧虑，一位澳大利亚记者说："第一位'后真相'美国总统的崛起如此可怕——对他来说，复杂的现实是一件麻烦事，应该忽视它或者置之不理。他要确保公众得不到真相，没有真相，民主就会失败。"

在英国和澳大利亚，专业媒体也苦于本国的政治压力。《星期日泰晤士报》指责英国政府批准成立一家新闻监管机构，称其有碍新闻出版自由，妨碍人们获取真相；《澳大利亚人报》批评"在这个国家，言论自由已下降到不可接受的水平，澳大利亚媒体罕见地表达了团结一致的态度，表示'够了，够了'"。"政客和官员们"将新闻构建为敌人，"在国家安全的幌子下，了解真相的能力被侵蚀了"。

通过历时性考察可见，2016 年之前，5 国专业媒体对外国政府迫害记者、压制真相的威胁还有一种隔岸观火的超然和同情，2016 年之后则感受到来自本国政府和政治人物的直接威胁而爆发抗议之声。不过，我们需要指出的是，在西方理念的主导下，这些专业媒体将一切来自政府的规制都视为对真相的威胁，这是值得商榷的。

三、技术：从竞争到超级竞争

每一次传播技术的变革都会给新闻业带来冲击。21 世纪之初，通信技术革命产生了新的新闻组织，24 小时有线电视新闻、谈话广播成为主要力量，新闻来源已经分散。

NPR 在 2001 年的一档节目中深入讨论"新的竞争氛围对新闻业的影响"：娱乐和新闻已经变得难以区分、新闻领域出现了分歧。"媒体的数量之多意味着，在有线电视观众中争夺较小份额的新闻业务面临着激烈的竞争。随着越来越多的观众转向有线电视,网络新闻广播的观众数量也在下降。与此同时,报纸的读者群也出现了下降"。

2005 年,曾经被视为另类的数字媒体正在取代传统媒体,成为新的专业媒体,结果,"许多新的传播形式为新闻人物接触公众提供了一种方式,在不断发展的媒体世界中,新闻业只是一个日渐萎缩的部分。记者被训练成怀疑论者,并且渴望向权力说出真相,结果新闻成为那些想操纵公众的人最容易谴责的一个来源"。

此后,数字媒体带来了"超级竞争",其影响是全球性的。它们不但与专业媒体激烈争夺受众有限的注意力、盗用专业媒体的身份,"那些假新闻网站为了使新闻看起来可信而假装自己是 CNN 的网站或者 Factcheck. org 的网站,这就是身份盗窃",它们"也被用来破坏公众对合法新闻的信任,在真实新闻和虚假新闻之间播下混淆的种子"。当专业媒体经过艰苦的调查将真相公之于众时,社交媒体却"剥夺了新闻、艰苦的调查工作和报道中的真相的价值"。最可怕的是,当每个人都拥有一个扩音器时,专业媒体手中的扩音器就没那么重要了,当重要的消息来源直接向公众发言时,专业媒体的地位便更加岌岌可危。"推特总统"特朗普的前高级传播顾问贾森·米勒(Jason Miller)告诉CNN,"在我离开团队去私营企业之前,和当时的总统谈论了推特的使用。我说,总统先生或者候任总统先生,继续发推特吧。你有一个地球上最大的巨型手机,如果你需要澄清事实,或者你想把你的积极信息传达出去,它会直接告诉人们。有一种方法可以让领导层中的每一个人,尤其是美国的总统绕过整个媒体过滤器(mediafilter),我认为这种方法太常见了"。前白宫发言人纽特·金里奇(Newt Gingrich)则称,政府官员"可以上脸书、油管和 Skype,让普通市民提问。如果打破精英新闻媒体的垄断,就会有更丰富的对话"。

超级竞争带来的是传播权力的分散,是专业媒体无法继续垄断真相。从信息民主的角度而言,不管它造成了怎样的信息混乱,它都是一种伟大的赋权,但是对旧传播秩序中成长壮大起来的专业媒体而言是一场灾难。因此,超级竞争威胁的是真相,还是专业媒体作为机构的生存?西方专业媒体没有对此进行区分。

四、社会：从失去信任到遭到抛弃

在整体新闻信任度最低的美国，专业媒体感触最深，言说最多。其实，专业媒体失去读者、不受信任并非始于社交媒体的问世。1999 年，皮尤人民与新闻界研究中心（Pew Research Center for the People & the Press）对记者和编辑进行的一项调查显示，他们中的许多人非常关心自己的职业地位，以及公众对他们作为记者的看法。可是，数据显示，10 年间定期阅读报纸的人比例从 58% 下降到 42%，而网络晚间新闻的观众比例从 60% 下降到 34%，专业媒体失去了在国家事务中帮助区分事实与虚构的裁判角色。2001 年的民意调查显示，记者不如政客和二手车经销商受欢迎。公众厌恶媒体，而且许多记者赞同公众对新闻业现状的批评。"事情已经跌到了谷底。如果你对今天的新闻业进行评估，你会发现新闻业的名声很低，因为它们甚至不提供真相"。新闻学者在媒体上表示："新闻工作有一件很奇怪的事：许多人，可能是大多数非新闻工作者说他们不信任新闻媒体。"

到了 2016 年，英国脱欧和美国大选的结果显示，公众信任水平进一步恶化。2017 年，《华盛顿检查者报》（*The Washington Examiner*）的专栏作家塞丽娜·兹托（Salena Zito）指出，"我们现在的处境非常糟糕"，尽管"我们非常努力地把真相告诉人民，但是人民并不相信我们"。《联邦党人》（*The Federalist*）高级主编认为，"媒体社群并没有对我们 2016 年的失败做出任何有意义的自我反思、系统性的改变，或者需要发生的改变来重新赢得全国大部分人"。事实上，专业媒体和他们的服务对象已经脱节了。"我们真的忽略了美国农村的选票，白人工人阶级的选票，不仅仅是在农村地区，还有在工业地区，我们不应该犯这样的错误，把其他社区抛在后面，他们同样觉得自己在媒体上没有发言权"。新闻荒漠化加剧了这一倾向，"在纽约和华盛顿以外的地方，有很多地方报纸正在全国范围内消失。人们正在失去与新闻机构的联系。所以，他们从国家新闻中获得更多的新闻。当他们看新闻的时候，他们看了看然后说：'等等，那不是我。'"。

信任问题在其他国家也不同程度地存在。例如，《爱尔兰时报》报道了英国首相托尼·布莱尔（Tony Blair）对英国报纸的猛烈抨击，称"媒体的行为像野兽一样，……真相和平衡已被置于次要地位。其后果是公共服务的士气下降，政治家和媒体之间失去信任，甚至有一种恐惧气氛，在这种气氛中，公共生活中的人不敢攻击媒体耸人听闻的文化，因为害怕媒体的反击"。澳大利亚一家媒体注意到："在美国大选后的几天里，媒体人承认他们脱离了选民。他们跳上飞机和公共汽车，到中西部执行任务。许多人惊讶地发现，'正常'的人投票给了特朗普。"有鉴于此，该报与集团其他地区的主编一起组织了一场"澳大利亚公平竞争区域运动"的宣传活动，发现了一些"令人震惊的真相"。

西方专业媒体并没有讳言信任危机的存在，但一直迷醉于自说自话的"真相"中，直到2016年才开始正面予以回应。

五、全球化：多元文化、多元价值的挑战

近年来，随着跨国公司、全球市场、移民浪潮、基于互联网技术的信息无边界流动和受众的全球泛在，民族国家的疆界在一定程度上被消解。这意味着全球新闻时代的到来，任何信息主体在任何信息渠道发布的信息都应当被纳入考察的对象中，同时也意味着媒体的竞争越发激烈，产生文化冲突的可能性更大、频率更高，对真相的考量和报道面有更多不确定性。

例如，2005年，BBC电视新闻主管罗杰·莫西在报纸中撰文讨论如何报道伊拉克战争，特别是图像的使用。

最好的新闻就是寻求真相。因此，我们报道亚洲的目的就是要传达关于事实的真相，但我们面临新的挑战。例如，我们仍然存在文化上的不一致。当我们最近展示了被叛乱分子杀害的一排排伊拉克警察的尸体时，我们不安地意识到，我们不会在电视上看到类似的军人的画面。这样做的原因很简单，因为收看节目的亲友可能会感到痛苦。但随着西方节目通过CNN和BBC世界（BBC World）等服务在世界各地播出，以及外国内容在英国变得唾手可得，这就不那么令人信服了。同样，在这场灾难之后，一些亚洲国家也在争论，为什么有那么多棕色和黑人的尸体被展示，而白人的尸体却很少，尽管许多欧洲游客都遭遇了悲惨的结局。在英国这个多种族的国家，所有肤色的人都可能有亲人去世，这（不充分报道）是一个严峻的问题。

在非洲执教的美国新闻学教师，他发现很难将现代意义上的"新闻"教授

给尼日利亚的学生：

> 客观真相是新闻的理想，这是通过根植于怀疑主义的严谨报道达到的。在一个迷信泛滥的社会里，这是一项艰巨的任务。在尼日利亚，几个世纪以来的万物有灵论和神秘主义严重模糊了事实和虚构之间的界限，它们影响当代穆斯林和基督教的思想以及世俗思想。在公众的想象中取代了理性的怀疑的地方，新闻怀疑论很难教授。结果，新闻对社会的影响减弱了。

以上例子显示，全球化给新闻传播带来的挑战是多方位的，从对"客观真相"的理解，到如何呈现真相，都需要再思考、再规范。

机构话语显示，新闻求真之路始终面临各种困境与威胁，这一方面表明新闻工作者认识到新闻业的长期衰落，另一方面也是向社会和公众进行表白，试图解释自己的处境，并说明他们在充分意识到这些困境和威胁时，仍然坚持追求和报道真相。

第四节　求真实践面临持续批评与争议

从数量最多的"批评"主题可见，专业媒体报道真相的实践始终伴随着批评，而"协商"主题则表明，在共同体内部，对求真实践的某些规范与原则始终存在争议，随着外部环境的变化，实践、规范也被迫面临新的挑战。

一、偏离公认的操作规范与标准

在长期的新闻实践中，专业媒体发展出一套行之有效的操作规范和标准来保证新闻真相的呈现。"传统媒体的新闻编辑室以调查和报道的标准和规程为指导。他们所提供的报道是尽可能准确和可靠的：经过认真研究、经过核实，并负责任地进行报告"。但是，这套标准和规程也毫无意外经常被偏离。

在新闻业中，最不能原谅的新闻越轨就是故意撒谎，一旦"捏造"和"虚构"坐实，便构成丑闻，成为众矢之的，并被永远地钉在耻辱柱上。在本书的样本中，2003 年发生了《纽约时报》布莱尔造假丑闻；2015 年，NBC 明星主播布莱恩·威廉姆斯被爆出夸大自己在 2003 年报道伊拉克战争的经历，捏造了部分情节，成为当年专业媒体批评的焦点。在批评这二位新闻工作者的同时，1982 年《华盛顿邮报》记者珍妮·库克造假、1998 年《新共和》记者格拉斯造假也经常被旧事重提，布莱尔和威廉姆斯在丑闻之后也成为时常被提及的反面典型。

2017 年，数字原创媒体嗡嗡喂（Buzzfeed）发表了未经核实的、有些内容被确认为错误的英国前特工文件，引起新闻界热议，CNN 主持人斯特尔特评论道："他们抛弃了美国新闻业最重要的原则之一，那就是观众对我们的信任基于核实，尤其是在这种情况下。"

这些越轨行为的批评在本质上重申了优良实践的标准，是一种范式修复的话语策略。

二、媒体的议程与偏见

媒体和新闻工作者经常被批评有偏见，服务于立场而非真相，是议程驱动的新闻实践。一位记者表示："从我在白宫工作的四年中收到的电子邮件来看，无论持什么政治意识形态的《邮报》读者都同意：我是有偏见的。"但是，讽刺的是，她收到的指控相互矛盾："在同一件事上，有人指责我背叛了我的保守偏见，有人指责我背叛了我的自由偏见。"媒体之间也相互攻讦对方是意识形态新闻。美国的 CNN 和 FOX 经常相互诘问对方为何选择报道了这则新闻而非那则，并自问自答地指责对方服务于特定议程。例如，福克斯新闻的高级政治分析家布里特·休谟认为，"特朗普上任 4 周以来，左翼媒体指责他除了攻击媒体什么也没干，但是实际上他干了很多事"。福克斯新闻撰稿人凯蒂·帕夫里奇附和说："在过去 30 年的时间里，我们看到的不仅仅是特朗普政府遭到这样的指责，更多的媒体只是主观的记者围绕西方立场展开攻击。"CNN 则猜测，当"其他大型有线网都报道波特尔（Porter）案件时，福克斯却在报道特朗普指控奥巴马窃听"，是因为"他们故意报道这个故事是为了搅浑水。奥巴马已经不做总统很久了。现在，福克斯不是唯一一个。昨天布莱巴特（Breitbart）① 的一篇报道与白宫一点关系都没有"。《澳大利亚人报》也经常攻击澳大利亚广播公司（ABC）和其他左翼媒体的"进步事业"，同时不忘申明自己的公允和多样

---

① 一家右翼网络原创媒体。

化，还多次批评该国新闻界的沃克利奖鼓励了议程驱动的新闻"多年来，记者联盟通过其年度沃克利奖（Walkley Awards）表彰了许多优秀的作品，但它也经常将荣誉授予那些推动了特定议程或推动了优先目标的新闻工作。有时，这让沃克利奖陷入了与真相的复杂关系中"。澳大利亚报纸《黄金海岸公报》批评"所有美国专业媒体，以及许多澳大利亚媒体"将一个"本世纪最引人注目的种族仇恨骗局"当作事实进行报道，"表明新闻业令人震惊的衰落，记者们选择了立场，而不是选择真相"。

对"立场""偏见"的批评并不指向新闻报道本身的真或假，而是指向报道动机，这种批评本身就是意识形态的。

三、缺乏共识的实践原则

不少实践原则是有争议的，虽然反复出现，但始终没有得出一致的结论。例如，报道真相和最小伤害、追求真相的手段与目的、公开和核实、评论与新闻混淆等，其中争议最多的原则就是客观性原则。

20世纪20年代以来，客观性原则成为美国新闻业的主导性原则并在全世界产生影响，但逐渐沦为"策略性仪式"的客观性越来越受争议。2002年，多伦多一家主要的犹太殡仪馆撤下了《多伦多明星报》的广告，来抗议该报对中东冲突的报道："在公正的幌子下，你们的报纸允许对立的观点专栏作家传达双方在道德上是平等的印象。中立的编辑政策让各方各抒己见的危险在于，它会促进对问题的理解，往好了说，这是肤浅的，往坏了说，这是极具偏见的。报道和观点专栏试图在没有足够深度的情况下'平衡'故事的两个方面，来实现新闻的真相和正义理想。这使《多伦多明星报》在针对多伦多犹太社区的反以色列和反犹太的态度和行动上串通一气，是在我们的家门口煽动种族主义。"

2008年，皮尤研究中心新闻卓越项目副主任马克·尤尔科维茨（Mark Jurkowitz）在线回答网友问题，一位网友问道："媒体的'公平'属于谁，是候选人，还是公众？什么才是'公平'呢？'公平'这个概念是如此主观，几乎是可笑的，尤其在政治报道中。"尤尔科维茨回答说："很多人会说新闻的客观性是不可能的。记者做出的每一个决定，使用哪句引用等，都是主观的，所以公平应该是普遍的原则。新闻工作的核心是找出真相，只要是人类力所能及的。所以，这是这个行业最重要的使命。引用某个人说太阳从东方升起，然后发现另一个人说太阳从西方升起，这可能反映了某种形式的平衡。这不是真的，也不是好的新闻报道。"

2016年，CNN首席国际记者克里斯蒂安·阿曼普（Christiane Amanpour）回忆自己在20世纪90年代报道波黑战争时说："我们有一个'我方版本的假新闻系统（our version of the fake news system）'在运作。在这种系统里，人们拒绝区分受害者和侵略者。我说，假如你这样做了，你就没有讲出真相，你的所作所为也成为这场可怕罪行的同谋。人们出于各自的政治原因或个人原因坚持认为，当双方都无罪时，双方都是同样有罪的。"

对具体实践原则的争议和批评能够促进共识的形成，对于那些始终无法取得共识的原则，公开协商也是取得谅解的最佳方法，无论是共同体的谅解，还是受众的谅解。

四、媒介形式本身的缺陷

媒介即信息，媒介形式本身会影响新闻真相的呈现。在元新闻话语中，报纸经常批评电视不但不能呈现真相，反而会扭曲真相。一位资深报纸记者提到，1992年，他作为克林顿、布什和罗斯·佩罗（Ross Perot）的总统辩论小组成员之一发现了看现场直播和看电视的区别："我们四人私下里一致认为，布什赢得了辩论。我们坐在离候选人10英尺远的地方，这就是我们对那天晚上发生的事情的印象。"但此后，在观看辩论录像时，他震惊地看到了完全不同的场景。布什戴的领带图案在广播中制造了一种眨眼的效果，分散了观众对他讲话的注意力，克林顿则看起来更上镜，似乎是明显的胜利者。因此，"我一直在回想，有时候你看到的并不是现实"。进入21世纪之初，恰逢有线电视、24小时新闻周期的勃兴，电视和社交媒体不但从报纸和通讯社的原创报道中寻找线索，而且：

> 24小时的新闻周期很荒谬。24/7的新闻周期所做的就是不断施加压力，要求立即做出反应。而在一个复杂的、相互交织的世界里，这不利于做出好的决策。除此之外，我认为在社交媒体和电视上展示信息的方式加剧了挑衅性，而不是深度。如果我只有8秒钟的讲话时间，我不会说："我的对手是一个值得尊敬的人。我不同意他对某项政策的立场，原因如下。"

我会在电视上说："这家伙是撒旦之子，完全是白痴，所以你们不应该支持他的政策。"

《华盛顿邮报》的玛格丽特·沙利文认为，受众对媒体的怀疑"部分问题似乎在于如何定义'媒体'的含义。通常，我听到的最贬损的评论都是关于有线电视新闻最糟糕的品质，他们的专家小组不分昼夜地、毫无意义地讨论无足轻重的发展"。

不过，报纸作为载体是否会扭曲真相却不在话语探讨的范围之内。实际上，报纸的版面语言又何尝不是一种深思熟虑的安排。这种安排"符合"我们身处的现实世界吗？专业媒体为何对此避而不谈呢？

批评和协商话语一方面表明求真实践的脆弱和复杂，另一方面，在争议和批评的过程中，好的实践、优秀新闻工作者的品质得到重申，实践原则在一次次具体的事件讨论中得到协商。此外，自我批评的方式也为专业媒体赢得了尊重和谅解。但是，批评和争议的对象主要是特定专业媒体和个别新闻工作者，未能反思新闻业整体作为强大的社会建构力量的作用，并面对新闻业在民主社会中的责任等更具结构性。

第五节　专业媒体的真相坚守与突围

在日益严峻的威胁与困境和持续不断的批评与争议之中，专业媒体如何坚守作为新闻业核心价值的真相？在元新闻话语中，专业媒体对内提出范式修复措施，力求以优质服务重新建立与公众的联系，对外则呼吁公共政策介入，为求真实践创造良好环境。

一、采取内部措施

专业媒体在新闻生产环节采取的措施是最能自我把控的，"做好本职工作，报道真相的最佳版本"。

（一）坚持传统规范

2001 年，面对 24 小时新闻周期和竞争压力，《今日美国》前主编表示：

"我认为他（科瓦齐）重申这些原则是很有用的。我完全同意，新闻业在培训方面很糟糕，我们没有足够的训练。我们在传递使新闻业伟大的价值观方面做得不够，我认为，我们真的需要对这些核心价值观做出新的承诺，来提高我们在公众中的地位和尊重。"CNN记者表示同意："当我们误入歧途时，我们需要围绕这些原则，试图让自己回归正轨。我们并没有因此得到太多赞誉，但这就是它的工作方式。"2009年，《费城问询报》（*Philadelphia Inquirer*）前执行主编吉恩·福尔曼（Gene Foreman）在专栏文章中重申了科瓦齐和罗森斯蒂尔提出的原则，并指出："对许多人来说，我们新闻媒体在这些指导原则方面做得不好。"

2016年之后，信息环境发生改变，面对消息来源的谎言、"另类事实"和持续的攻击，"修复"仍然是焦点之一。新闻工作者首先还是要做好本职工作，此时更应坚持"传统新闻的角色"，"我们要核实事实，努力建立我们的信誉，让人们看到我们可以信任的地方"。《华尔街日报》的布莱特·斯蒂芬斯（Bret Stephens）在演讲中表示："我们面临的挑战是……在一个完全否认事实相关性的政治面前，坚持事实的完整性。我们相信一种能够区分真相与谬误、事实与观点、证据与愿望的认识论。令人震惊的是，这些基本原则必须在2017年重申。但在特朗普时代，这比以往任何时候都更重要。"

《多伦多明星报》相信，读者访问报纸网站很大程度上是因为可信度因素，因此开展了一项名为Star Next的培训，其中一部分是每周一次的多媒体伦理会议。"它传达的信息很简单：多媒体提供了向读者传达信息、讲述故事和服务社会的新方法，但多媒体新闻的道德规范与《多伦多明星报》记者长期以来所遵循的标准和做法没有什么不同。在我们重新定义新闻的同时，要让你们信任，我们就必须坚持新闻职业道德的传统核心价值观。真相和准确、公平和平衡、透明和问责，对网络音频和视频的重要性不亚于报纸上发表的文字和照片"。

（二）引入和强化事实核查机制

事实核查并非新鲜事物，在美国，早在20世纪20年代，《纽约客》杂志就已经有了自己的事实核查部门，但是其成为独立的机构是21世纪之后的事。2003年美国总统竞选期间，时任《圣彼得堡时报》（后来成为《坦帕湾时报》）白宫分社社长的比尔·阿代尔对"自己缺乏事实核查感到失望"，出于内疚，他产生了对政客们说的话进行事实核查的想法。他"提议建立一个事实核查网站"，政治事实网（PolitiFact. com）诞生了。"它逐渐受到读者的欢迎，成为政治报道的重要组成部分"。2009 年，《圣彼得堡时报》和 PolitiFact. com 获得普利策国内报道奖，在美国内外有众多模仿。2007 年，澳大利亚版网站成为美国以外的第一个网站。阿代尔说："现在世界上有一场事实核查运动，我们似乎在许多国家激发了事实核查。这是重要的新闻工作。"原创新闻网站嗡嗡喂"想让竞争更加激烈"。这家病毒式传播内容的提供商在 2016 年聘请了揭穿专家克雷格·西尔弗曼来追踪并揭露互联网和社交媒体上流传的无数骗局、毫无根据的谣言和不真实的故事。"毕竟，厘清真相才是新闻报道应该做的事情"。他的目标是让揭穿真相成为嗡嗡喂文化的一部分，成为其所有国际业务和所有业务的一部分。事实核查运动的兴起被认为是"近年来新闻业一个更令人鼓舞的发展"，官员和候选人的主张受到了考验。"这种方法不只是刊登竞争对手的言论，而是要多做一些工作，确定真相——做新闻工作。FactCheck. org、PolitiFact 和《华盛顿邮报》的格伦·凯斯勒一直走在这一事业的前沿，值得高度赞扬。现在，他们的努力已经扩散到许多其他新闻媒体"。

（三）新闻编辑室的改革

这项改革主要是指增加新闻编辑室的多样性。"如果我们想要代表人民，我们就需要开始真的代表人民。我们需要充满多样化声音的新闻编辑室，需要将不同的论点纳入新闻报道中"。这项改革采取了一些措施，例如，《费城问询者报》任命了该报历史上第一个女发行人丽萨·休斯（Lisa Hughes），她表示"为这一突破感到骄傲"，并发誓要提高该报传统上未被充分代表的群体的声音，包括女性、有色人种和 LGBTQ 群体。这个局面建立在前发行人的工作基础上。2016 年，该新闻编辑部的有色人种的记者占到了 14%。现在这个数字是26%，性别比例正在改善。2016 年，编辑部的男性比例为 65%，现在约为 55%。大费城新闻公会（the News Guild of Greater Philadelphia）主席说："看到这个有着 190 年历史的机构最终由一位女性领导，我感到很振奋。"

（四）受众转向

尽管信任危机一直存在，专业媒体也并不讳言，但是直到 2016 年，美国总统的竞选结果才真正警醒了精英媒体，它们开始寻求与公众的重新联系。

首先，倾听公民的声音。"在美国大选后的几天里，媒体人承认他们脱离了选民"。他们意识到需要倾听公民的声音，这是"一件更大、更广泛的事情，需要耐心和同理心"。于是,"他们跳上飞机和公共汽车,到中西部执行任务。许多人惊讶地发现,'正常'的人投票给了特朗普"。《华盛顿邮报》的意见调查员玛格丽特·沙利文花了6周时间,前往亚利桑那州、亚拉巴马州、威斯康星州、印第安纳州和宾夕法尼亚州,采访了35人,和几十人聊天,谈论他们的媒体习惯和信任,最终发现"一些关于美国中部地区的人看待媒体的刻板印象并不完全成立"。

其次,采取"修辞手法",解释自己的工作。面对系统性失败,新闻工作者除了通过生产环节,以过硬的报道赢回受众外,还需要一些"修辞手法",进一步阐释媒体的功能,加强与受众的联系,争取受众的理解和信任。"如果没有积极参与的公民和负责任的民选官员,所有人都生活在同一个以真相为基础的现实中,即便是最具监督能力的新闻业也无法像开国之父所期望的那样维护民主"。这包括向受众解释新闻工作、对受众进行媒介素养、新闻素养教育。例如,当马斯克拒绝接受采访,并谴责"那些宣称追求真相的大媒体公司只发表了足以粉饰谎言的内容",是"假仁假义的虚伪"时,《泰晤士报》解释并反击:"很少有记者了解电力传动系统。同样,马斯克对新闻的理解也存在差距。新闻是为了获得真相,而真相的本质往往令人难以面对。这可能需要耐心、头脑,以及'大型媒体公司'(比如,拥有《纽约时报》的那家公司)所拥有的那种资源。严肃的新闻必须抵御大量毫无根据但具有破坏性的攻击。"

此外,一些报纸媒体专栏、公共编辑定期撰写的文章和CNN每周一次的节目《可靠信源》承担了大量解释新闻工作的任务,这本身就是联系受众、重建信任的一种形式。新闻工作者应邀参加各种论坛、讲座,在不同场合发表演讲等,扮演了同样的角色。

二、呼吁公共政策

公共政策层面的变革是由政府机关发起并实施的,专业媒体在这个过程中大声呼吁、积极报道,为求真实践创造良好的外部环境。

(一)呼吁政治立法

国家要求最迫切的是保护新闻自由和记者安全的立法。美国众议员埃里克·斯瓦维尔(Eric Swalwell)看到"2017年,美国的情况发生了戏剧性的变化,我们选出了第一位不仅一贯宣称媒体是敌人,而且多次在社交媒体上发布针对媒体的暴力帖子的总统，所以我们开始看到越来越多的袭击"。因此，他提出并积极推进一项保护记者的联邦法律议案——《记者保护法案》（*Journalist Protection Act*）。《澳大利亚人报》呼吁，"报道被认为符合公共利益的事项的记者应免受一些国家安全法的限制"，而澳大利亚检察长克里斯蒂安·波特（Christian Porter）、英国首相斯科特·莫里森（Scott Morrison）、澳大利亚联邦警察局长安德鲁·考尔文（Andrew Colvin）都从法律层面采取了措施限制对记者的起诉。美国的保护记者委员会（Committee to Protect Journalists）发布报告，对政府提出了 9 项建议，"其中几项具体涉及《信息自由法》（*Freedom of Information Act*）的要求和在边境骚扰记者，增加与政府官员的公开接触，以及其他一些关键问题，比如为沙特持不同政见者、记者贾马尔·哈舒吉（Jamal Khashoggi）被杀的原因进行追讨"。

（二）呼吁经济立法

传统上，西方媒介体制坚信商业成功能够帮助媒体保持自主性，隔离外界干扰，"独立"报道和监督权势。然而，资本运作规律导致的过度商业化使其难以完成民主的托付，新闻工作者不断提醒垄断的传媒公司，"作为一名记者是多么值得公众信任，它确实是一个特殊的角色。……这是一种更高的使命，他们需要明白这不仅仅是卖肥皂，这对我们的民主很重要"。

超级竞争时代，商业模式崩溃的专业媒体着重强调新闻真相之于民主社会的重要性，以此寻求公民支持和经营模式的转换。一方面，西方商业模式的崩溃是长期而渐进的趋势，传统新闻业由商业模式转向公共模式，从而确保生存，这是主流声音之一，这就需要政府制定相关政策。加拿大公共政策论坛（Public Policy Forum）发布了一份题为《破碎的镜子：数字时代的新闻、民主和信任》（*the Shattered Mirror：News，Democracy and Trust in the Digital Age*）的报告，在阐述了传统新闻业的重要性及其面临的困境后，这份报告建议政府采取税收措施"为加拿大媒体公司与全球平台争夺广告收入提供公平的竞争环境"。《多伦多明星报》的公共编辑凯西·英格利希大力支持这一报告："我希望加拿大人能够认真考虑公共政策原则。"另一方面，传播专业媒体新闻产品的数字媒体收费。"新闻业的未来取决于谁为人们正在消费的新闻买单"。为此，加拿大和澳大利亚政府都采取了措施。加拿大《多伦多明星报》报道，"政府将在今年（2020 年）秋天推进立法，要求脸书和谷歌为在其平台上发布的新闻付费。……这将与澳大利亚在同一战线上的做法类似。'那些从我们加拿大新闻和信息机构的媒体内容中受益的人应该支付他们公平的份额。'在让科技巨头为新闻付费方面，澳大利亚和欧洲一直走在前面"。

（三）治理数字媒体

专业媒体认为，脸书和谷歌等科技公司解决假新闻扩散问题的努力不够，应当由政府通过立法来进行治理。美国专业媒体对欧洲政府治理数字媒体的方式颇为羡慕。《华盛顿邮报》批评美国《宪法第一修正案》给了数字媒体不应得的保护，而"在没有这些法律限制的欧洲，一种不同的法律体系要求这些公司从其网站上删除贬损人们的材料"。澳大利亚律师对推特、脸书等平台"可以被用作武器，传播对无辜人民的恶毒指控，丑恶的信息迅速而广泛地传播"感到忧心忡忡，提出"除刑法外，诽谤法提供了一种制止这种滥用和恶意的手段"。

在流动的新闻边界中，专业媒体更多依靠"向内看"、坚守和强化传统规范的方式来坚守真相这一恒久价值。2016年之后，专业媒体在继续坚守的基础上开始"向外"扩展，求助政府，希望通过制定相关的公共政策，从政治、经济层面上为专业媒体提供保护，创造良好的外部环境。

小　结

元新闻话语理论将新闻视为一种话语制度，在机构语境中产生的话语创造了集体意义，规范了新闻的过程和输出，形成了新闻机构的模式化活动，例如，以事实为基础的报道、客观性和使用专家来源等。随着时间推移，这些变成了日常惯例，并形成一种理所当然的感觉。考察20年来专业媒体的真相话语，我们可以发现：

首先，真相是新闻业的核心价值和合法性的基础。对每天发生的事件进行真实的报道是新闻业在社会中寻求合法性、与其他传播主体进行区分的基础。精英媒体是真相的主要定义者，新闻工作者在真相言说中发挥主导作用。新闻工作者通过选择性地纳入不同行动者的表述、使用不同的话语策略，将报道真相设置为机构的默认规范和核心价值，并在变迁的语境中不断维护和强化这一规范和价值，使真相与新闻不可分割的关系成为理所当然、毋庸置疑。

其次，西方专业媒体将新闻、真相与更大的社会语境相联系，显示新闻真相的探求和呈现始终面临威胁和困境。元新闻话语表现出一种时时存在的危机感。在不同时期，新闻工作者追求和讲述真相的努力受不同因素的影响，而贯穿始终的是市场逻辑对新闻逻辑的侵蚀以及技术变革导致专业媒体的垄断地位越来越遭到挑战和稀释。从 21 世纪初，媒体集团对新闻业的掠夺性影响、电视网和 24 小时新闻周期导致的竞争加剧，到 2010 年之后社交媒体带来的超级竞争、2016 年后政治压力升级带来的全方位威胁，专业媒体不得不从怀念黄金时代到直面冷酷的现实。专业媒体在机构话语中展示自己所在行业的长期衰落，一方面将自己置于一个弱势的地位，对真相及其求真实践的外部压力和威胁做出抗辩和解释；另一方面也强调了自己的使命感和责任心，即在这种困境中仍然坚持报道真相，为自己抹上了悲情的英雄主义色彩。

再次，专业媒体的求真实践存在问题和缺陷。以"真相仲裁者"自居的专业媒体不时爆出丑闻，日常实践也时常受到批评，有些实践原则本身就存在争议。机构话语并未回避这些争议和批评，而是通过发表社会成员的批评、机构之间的相互批评和机构的自我批评将其展现出来。在这个过程中，丑闻和不合格的实践被塑造成异类，"好"的实践和规范得到强化，"真相仲裁者"的身份实际上被建构为"正常"的、常规的。

最后，面对困境和争议，专业媒体努力维护真相和真相仲裁者的身份。一方面向内看，重申优秀的传统实践和规范，并随环境变化进行范式修补或转换，使用不同的话语和行动策略重建与受众的联系，重获受众信任；另一方面，呼吁政府制定公共政策，以期抵御来自外部的威胁。

在传播秩序剧烈动荡的 20 年中，专业媒体逐渐强化"真相"的核心位置，特别是在外部危机日益加剧、传统实践与规范面临严峻挑战的时刻，专业媒体爆发出的话语有意识地将"真相"作为符号资源加以利用，强化了"真相"的地位，重申"社会中的真相讲述者"角色，这是一种维护职业正当性与巩固身份地位的策略性话语。那么，专业媒体如何理解并阐释地位如此重要的"真相"？本书将在下一章进一步探讨。

第二章

真相的观念：新闻恰好就是真相吗

"真相"指事物的本来面目或真实情况。但是，这个定义缺乏充分的解释力，究竟什么是"事物的本来面目"或"真实情况"？谁能做出最终的判断？即便如此，人们还是热爱"真"。每个人都可以说自己是真相追求者，都可以真诚、热情、投入地去追寻自己认为的真相，每个人都希望别人对自己真诚。那么，专业媒体宣称的真相究竟是什么？专业媒体始终将报道真相作为核心价值，用"真相"来捍卫自身合法性，并基于真相建构的自我认知，形成一个共同体，来抵抗外部威胁，但是在评价、批评彼此的求真实践时，又各执一词，而且往往超越了"真"或"假"的事实判断。例如，《世界新闻报》的窃听丑闻触发了大量真相言说，然而话语的焦点并不在于对相关报道的"真实"与否的判断，而在于追求真相的手段是否合理。当抵抗来自商业、政治的外部威胁时，话语的焦点往往在于真相所代表的价值理念。"话语需要一个共享的词汇概念以及符号的参与者"①，显然，专业媒体在真相的具体观念上缺乏"共享的词汇概念"。福柯强调，话语既是某种建构的结果，又具有生成性的功能，生产各领域的科学知识，建构话语的主体、知识的对象乃至社会现实。② 本章探讨元新闻话语中建构的"真相"观念。

---

① CARLSON M. Metajournalistic Discourse and the Meanings of Journalism: Definitional Control, Boundary Work, and Legitimation [J]. Communication Theory, 2016, 26 (4): 349-368.

② 福柯. 知识考古学 [M]. 谢强, 马月, 译. 北京: 生活·读书·新知三联书店, 1998.

第一节 本体论中的真相：以事实为基础的矛盾实体

自古以来，人们对人类是否能够充分把握存在、事实、真相、真理这一问题始终存在怀疑和争论。在哲学界，最古老的真理理论是符合论（correspondence theory），比较流行的真理理论还有融贯论（coherence theory）、实用论（pragmatic theory）、紧缩论（deflationary theory）。现代新闻业秉承启蒙运动的真相观念，它以笛卡尔开创的主客体二分法为基础，认为认识可以从一个完全客观中立的立场开始，并总能给知识以理性的说明和根据。这种认识论即符合论，也被认为是"旁观者的认识论"。"新闻真实的基本要求"就是与哲学意义上"存在"概念的"事实"相符合，而"新闻真实的最高境界"则与"具有客观性""真实地表现了一定对象的实际情况或本质"的"真相"相符合。[①] 这也是一般大众对新闻的认知，对真相的评价也多以"符合"为主，"符合"即为真，不"符合"即为假。对新闻工作者而言，存在论意义上的真相究竟是什么呢？

一、观念中的核心共识

意义的制造是多维的。所有文本都没有对新闻真相进行概念上的界定，因此本章首先使用语义方法，挖掘真相言说制造的意义和新闻业作为文化生产实践形成的社会理解。现代语义学兴起的标志是德国语言学家特里尔提出的语义场理论。"语义场"借用物理学中"场"的概念，是指语义的类聚。它认为，一个词跟全体词在语义上存在着密切的联系，只有通过比较、分析词与词之间的语义关系，才能确定这个词真正的内涵。词根据语义要素建立语义场，大的语义场下面可以分出小的语义场，小的语义场下面还可以分出更小的语义场，乃至最小的语义场。同一语义场的词语互相依存、互相制约，一个词义范围的扩大或缩小都会受周围词语的影响。[②]

---

① 杨保军. 如何理解新闻真实论中所讲的符合 [J]. 国际新闻界，2008 (5)：9-14.

② 叶文曦. 语义学教程 [M]. 北京：北京大学出版社，2016：43-48.

语义的基本单位共有 7 种，即义素、语素义、义位、义丛、句义、言语作品义和附加义。除了义素、语素义和附加义，其他四个语义单位和语言单位的对应关系如下：

本书首先考察这四个语义单位。

词汇的选择、使用、组合和搭配都承载和传递了言说主体制造的意义和建构意图。"语言里的词汇通常被认为是对真实世界的'中立'反映。如果把他们看作是真实建构可能会更加准确，这种建构会反映一个言语社区的利益"②。词组涉及词汇的组合和搭配（collocation），即"词在一块儿出现的现象"。搭配是词义的一部分。"一种搭配是不是由词义决定的，甚至在原则上也难以确定，因为组合在一起的词中的某一个词的词义似乎就是由搭配决定的"③。搭配研究的核心思想是通过一个词的搭配词了解其关系网络，词与词之间搭配的强弱可以反映其关系的强弱。"看一个词跟哪个词在一块儿出现，你就会懂得它的意思"④。如果某种搭配被重复使用而形成了固定词组，就表明人们在按照词语搭配方式来思考问题。词如何组成短语、短语如何组成分句、分句如何组成句子的规则即为"语法"。"语法"的主要单位是分句，也就是简单句，分句的连接构成复杂句。"每个分句都具有多重功能，因此每一个分句都是观念的意义、人际间的（身份和关系的）意义以及文本的意义结合"⑤。"连贯性"考察分句如何被连接成句子，句子如何反过来被连接起来成为文本中更大的单位，形成一个"文本结构"，即"篇章"。⑥ 本章首先进行"最小语义场"分析，对语料库

① 叶文曦.语义学教程［M］.北京：北京大学出版社，2016：34-35.

② 梵迪克，主编.话语研究多学科导论［M］.周翔，译.重庆：重庆大学出版社，2015：285.

③ F. R. Palmer.《语义学》（连载）第二部分词汇语义学.《国外语言学》，林书武摘译（1984），（2），16-30.

④ F. R. Palmer.《语义学》（连载）第二部分词汇语义学.《国外语言学》，林书武摘译（1984），（2），16-30.

⑤ 费尔克拉夫.话语与社会变迁［M］.殷晓蓉，译.北京：华夏出版社，2003：71-72.

⑥ 费尔克拉夫.话语与社会变迁［M］.殷晓蓉，译.北京：华夏出版社，2003：70-72.

中的义位、义丛和句义——节点词"truth"的"搭配"词汇、所在句子进行分析，之后将这些句子连接到整个语篇，与语篇中先前及其后的组成部分结合，理解分句中的背景材料及其他相关信息，通过对文本的细读，从而理解话语的生成性和建构性结果。

由于样本数量庞大，本书首先使用 python 程序对"Truth"前后 5 个"共现词汇"进行了抓取。"共现"是指"在一定的空间内同时出现，一般将出现在同一个句子、节、页码等视作一次共现。有研究者根据认知心理阈值，认为一个人在记忆中只能容纳 7±2 个'模块'（chunk），也就是说人只能同时加工 5~9 个意义单位，因此一般将某个词前后出现的 5~9 个词认定为共现"①。在抓取过程中，我们排除了联系动词、助动词、冠词、介词、副词和代词，只抓取了名词、形容词和有实际意义的动词，发现如下情况。

（一）核心概念的语义等价：真相＝新闻

首先，journalism 与 truth 是共现频率最高的词，形成了一种固定的搭配关系，将二者"捆绑"联系在一起。图 2-1 中，每个词的大小代表出现频率的多少。我们可以看到，在"最小语义场"中，journalism 和 truth 是出现频率最高的共现词，从认知上形成了二者的亲密关系。

其次，在句子中，新闻（journalism）、真相（truth）还常被当作同位语连用，将它们简单等同起来，体现并产生了新闻（业）＝真相＝新闻真相的理解和认知。例如：

You think that newspapers might be biased when they discuss journalism and truth?（你认为报纸在讨论新闻和真相时可能有偏见吗？）新闻和真相作为"讨论"这个动词的双宾语同时出现，表明二者是可以相提并论的概念。

Journalism and the very concept of truth have been under attack as of late, so it's important not to lose sight of primacy of the First Amendment in our society.（最近，新闻和真相的确切概念一直遭受攻击，所以不要忽视第一修正案在我们社会中的重要地位，这一点很重要。）在这个句子中，新闻和真相构成了联合主语，它们作为联合体遭受同样的攻击。

---

① 李彪，卢芳珠. 从属性数据到关系数据：社群时代新闻传播学研究方法新转向［J］. 编辑之友，2020（9）：49-55.

图 2-1　"truth"的共现词

Gore thought the internet would have a self-healing quality that would allow truth and journalism to counteract falsehoods and abuse. （戈尔认为，互联网有一种自我修复的特性，可以让真相和新闻来对抗虚假和滥用。）在这个句子中，真相和新闻是动词"allow（让、允许）"的双宾语，二者具有相同的功能，即对抗虚假和滥用。

It's really about the storytelling, about journalism, about truth, about telling people stories about making people care about things that they wouldn't necessarily care about. （这真的关乎讲故事，关乎新闻，关乎真相，关乎告诉人们那些他们不一定会关心的事情，让他们关心起来。）在这个句子中，讲故事、新闻、真相是并列的表语，显示它们具有同样的重要性。

... in view of the detrimental impact social media has had on truth in news and on responsible journalism, for a better defence of reporting in the public interest. （……鉴于社交媒体对新闻真相和负责任的新闻产生了不利影响，需要为维护公众利益的报道进行更好的辩护。）在这个句子里，"新闻真相"和"负责任的新闻业"作为并列的状语，受到同样的不利影响。

The truth and local journalism caught up with Frank, who was easily picked out in pictures captured by photojournalists. （真相和当地新闻逮到了弗兰克，在摄影记者拍摄的照片中，他轻易地被认出来。）真相和新闻作为联合主语共同行动，"逮到"了某人。

在以上句子中，新闻（journalism）和真相（truth）的并列使用制造了二者的语义等价，这一方面凸显了新闻业的合法性，另一方面也容易造成概念和逻辑上的混乱。

（二）真相是不言自明的客观实体

首先，所有文本都没有对何为"truth"做出解释和界定，这说明，言说者认为（新闻）真相是"已知信息"，受众与自己共享这个概念和相关知识。

其次，高频共现词中，动词占多数，所在句子均使用一种固定的语义结构作为句子构成的核心：主语+及物动词（tell，get，seek，pursue，report，etc）+真相，例如：

Ida B. Wells was a crusader in journalism for telling the truth about lynching. We all need to be in the business now of telling the truth about the past. （艾达·B. 威尔斯是新闻业的斗士，因为她揭露了私刑的真相。我们现在都需要把过去的真相说出来。）

Hollywood loves journalists, seeing them as crusaders striving for truth or as sensationalists who'd sell their own mother, overcharge and fail to declare the income. （好莱坞喜欢新闻工作者，要么将他们视作为真相而努力的斗士，要么将他们视为不惜出卖自己母亲、漫天要价却不申报收入的煽情者。）

He spoke truth to power and liked to bite the hand that fed him. （他向当权者讲出真相，并且乐于撕咬那只给他喂食的手。此处的"他"是英国已故记者AGill）

语义学的分析认为，句子的意义之间存在预设关系。"预设指某一事态成立所必须满足的条件，或指说话人说某一句子时持有的假设"[1]。"句义组合中的某些词语容易引发预设"[2]，以上主谓自足的句子使用的动词，"预设"了一个独立于人的意识存在的可感、可知，可通过语言、图片、视听材料转述客观实体——（新闻）真相，它躲藏于事物的表象之下，有时候会被人为地掩藏或掩盖。受众渴求它，社会需要它，新闻业的工作就是通过努力得到它，并将它公之于众，而且所有人对此都具有不容置疑的共识。

---

① 叶文曦. 语义学教程［M］. 北京：北京大学出版社，2016：64.
② 叶文曦. 语义学教程［M］. 北京：北京大学出版社，2016：64.

（三）真相基于现实与事实：公正、准确、剔除偏见

通过考察"语义场"的词汇搭配，可以帮助我们推断在言说者眼中（新闻）真相的含义。

1.（新闻）真相是现实（reality）中真实发生的事实（fact），它是准确的、公正的、诚实的。

表 2-1　"truth"的近义共现词

序号	相关词汇	出现次数
1	fact	21
2	fairness	8
3	justice, accuracy	5
4	reality, balance	4

例如：

You don't know if the truth——you don't know if the facts on it are true or not.（你不知道这个真相——你不知道关于它的事实是真还是假。）

The San Diego Union-Tribune added a page to its website this week to explain how we seek the truth every day. How we strive for accuracy, fairness and inclusion.（本周，《圣地亚哥联合论坛报》在其网站上增加了一个页面，解释我们每天是如何寻求真相的，我们如何追求准确、公平和包容。）

An overwhelming number of professionals in the Fourth Estate are committed to the core principles of journalism: facts, ethics and truth.（第四权力的绝大多数专业人士都致力于新闻的核心原则：事实、伦理和真相。）

The point is that truth, accuracy and fairness should matter above all else.（我的观点是真相、准确和公平应该比其他一切都重要。）

The key, of course, is to be as informed as one can be in an effort to report the truth as accurately as possible.（当然，关键是要尽可能地了解情况，努力尽可能准确地报道真相。）

If there is one underlying premise that forms the basis of good news journalism it's the truth, and the truth depends on the facts.（如果有一个基本的前提构成了好新

闻的基础，那就是真相，而真相取决于事实。）

从搭配的近义词和所在的句子中可见，新闻真相是以现实社会中发生的真实事件为基础的，它不但要在事实上做到准确，而且应当是公正、正义和平衡的。值得我们注意的是，在20世纪盛行的主导性范式——客观性中，却并没有出现在共现词中。

2. 它与谎言和虚构对立，也不是猜测、煽情、捏造，不该有偏见和错误，也不应当是观点、意见。

表 2-2　"truth"的反义共现词

序号	相关词汇	出现次数
1	fiction	5
2	lie	4
3	bias，false/falsehood	3

例如：

"To me, at that time there was no truth." he said. "Journalism is an unbiased telling of the facts. It is not about speculation and sensationalism and the invention of news, which I rail against."（"对我来说，那时候没有真相。"他说，"新闻是公正地讲述真相。这与我所反对的猜测、煽情和捏造新闻无关。"）

There's this way in which people tiptoe around gay celebrities, and it's—it's essentially a lie, and I think if we're all about truth in journalism, it's something that is just—happens to be true.（人们在同性恋名人面前小心翼翼，这本质上就是个谎言，我想如果我们都关心新闻真相，那么新闻真相就是——恰好是真的。）

Lying proved particularly hard for Vargas because his chosen profession—journalism—is dedicated to uncovering the truth.（说谎对 Vargas 来说尤其困难，因为他所选择的职业——新闻业——致力于揭露真相。）

And my view is that when lies become mixed up with the truth, it's a very dangerous world.（我的观点是，当谎言与真相混淆，世界就变得非常危险。）

何为"谎言"？韦氏在线词典对 lie 的解释：故意做出虚假陈述进行欺骗（to make an untrue statement with intent to deceive）。谎言是有意识的欺骗行为，是对真相的主动背弃，是对受众的故意伤害。因此，康德认为，人在任何情况下都不可说谎，即"绝对命令"。一个看重真相的职业如何感知谎言和虚构？2005年，对调查记者和主编（Investigative Reporters and Editors，IRE）的成员进行的一项研究发现，"新闻工作者关于欺骗的思考基于一个连续统一体。在其一端，拒绝向读者、观众和听众的撒谎几乎是一致选择。IRE成员将这种谎言视为最严重的违背职业伦理的行为之一"。①

我们对"最小语义场"，即节点词"truth"的"搭配"词汇及所在句子进行的分析发现，所有文本围绕真相形成了核心共识，即真相是不言自明的客观实体，与新闻具有语义等价性，它以事实为基础，是公正、准确、平衡、正义的。

二、观念中的分歧与矛盾

语义分析对"篇章"的考察，也就是福柯所说的"话语的形成"，即对象、各类陈述行为、概念和议题选择之间的规律性。他以19世纪以来围绕精神病的命名、诊断、区别为例，指出特定的话语结构如何生产一整套知识对象体系，而这套知识对象并不会持久不变。② 费尔克拉夫则明确提出，"语词之间的关系和语词意义之间的关系的特殊建构形式是霸权的形式"③。我们将"新闻"+"真相"所在的句子与"篇章"相结合，发现在更大的语义场中，不同的行动者对"真相"的理解存在分歧与矛盾。

（一）真相是"镜子"，还是"框架"？

100年前，记者和学者就意识到，新闻真相是一系列程序的产物，无论有多接近，都已经不再完全是物理世界客观存在的那个"真相"。新闻真相是事实与其他事实的组合，这个过程充满了主观的判断和选择。"从最基本的意义上讲，将对新闻的共同理解概念化，新闻研究不是将新闻报道解释为事件的一面镜子，而是通过一系列复杂的专业、组织、技术、政治、经济和文化因素形成

① 帕特森，威尔金斯. 媒介伦理学：问题与案例［M］. 李青藜，译. 8版. 北京：中国人民大学出版社，2018：32.
② 福柯. 知识考古学［M］. 谢强，马月，译. 北京：生活·读书·新知三联书店，1998：47-59.
③ 费尔克拉夫. 话语与社会变迁［M］. 殷晓蓉，译. 北京：华夏出版社，2003：71.

的建构性描述"①。在本书样本中，水门事件的英雄伯恩斯坦多次使用"可获得的最佳真相版本（the best attainable version of the truth）"来定义专业媒体的新闻报道，并在样本中多次被其他人引用，这说明有些记者意识到，新闻真相是建构后的结果。

但是，真相和新闻在语义上的等价性表明，"镜子观"并未消亡。有时，镜子一词还明确地出现在话语之中："这份报纸的目标是为我们的社区树立一面镜子，揭示我们周围人的日常生活。"加拿大公共政策论坛发布的关于新闻业的报告题为《破碎的镜子：数字时代的新闻、民主和信任》（the Shattered Mirror：News，Democracy and Trust in the Digital Age）。澳大利亚资深记者凯斯·温舒特尔（Keith Windschuttle）批评该国大学新闻学教育遭到文化研究的破坏，认为新闻教育工作者为了"通过大多数州政府为授予新的大学学位而设立高等教育委员会"，在课程中添加的"英国文化研究否定了新闻学所代表的一切"，第一，新闻业致力于报道世界上发生的事情的真相。第二，记者的主要道德义务是对读者、听众和观众。第三，记者应该致力于写好文章。这一观点生动地体现了新闻工作者和文化研究学者之间不可调和的分歧：新闻工作者将真相视为"上帝之词"，而文化研究者则坚信建构。②

（二）真相是商品，还是公共产品？

在西方媒介体制下，新闻究竟是一门生意，还是公共服务，这个身份纠结由来已久，在传统商业模式崩溃的近 20 年似乎仍然无解。

有些新闻工作者直接将真相视为商品。《纽约时报》专栏作家查尔斯·布罗（Charles Blow）在 CNN 的《可靠信源》（reliable source）节目中表示："我们都在新闻业工作，我们的事业就是真相。没有这一点，没有可信度，我们就没有东西可卖了，没有生意可做。没有真相就没有新闻业。当我们看到真相本身受到攻击时，我们必须保护真相不受任何人攻击。"在布罗看来，真相就是"可卖

---

① CARLSON M. Metajournalistic Discourse and the Meanings of Journalism：Definitional Control，Boundary Work，and Legitimation ［J］. Communication Theory，2016，26（4）：349-368.

② ZELIZER B. When Facts，Truth and Reality Are God-terms：On Journalism's Uneasy Place in Cultural Studies ［J］. Communication and Critical/Cultural Studies，2004，1（1）：100-119.

的东西",是用来"做生意"的,因此需要保护。

《圣地亚哥联合论坛报》主编在该报在线内容上市时表示:"我们的生意很有吸引力……我们是上市公司,市场最终会解决问题。作为一家内容公司,我们的首要任务是原创、说出真相的新闻报道。"在他看来,他的公司与其他商业活动一样,将自己的报纸作为上市公司,提供优质商品——真相,就能够盈利,从而让市场"解决问题"。

《澳大利亚人报》为在线内容收费时,不但直接称自己提供的"充满活力、毫不枯燥的真相和信息"是"有价值的商品",而且批评免费的在线内容发布模式,称其为"发行人有史以来最危险、最愚蠢的举动之一,从根本上颠覆了长期确立的新闻传播方式以及支持它们的商业模式"。

当英国的《星期日邮报》首次超过《太阳报》,成为英国发行量最大的中等市场报纸时,该报骄傲地宣称:"当其他报纸越来越害怕处理有争议的话题时,我们的记者和知名评论员仍然致力于揭露和讲述真相。所以,如果你想要的是勇敢的、积极的新闻,那就坚持看《星期日邮报》吧,它是130年来第一份在周日排名第一的中端市场报纸!"当《纽约时报》《纽约客》《华盛顿邮报》的订阅量飙升,受到千禧一代的青睐时,《基督教科学箴言报》指出,这是"高质量新闻"和"讲述真相的记者"的胜利。

人们如果仅仅将真相当作商品,必然导致过度商业化,这给公共传播领域造成的负面后果早已被历史和现实一再证明。精英媒体宣称,真相商品化可以形成良性循环。商业竞争能够促进信息多样性、提升信息质量,竞争中的优胜者能够获得商业成功,从而保证经济独立,进而保证提供优质新闻,如此就可以提供最好的公共服务。但是,在实践中,市场化导致所有权的集中,形成了传媒垄断。媒体公司对利润的追逐超过了对公共利益的忠诚,全方位打压新闻部门的民主理想。事实上,这个主题贯穿了20年间的机构话语。

如果说西方专业媒体曾经以经济独立带来自由报道作为真相商品化的挡箭牌,那么当传统商业模式面临崩溃时,西方专业媒体不得不转而强调新闻真相的公共属性,强调自己在民主社会中的作用。其底层逻辑:新闻(journalism)之所以重要,是因为它可以报道真相;真相之所以重要,是因为它对社会公共生活意义重大,并以此呼吁公共政策介入,将真相"商品"真正转化为"公共产品"。《今日美国》说:"如今,关于新闻业的很多讨论都围绕新的商业模式、点击量和平台展开。人们很容易忘记这一领域潜在的公共服务角色，也忘记了为什么媒体会受到第一修正案的保护。最好的新闻是讲述真相，为人们提供他们需要的信息，让人们了解他们的世界。这是一项非常不完美的事业，但也是至关重要的事业。"

尽管商品化与公共服务并非互不相容的两极，但在市场化媒体的实践中，商品定位往往挤压着公共产品定位的空间，真相理想不得不挣扎于其中。

三、观念的偏向和等级

真相作为自在之物、不言自明的客观实体，应当不取决于任何人的看法。但是，西方专业媒体对真相的认知存在偏向和等级。

（一）（新闻）真相的负面偏向

真相本身并不存在正面或者负面，积极或者消极，但是西方媒介模式坚信"新闻业生存的时刻通常是从非常非常坏的消息开始的。它只有这样，才能朝着更好的方向开始努力"，因此，选择报道的真相往往具有明显的负面偏向，倾向于丑闻和社会黑暗面，经常冒犯权势者和其他社会成员。元新闻话语首先运用词汇搭配表明，新闻真相令人不悦，是某些人想要隐藏、不愿正视的。

表 2-3　表示负面偏向的"truth"共现形容词

序号	相关词汇	出现次数
1	unpleasant, uncomfortable, painful	4
2	awful	3
3	unpalatable, unwelcome, inconvinient	1

例如，一位英国年轻记者在报道中引用了种族问题的无礼评论受伦敦警察局的调查，理由是他涉嫌煽动种族仇恨。《星期日邮报》批评英国"现在正式成为一个警方调查记者提问的国家。这不正是新闻的真谛：揭露真相，不管真相多么令人不快？（Isn't that, after all, what journalism is: uncovering the truth, however unpalatable?）"在这里，"令人不快的真相"冒犯的是少数族裔的感情。

一位读者在热线节目中感谢《华盛顿邮报》："仅仅因为一些政府官员认为一些东西属于机密，并不意味着公众自动就没有知情权。如今，事情被'保密'

往往是出于政治原因，而不是'国家安全'的原因。……再次感谢你们有足够的勇气把令人不舒服的真相说出来。（Thanks again for being brave enough to put the uncomfortable truth out there.）"在这里，"令人不舒服的真相"冒犯的是希望保守秘密的政府官员。

美国一位新闻学教授在电视谈话节目中表示，说到新闻选择问题，"我认为媒体有时确实很难报道好消息。沃尔特·克朗凯特（Walter Cronkite）在 20 年前说过，每天可以有一万架飞机起飞，但却得不到一个字的墨水。如果有一架飞机坠毁了，那就是大新闻了"。他坚持告诉学生："新闻应该是刊登真相，刊登消息，掀起轩然大波。（Journalism is supposed to print the truth，print the news，and raise hell.）"在这里，真相"很难是好消息"，它的目的就是"挑起事端"。可见，在西方新闻工作者眼中，具有负面偏向的事件才可以被选中为"新闻中的真相"。

不过，过分的负面偏向并不能带来如期的良好效果，特别是近 30 多年来，专业媒体中的负面新闻也逐渐倾向于琐碎化、私人化、丑闻化，而且是一个世界范围的现象。这弱化了人们的政治归属感，降低了人们对政治的信心。[1] 美国心理学会的一项研究表明，约有半数美国成年人因为新闻而焦虑。[2] 因此，元新闻话语中对负面偏向的言说更像是自我辩解。例如，当头版报道受到批评时，《每日电讯报》这样解释："但这就是新闻业那些过时、吃力不讨好的荣耀中不可否认的事实：新闻业的工作不是告诉人们他们想听的话。有时是好消息，有时则是难以形容的可怕。"2003 年，英国《每日记录报》（Daily Record）承诺每天刊登一个版面的"好消息"，"让你感到内心温暖而伤感"。《星期日泰晤士报》评论说，好消息是主观且短视的，是对真相的歪曲，就如美国总统罗纳德·里根（Ronald Reagan）"从不把坏消息告诉美国人民"，导致了巨大的预算赤字和国家的严重分裂。这些话语试图说服公众，只有负面消息才能够服务于公共利益，却忽视了负面偏向的事实往往和商业化合谋，沦为赚钱工具，因为负面消息更容易获得关注，更有助于"出售"。

---

① 舒德森. 为什么民主需要不可爱的新闻界 [M]. 贺文发，译. 北京：华夏出版社，2010：118.

② 彭增军. 从此萧郎是路人：新闻的弃儿 [J]. 新闻记者，2021（5）：61-66.

（二）（新闻）真相的等级制度

在精英媒体看来，同为基于现实的真实、准确的报道，政治类和重大社会事件比其他新闻报道更具合法性，更足以称为"真相"。我们从样本中可以发现，对娱乐新闻、新闻娱乐化的批评贯穿在这 20 年中，这是一个常规主题，而且从语义上，娱乐已经和新闻/真相成为相互对立的反义词。例如，"我们这些年从事新闻业的一些人担心新的竞争氛围对新闻业的影响，在这种氛围中，娱乐和新闻已经变得难以区分"，"他（克朗凯特）痛恨娱乐节目对新闻价值的侵蚀"，英国《每日邮报》网站大获成功，但被批评"沉迷于令人窒息但平庸的娱乐节目，……它对真相的把握很松散，不关心准确性，只在被逼到尴尬的地步时才费心去纠正"。

从事娱乐报道或者名人新闻的记者认为，自己报道的新闻同样是"真实"的，却难入精英媒体的法眼。在 NPR 一期节目中，名人杂志《我们》（US）主编肯·贝克（Ken Baker）声明："我们做了一期封面报道，讲的是布兰妮（美国少女偶像）在标准酒店顶层举办了一场裸体泳池派对。我想说的是，它也经过了充分的调查和事实核查。"NPR 主播柯南的反应耐人回味："这可能是真的。我并没有说它不是。但是……"

其他名人记者为自己辩护说，名人报道也是充满"勇气"的，同样是"挑战权威"。例如，《泰晤士报》记者说："人们很容易认为，与统治好莱坞的控制狂斗争相比，向布什政府发起挑战要重要得多，但这是不对的。真相的本质不应过分夸大。任何值得一读的新闻，无论其采访对象的分量如何，都应该尽可能诚实地讲述。"

但是，随着外部的政治力量、技术变革、经济衰退，日益威胁到新闻业的生存，专业媒体越来越强调新闻真相的公共性和政治功能，娱乐新闻、名人新闻被更彻底地排除在新闻真相之外。英国《星期日泰晤士报》讽刺特朗普是"名人新闻（celebrity journalism）"的产物。"任何担心名人新闻报道会使社会变傻的人都会被视为一本正经的扫兴者而遭人唾弃。这一流派以炫耀和极度贫困的虚荣心为食，为 b 级明星的婚纱照支付足以维持整个村庄生存的费用。名人新闻会让一个因臀部特别大而出名的女人比掌权者多出更多的专栏和播出时间"。在评论播客的勃兴时，《泰晤士报》肯定这种"新兴媒体对传播多样性的声音有好处",像声破天（Spotify）① 和威斯（Vice）② 联合推出的调查新闻《止疼药》（*Painkiller*）追踪美国芬太尼危机，制作非常出色，但是，"当它成为大企业投资的地盘时，情况会再次变得和传统媒体一样"。热钱/大公司的涌入追逐的是名人而非调查新闻。"如果你（和我一样）希望，未来的高收入播客将会是大量制作精良的调查性新闻节目，那就准备失望吧。最大的一笔钱流向了名人"。娱乐新闻里不但"没有什么真相可言，还会侵犯隐私"，甚至根本不能算作新闻。"很多报纸破产了。我们已经看到新闻和娱乐之间的界限进一步被侵蚀"。

考察元新闻话语可知，在西方专业媒体看来，真相与新闻、新闻真相是同义词，是不言自明的客观实体，它是可知的，等待着新闻工作者去挖掘、讲述。它以现实中真实发生的事件为基础，绝不能刻意编造，并且准确、公正、平衡、正义。新闻中的真相具有重大公共属性和负面偏向，因此，它令人不悦，但是对民主社会具有重大意义。不过，专业媒体建构了真相与新闻的语义等价性，并使用"镜子"这一暗喻暗示新闻真相如镜子般映射了现实，但是也不得不承认在新闻制作中，通过选择和取舍最终呈现出的那个"最佳真相版本"，终究也只是一个"真相版本"而已。此外，经济模式和民主理想的冲突反映在真相话语中，产生了真相作为"商品"和"公共产品"的矛盾。由此可见，元新闻话语所建构的真相本体，是一个以符合现实"事实"为核心，同时又具有公共、重大、公正、负面等属性的、经过价值判断建构而成的矛盾实体。

第二节　方法论中的真相：以"符合"为核心的实践规范

专业媒体有一整套职业规范来保证通过旁观者的立场来认识新闻真相，这

---

① 声破天（Spotify）是一家在线音乐流媒体平台，2006 年 4 月在瑞典创立，主要服务除音乐外，还包含播客、有声书及视频流服务。它以数字版权管理保护的音乐为主要业务，用户规模截至 2021 年 6 月达 3.65 亿。

② 即威斯传媒有限公司（Vice Media Group），是一家北美数字媒体和广播公司，1994 年在加拿大创办。它是一家主要面向青少年以及年轻人发展的数字媒体，包括在线内容的垂直营销和相关的网络系列节目、新闻部 Vice 新闻、一个电影制作工作室和一个唱片公司以及其他物业。

既包括具体的操作原则，也包括相关新闻实践所需要的社会环境和新闻工作者的主体意识。

一、以"符合"为核心的操作原则

在具体的操作原则方面，专业媒体强调了真实性的保证——现场调查、事实核查和恰当的语境。

（一）现场调查的必要性

传统上，真实性的基本条件之一是直接观察，"我亲眼看见了"是真实性的最终保证。因此，各大报纸总是尽力派出记者或通信员前往新闻事件现场来获得一手报道，甚至派遣特派记者到已经聚集了许多记者的地方去。报道的直接性和记者对事件的接近性都是确保报道真实性的重要修辞手段，从而确保新闻可靠。①

例如，三获普利策奖、电影《聚焦》（*Spotlight*）原型斯蒂芬·柯克简（Stephen Kurkjian）在演讲中谈到了新闻调查的价值。"回顾以《波士顿环球报》揭露天主教会大规模性侵儿童的调查报道为原型的电影《聚焦》中的情节，他解释说，对新闻业来说，敲门、提问、说服人们说话至关重要。这个过程……是新闻的传统，是为了向读者保证，新闻报道基于有记录的采访、文件和你亲眼所见的东西"。他还回顾了自己初出茅庐时如何发现了文件和目击者的报道对一个故事产生重大影响。另外一位政治记者通过"在漫长而又常常令人筋疲力尽的立法程序中等待，来获得报道一件事的独特视角"的方式"确立了自己在州议会大厦的坚定地位。他的工作方式很传统：努力工作，做一个人们喜欢交谈的人"。

缺乏真实的现场调查会导致新闻报道无法"符合"真相。《多伦多明星报》前副主编在研究 1995 年达德利·乔治（Dudley George）死于"第一民族（First Nations）"② 冲突的报纸报道时发现，记者和编辑们大错特错：他们未能完成最基本的任务——找出 1995 年 9 月 6 日晚上发生了什么。乔治当时被枪击，记

---

① 梵迪克. 作为话语的新闻［M］. 曾庆香，译. 北京：华夏出版社，2003：89.
② 也称"第一国族"，是数个加拿大境内民族的通称，在法律定义上与印第安人同义，指的是在现今加拿大境内的北美洲原住民及其子孙，但是不包括因纽特人和梅蒂人。

者们却不在现场。记者过于依赖对"官方"消息来源的采访，包括警方、"第一民族"以外的领导人和政界人士，而没有和占领公园的人交谈。最终，"不准确、不完整和短视的报道"加剧了成见，延长了对抗。

尽管在现实中，记者很少能够真正"在场"并"目击"新闻事件，特别是在新媒体时代，大量成为热点的社会事件并不是由媒体率先曝出，但是专业媒体通过现场调查，使新闻报道最大限度"符合"现实。

（二）事实核查的强化

作为"存在"的新闻真相以事实为本源，这是新闻业的起源，也是必须坚持的职业基点，最基本的要求是每一个事实要件都必须真实、准确。在传统媒体时代，核实事实就是重要的实践原则，自媒体出现之后，专业媒体加倍强调事实核查（verify，fact-check）的重要性，甚至将事实核查发展成为新闻业的重要组成部分。

新闻业的警句"如果你妈妈告诉你她爱你，那就去确认一下"，是"对我们所有人的一个教训，不要立即采用任何你听到的表面说法。做一些重复核查，去检查历史或查看其他来源。……对事实的核实和对真相的不懈追求，而这正是专业新闻的全部内容，也是报纸现在仍在努力做的事情"。2001 年，《新闻的十大基本原则》作者之一比尔·科瓦齐应邀在 NPR 节目中讨论新闻业如何应对"新的竞争氛围对新闻业的影响"，书中提出的原则之一"新闻的本质是一门核实的学科"，被首次提及，并在此后的文本中被不断重复，用于规范新闻实践。

即便是为专业媒体不齿的小报也自认报道的是"真相的精华"，因为它满足了"符合"的认识论标准。一位小报卧底记者透露：

> 我所有的故事，尤其是高风险的故事，必须有三个来源。其中很多人都必须接受测谎仪测试。他们必须签署合同。我们必须有额外的文件和照片来支持他们的说法，因为如果他们说的是假的，小报就会倒闭。这就是为什么没有很多针对小报的诉讼。小报通常因其策略而遭到嘲笑，但我在那里的整个时间里，没有一起诉讼或法律信函。

自媒体蓬勃发展之后，专业媒体失去了时效性这个第一落点，核实进一步成为专业媒体的"专业"之所在，并与其他传播主体进行区分。2006 年，英国媒体注意到互联网的"'狂野西部'性质迫使我们所有人都以怀疑的态度看待网络上的一切，并运用记者的技能，以可靠的第一手消息来源核实言论"。公民新闻日趋火热时，加拿大媒体呼吁"新闻机构本身要维护新闻标准，并在所有收集到的信息发表或广播之前进行核实。未经证实的信息不是新闻，只是谣言——无论是记者还是从事新闻工作的公民收集的"。

同时，事实核查逐步独立为一场蔚为可观的运动，关于这一点在本书第一章已有描述，此处不再赘述。对"核实"的强调体现了符合论真相的证伪逻辑，它必不可少，但是局限性在于只能对单独的事实要件进行核实。

（三）将事实置于恰当的语境

大半个世纪之前，人们就发现仅仅报道单个的事实是不够的，必须将事实置于恰当的语境中。

2010 年，NPR 解雇了自己的新闻分析师胡安·威廉姆斯（Juan Williams），因为他在福克斯新闻中说，当他在飞机上看到穿着穆斯林服装的人时，会感到"担心"和"紧张"。《东北密西西比日报》发表社论批评 NPR 无视语境，事实上，威廉姆斯在节目中的大部分对话都在呼吁不要把所有穆斯林与他们宗教的极端主义追随者等同起来。该社论指出："新闻工作最基本的原则是准确，紧随其后的是语境。事实不存在于真空中，它们必须放在语境中。孤立的事实和信息碎片被扭曲和误传。没有上下文，真相就颠倒过来了。"

在碎片化事实充斥着社交网络的今天，专业媒体对语境的强调显得尤为重要。2010 年，一名保守派活动人士安德鲁·布莱巴特（Andrew Breitbart）从美国农业部佐治亚州黑人雇员雪莉·谢罗德（Shirley Sherrod）的演讲视频中截取了一段两分钟的内容上传到"油管"上，谈及她曾经因为一个白人农民的种族而想要拒绝帮助他。仅看这一段内容似乎表明谢罗德是一个"反向种族主义者"①，然而，她演讲的实际语境是，她最终意识到这种想法是错误的，并为该农民提供了帮助，并以此例反对种族主义。视频上传后不到 24 小时的时间，雪莉·谢罗德被公开诋毁为种族主义者，被迫辞去农业部的工作，到真相大白后被重新聘用并得到道歉，事件的反转令人震惊，引起热议。NPR 主播马丁认为，这是真相的胜利，"因为当完整的故事变得清晰时，这种情况很快就得到了

---

① 即黑人歧视白人。

解决"。他同时指出,在看到这段两分钟的视频时,"作为一个记者,或者作为一个编辑,你应该保持健康的怀疑态度,问问你自己和你的同事,这里还发生了什么?你很有可能猜到她在这次活动上的演讲不止两三分钟"。他特别强调,"这就是为什么传统媒体的方法,核查语境等,真的很重要,而且是正确的"。参与节目的 NPR 高级战略家安迪·卡文(Andy Carvin)则直接批评传统媒体的"集体自满情绪,不会总是退后一步花点时间思考,到底发生了什么?还有其他的吗?它仅仅是一个两分半钟的视频,还是有一个更大的背景?"

在元新闻话语中,通过相应的技术手段——现场调查、事实核查和置于恰当的上下文,新闻报道可以保证以事实为基础的真相呈现。

二、保证"符合"的认知立场

基于主客观二分法的认识论,为了保证新闻报道与真相符合,记者必须保持独立、客观、中立,不偏不倚地进行报道。20 世纪占主导地位的客观性范式是"不死之神",进入 21 世纪后,这个"神"尽管在元新闻话语中遭到的批评多于肯定,但是它所代表的"旁观者的认识论"仍然拥有一席之地。旁观者的认识论首先要从认识者的独立身份和地位开始。

在商业化媒介体制中,专业媒体所谓的独立通常指独立于政治势力,政治人物无论多厌恶新闻业,至少表面上要做出不干涉新闻出版自由、尊重新闻业独立地位的姿态。但是,美国前总统特朗普打破了这一平衡。北卡罗来纳大学媒体法律和政策中心联席主任戴维·阿迪亚批评特朗普的刻薄言论和对记者的持续攻击,给全世界的威权政府树立了反面榜样:"他们在思考:如果美国都不重视独立新闻报道,我们为什么要拥有?总统可能并不重视独立的新闻报道,但大多数美国人都喜欢。"

传统上,西方媒介模式以商业成功作为独立提供社会服务的前提。但是,21 世纪,商业模式面临瓦解趋势,以致商业媒体不得不呼吁公共政策的干预。即便在这种时刻,媒体也要声明这种干预不能影响新闻业的独立:"加拿大人明白,政府在我们国家的新闻编辑室里没有位置,但是我们都赞同这样一种观点,即只有在应对危及我们民主健康的风险时,公共政策才能对新闻媒体的经济挑战做出合理回应。"

"美国之音"这家美国政府的"官办媒体"也强调新闻出版自由和独立。

它的时任主任阿曼达·班内特（Amanda Bennett）接受 NPR 采访时强调"美国之音"是自由的媒体，是客观报道。"我们的工作是做两件事。一是把美国的故事客观地讲给那些看不到美国的地方。另一种是把客观的新闻和信息带给那些没有其他途径获取的地方。我们是自由的媒体。美国之音不是在宣传，而是讲述真相"。前"美国之音"主任、前 NPR 记者戴维·恩瑟尔（David Ensor）补充说，他注意到，当"美国之音"讲述一些关于美国不那么令人愉快的事实时，无论是密苏里州弗格森的抗议活动，还是阿布格莱布监狱的丑闻，听众人数都会激增。"当外国人听到由美国资助的美国广播公司诚实地谈论我们国家的问题时，他们会印象深刻。它建立了美国之音的信誉，从而建立了受众和影响力"。

在独立的基础上，"旁观者的认识论"进一步通过剔除立场、情绪、意识形态来报道真相。例如，为了表示客观和中立，记者们不能参加政治集会，不能表达政治观点，甚至不能投票。在样本中多次出现的小伦纳德·唐尼（Leonard Downie Jr.）从不参加投票，从他担任《华盛顿邮报》执行主编，到成为"前执行主编"，再转行到大学任教，他每次出现在报道中，"他做编辑时甚至不投票"就会被提及。

记者采访过程也被要求采取严格的"旁观者"立场，违背这一准则的记者会遭到惩罚，乃至被解雇。

2018 年 10 月，KTTC 电视台记者吉姆·布纳（Jim Bunner）在梅奥市政中心（Mayo Civic Center）报道特朗普的集会时戴了一顶印有"MAGA"（Make America Great Again 的缩写）字样的帽子，被《明星论坛报》（Star Tribune）的一名摄影师拍摄下来并上传到推特，配文是"为什么？"第二天，布纳就被 KTTC 电视台解雇了。该电视台的新闻总监说，电视台不允许工作人员穿着政治竞选服装报道新闻，这事成了全国的头条新闻，之后布纳创办了自己的保守派网络广播播客，并用自己被解雇一事来推销节目，接触潜在的听众。他的宣传语是"吉姆·布纳：揭露媒体的偏见""KTTC 记者因在集会上戴特朗普帽子被解雇""暴露真相"。布纳解释说，一名参加集会的男子把它戴在他头上，很可能是开玩笑。布纳一直戴着这顶帽子，不是为了宣誓效忠特朗普，而是为了与特朗普的支持者建立信任和融洽关系。他说，当他到达集会现场，帽子被戴到他头上之前，在场的特朗普支持者对他的态度基本上是轻蔑和嘲笑。人群中有人对他发出嘘声,称他为"假新闻!"在布纳录音的时候,一个人悄悄走到他身后,对着他的耳朵喊道:"CNN 真烂!"当他戴上帽子之后,有人表示愿意被他拍摄。一位妇女拍了拍他的肩膀,邀请他采访她所有的孩子,"这很少见,因为人们通常都不喜欢上镜头,他们认为这是第一次,媒体上的某些人不再居高临下地对他们说话"。布纳表示,除了特朗普的支持者,他从未打算让任何人看到他戴着这顶帽子,但后来《明星论坛报》的"狗仔队"在他不知情的情况下拍了照片并上传到网上。事后,社交媒体上有两种说法。许多人认为他戴这顶帽子是不对的,认为他应该被解雇。其他人则认为这是一种虚伪的行为,"他们都跟我说了同样的话",布纳说。"你为什么要因为这个被解雇,而他们当中有那么多其他人看起来都像是会戴希拉里·克林顿(Hillary Clinton)帽子的那种人?"

不过,"旁观者"的认知立场本身就是一个幻象。进入人类视野并被言说的"真相"必然带着主观因素的烙印,是经由主体的世界观、价值观、思维方式和行为喜好等构成的完整模式凸显出来的。这本来是正常现象,无须讳言,需要甄别的应当是哪些是"呈现真相必需的主体因素",哪些又导致"真相被遮蔽和扭曲"。①

第三节　价值论中的真相:真相之"善"

西方专业媒体视野中的真相本体为何是基于"现实真"的重大公共事件,并偏好丑闻?每个人都坚称自己持有"最佳真相版本",抨击他人的版本,又是基于什么价值立场?如何理解元新闻话语中大量不以真实与否而是以求真手段的正当与否评价真相?这就涉及除了本体论、认识论之外的另一个哲学主干学科——价值论。价值论以自然和社会的价值现象、价值问题作为研究对象,"阐明价值世界的规定性及其对于人类的意义,并在此基础上提供理想的社会价值体系及构建方案,回答人类生活中的重大价值问题,为人类过上好生

---

① 李德顺,孙美堂."后真相"问题笔谈 [J].中国政法大学学报,2020(4):106-130.

活提供价值论原则"。① 元新闻话语中的真相超越了本体论与认识论，明确地将真相置于价值论层面，体现在三个方面：目的之善、手段之善、披露之善。

一、目的之善

在英国哲学家伯纳德·威廉斯看来，"真理本身就是美德"②。新闻是社会机制的一部分，它不仅提供信息，还传递了何为道德、何为不道德的文化观念。如果真理只有工具价值，那么每个人、每个群体都会有不同的标准，且会陷入囚徒困境：每个人都追求个人的利益最大化，最后得到最坏的结果。真相之于新闻业的目的之善，一是引领求真实践的至善理念，二是求真实践之于社会的价值和意义。

（一）引领新闻业的至善理念

对于新闻业而言，真相引领新闻业的至善理念，是新闻业的最高理想，是责任、义务，是新闻业对社会的承诺。这可从共现词看到，见表 2-4。

表 2-4 表示真相作为"理想"与"价值"的共现词

序号	表示价值的共现词	出现次数
1	duty	8
2	loyalty，obligation，commitment	6
3	principle	4
4	ideal	2
5	value，responsibility	1

例如，《新闻的十大基本原则》第一版出版于 2001 年，当年 NPR 主播威廉姆斯邀请两位作者在节目中讨论新闻业的问题，介绍说：他们"试图用一套原则纠正现代新闻业的不正之风。其中包括对真相的承诺，以及坚持记者的首要忠诚是对公民。（These include a commitment to truth and asserting that a journalist's

---

① 江畅，左家辉. 重新认识价值论的性质 [J]. 华中师范大学学报（人文社会科学版），2021（5）：80-89.

② 威廉斯. 真理与真诚 [M]. 徐向东，译. 上海：上海译文出版社，2013：27.

first loyalty is to the citizens. ）我们今天的美国新闻业需要这个。事情已经跌到了谷底，我们必须重申这些"。此后，该书两次再版，这条原则在20年间不断被引用。

2001年，哥伦比亚广播公司（CBS）的迈克·华莱士（Mike Wallace）在一次讲座中与大约200名观众讨论了道德和新闻，他批评"有些新闻工作者的煽情和麻木"，同时赞扬了大多数记者对公平和真相的承诺。（Wallace criticized the sensationalism and insensitivity of some journalists, while praising most reporters' for their commitment to fairness and truth. ）英国的《星期日泰晤士报》批评有些媒体倡导报道"好消息"，认为这是对现实的歪曲，"新闻业对真相负有责任，应该始终排除歪曲。（Journalism has are sponsibility to truth that ought always to preclude distortion. ）"媒体研究中心主任布兰特·博泽尔（Brentz Bozell）直接将真相称为"新闻的圣杯"。"新闻的圣杯应该是真相。每个记者都应该以追求真相为动力。（The holy grail of journalism ought to be truth. Every journalist ought to be driven by the pursuit of truth. ）"

真相本身就是目的，任何理由都不能作为扭曲真相的借口，无论是政治立场，还是个人好恶，甚至爱国主义。例如，《福克斯和朋友们》（*Fox and Friends*）的周末联合主持人皮特·赫格塞斯（Pete Hegseth）批评"我们的记者队伍中爱国主义似乎已经基本消亡。这些人的主队在哪里？当美国人在战场上杀死我们的敌人时，花点时间来欢呼和感激是一件好事"。但是，《华盛顿邮报》反驳道："当一个记者积极地独立核实当天的新闻时，他对民主的忠诚、对公民的参与和对爱国的热爱是前所未有的：质疑当权者的行为、公开公众需要但其他人希望保密的信息。"并且《华盛顿邮报》批评"大多数媒体在质疑伊拉克战争的前提时都不够激进，当时布什政府用有关伊拉克发展和储存大规模杀伤性武器的虚假和误导性声明为美国的军事行动提供了合理性。当美国领导人采取可能危及美国军队和其他人生命的行动时，媒体的最高责任是进行全面、有力和深入的报道"。

（二）新闻的社会价值

新闻中的真相除了"真"，还必须"有用"，即新闻报道的真相需有意义于社会。真是事实判断，有用则是价值判断。什么样的真相"有用"，是由其所在社会的价值关系规定的。在西方，这一规定体系就是资产阶级的价值体系。一种制度安排的新闻业是三权分立、民选领袖共生的"第四权力（The fourth estate）"。常见的警句"向当权者说出真相（speak truth to power）""让当权者负责（hold the powerful to be accountable）"，这体现了新闻真相的工具性价值，其底层的话语逻辑：社会的有序运行、民主的有效运作均有赖于基于事实的真相，而新闻业之所以重要且不可替代，就在于其能够提供"权威"的真相。在元新闻话语中，真相之"有用"体现在两个具体的方面。

1. 公共服务（public service）

服务观念渗透在新闻工作者用以指称新闻的语言之中，并且同时意指对职业和社群的服务，包括推动社会进步、维护公平正义。

例如，一位资深政治记者被刻画为"努力用一种批判的、务实的思维来处理故事，从真相和影响重大的事情中分离出流言蜚语和琐事。他认为这项工作是一项公共服务，确保所有人都有一个知情的民主进程"。《圣地亚哥联合论坛报》（San Diego Union-Tribune）主编在该报上市时向读者解释报纸开展的工作，向读者保证："我认为新闻工作是一个人一生中所能做的最好的事情之一。读者应该知道我们的员工就是这么想的。我们的重点，最重要的是追求重要的故事和服务我们的社区。"新闻再现影片《聚焦》以《波士顿环球报》揭露天主教会性侵丑闻的普利策获奖报道为原型，放映后大受好评并获奥斯卡奖。一位澳大利亚记者感慨："《聚焦》是最棒的，不仅因为它记录了掩盖性侵的真相，还因为它展现了记者们曝光这样一件事所需要的好奇心、坚韧和毅力。"他认为，"对于那些被忽视或遇到挫败的人来说，记者是最后的救命稻草"。

美国缅因州的《班戈每日新闻》一名 42 岁的政治记者因心脏病突发去世，该报发表了缅因州各界人士纪念他的发言，缅怀他"对真相的忠诚，对缅因人来说重要的报道的顽强追求，以及对他所服务的社区的激情"。有人提道，"当工厂关闭的时候，他首先关心的是那些被遣散重新找工作的人"。《圣地亚哥联合论坛报》发表社论抵制特朗普的"假新闻"攻击。它首先表示，"这些记者寻求真相，在每天尽量减少伤害的同时进行报道。他们不宣传任何个人、意识形态或政治议程。他们唯一的目的就是真相"，同时马上列出该地区近期新闻报道产生的社会影响。"如果没有几家当地新闻机构记者的辛勤工作，该地区致命的甲型肝炎疫情可能会严重得多。当《圣地亚哥联合论坛报》的编辑委员会提名 20 名身份不明的甲型肝炎死亡者为 2017 年年度人物时，我们写道：'这

20 例甲型肝炎死亡代表了一系列公共政策失误、失策和不作为的实际代价。'如果不是因为记者,政府的这些失误会更加令人震惊"。一位曾在多国旅行、求学的年轻人有志于投身新闻业,能够向权势者说出真相,为人民的利益服务促进社会进步,否则,"我在喀麦隆看到的那种贫困永远无法消失"。

哈林和曼奇尼说:"与其他主张专业地位的职业相比,公共服务伦理对于新闻事业也许特别重要,因为新闻事业缺乏深奥的知识,新闻工作者对自主性或权威性的主张在特别大的程度上依赖于他们服务公共利益的主张。"①

2. 民主(democracy)

美国学者詹姆斯·凯瑞认为,新闻即民主,民主即新闻。新闻业的起源与共和政体或民主政体的起源相同——没有新闻业,就没有民主。但同样真实的是,没有民主,就不会有新闻。② 有学者批评这是一种"新闻业中难以描述的益格鲁——美国人想象的方方面面"③,但是精英媒体的真相言说不断强化着这一点。

加拿大新闻基金会(Canadian Journalism Foundation)执行主任以"当新闻消失,民主也随之消失"(As journalism goes, so goes democracy)为题在报纸撰文,训练受众如何区分和挑战假新闻,以免加拿大遭到美国和欧洲那样的错误信息宣传,因为"和其他国家一样,加拿大必须在各个层面、各个平台上开展工作,以确保我们的公民能够获得可靠的信息来源,因为侵蚀新闻真相就是侵蚀我们的民主"。澳大利亚的《先驱太阳报》在追踪报道一起冤案时,一直受当地警方的干涉和骚扰。沉冤得雪之时,该报讲述了整起案件的来龙去脉,批评维多利亚州警方腐败、掩盖真相,而"昨天,有两件事情变得非常清楚——为什么维多利亚警方花了这么长时间和这么大的力气来隐瞒真相,为什么客观无畏的新闻工作对于一个民主和公平的社会如此重要"。2018 年 6 月 28 日,美国马里兰州安纳波利斯市的《首都公报》办公地发生枪击案。枪手冲进新闻编辑

---

① 哈林,曼奇尼. 比较媒介体制 [M]. 陈娟,展江,等译. 北京:中国人民大学出版社,2012:34.

② CAREY J. A Short History of Journalism for Journalists: A Proposal and Essay [J]. Press/Politics, 2007, 12 (1): 3-16.

③ ZELIZER B. Invited Commentary: Whose Journalism Matters and for Whom? [J]. International Symposium on Online Journalism, 2019, 9 (1): 69-78.

室，用猎枪当场杀害 5 名新闻工作者。2018 年 12 月，该报摄影记者接受 NPR 采访，被问及如何重建生活，他说："做新闻，这是非常重要的。我们走出去做新闻，报道我们发现的真相，准确、合乎道德、诚实，因为这是我们民主的基石。"一位有志于新闻工作的年轻人表示："错误信息比比皆是，人们有权知道真相，这是民主的一个基本方面。当新闻被允许自由运作时，它向人民提供信息，并对腐败和普遍的不当行为起到重要的制约作用。"一名记者督促人们在复杂的世界中学会分辨事实与虚构，不要被简单的口号迷惑。这需要教育，而且"好的政府还需要有效的新闻媒体。作为一名见习记者，我被告知，我的职业与医学和法律同等重要，因为它是人们在日常公共生活中区分事实与虚构的主要手段。好的新闻报道必须了解事实真相，没有真相，民主就会失败"。

服务于公共利益、服务于民主的社会价值观规定了西方专业媒体追求的真相具有等级制度与负面偏向，从而体现了西方媒介体制下的真相之"善"，巩固了新闻业在公众生活中的作用。

二、手段之善

新闻求真实践涉及复杂的集体化过程，往往容易以追求真相为由陷入报道方式"目的正当、手段不正当"的功利主义陷阱中。新闻真相最终要取信于受众，不仅需要真正"符合事实的真相"，还需要求真手段的正当，否则容易导致社会的反感和不信任，进而损害新闻业的可信度。

（一）新闻生产的原创

新闻作为一种文化生产应该是原创的，这也是传统伦理规范的规定，例如美国职业新闻工作者协会明确规定"杜绝抄袭剽窃"。剽窃或许仅次于虚构、捏造事实这样的"罪行"，"剽窃是记者可能面临的最严重的指控之一"，会严重影响新闻可信度。

剽窃曾经是个人行为，一旦被揭发，涉事人便身败名裂，例如《纽约时报》在 2003 年爆出杰森·布莱尔（Jason Blair）丑闻，该报承认，布莱尔撰写的大部分报道都是谎言、捏造和剽窃，"他编造了一些评论，编造了场景。他从其他报纸和通讯社窃取素材"，辜负了读者的信任。2019 年，从《纽约时报》离职的前执行总编吉尔·艾布拉姆森（Jill Abramson）出版了一部关于新闻业的专著《真相商人》（*Merchants of Truth*），起初备受好评，但随后就被揭露书中存在

"巨大的事实错误、抄袭的段落、单一的或来源不明的主张",一时引起轩然大波。艾布拉姆森回应道:"我非常认真地对待这些剽窃的指控……我整夜不眠地梳理我的书。"她否认自己剽窃,"我努力准确而恰当地给出我研究的数百个来源的出处"。自由新闻工作者伊安·弗里希(Ian Frisch)马上揭露:"我报道的片段被写入了尾注,但尾注并没有深入说明这部分是如何依赖于我的文章的。"在接受《华盛顿邮报》采访时,他还说:"我非常努力地坚持新闻的基础,那就是真相和准确,我很难相信在吉尔的作品和我自己的作品中看到如此厚颜无耻的相似之处。"

随着社交媒体的勃兴,专业媒体更加强调"原创",这是"每一家传统媒体公司都在努力做的事情——在一个向聚合器和点击诱饵倾斜的世界里,释放原创内容的力量"。《爱尔兰时报》指出,"面对互联网的挑战,如果传统媒体放弃严谨和专业知识,转而跟随雀巢咖啡新闻(Nescafé news)① 和即时评论的潮流,它们将变得多余。它们如果能够存活下来,那是因为它们提供了一些不同的东西,如完整性、独立性和原创性"。

"原创"无关乎真假,但是关乎内容生产者的道德。我们还需要指出的是,对于内容生产者而言,"原创"还关乎生产者的经济利益。

(二) 新闻采访的最小伤害

新闻采访本身是侵入性行为,因此采访手段正当与否也是触发真相言说的热点时刻。例如,2011 年,默多克在英国销量最大的报纸《世界新闻报》(News of the World)中被指控窃听了数千人的手机,其中一名受害者是一名 13 岁的女孩,她的手机语音信箱被黑客窃取,一些信息在她被绑架后被删除,造成了她还活着的虚假希望。丑闻发生后,该报受到压倒性的谴责,以至于不得不关闭。

新闻是由记者和消息来源共同建构的结果,如何对待消息来源也是反复出现的话题,特别是涉及匿名消息来源的使用时。从可信度研究的结果来看,大多数读者相信完全确定消息来源的新闻报道,并可能质疑依赖于保密的、不具名消息来源的报道。一些研究表明,读者讨厌新闻报道中的匿名消息来源。他们想知道消息来源的名字,这样他们就可以判断这些消息来源的可信度以及他

---

① 指像速溶咖啡一样迅速而乏味的新闻。

们向记者透露的信息的真实性。更多的记者认为，"新闻报道中除了讲真话之外最基本的规则是承诺保密的消息来源必须'不惜一切代价'得到保护。原因很明显，消息人士如果要被曝光，就不会告诉记者政客们背后的真实故事。记者和泄密者之间有一种明确的、相互理解的信任纽带"。记者们的实践经验告诉他们，"吹哨人（whistleblower）在新闻和追求真相方面发挥着重要作用。匿名消息，或者更好的是，愿意与记者合作的消息来源，有时会带来最重要的报道，帮助记者揭露关乎公众的重大问题的真相"。但是，吹哨人"往往冒着巨大的风险分享他们所知道的事情"，因此必须"采取一切预防措施，隐藏他们的身份。消息来源必须信任记者，就像记者信任消息来源一样。这是一种共生关系，为更大的利益服务。当公众知道真相，我们都会变得更好"。为了保护"吹哨人"，记者将他们包含进新闻业，希望让他们得到和记者同样的自由和保护。"我们的民主有赖于勇敢的人们揭露真相，并使记者能够在不被监禁的情况下讲述这些故事。……对于那些想要揭露不法行为的公务员，几乎没有什么保护措施。如果对希望讲真话的消息来源没有同等的保护，新闻业就得不到保护"。

三、披露之善

真相总会冒犯一些人，不过，冒犯那些想要求取自身利益而隐藏真相的权势者不但无损于真相之善，反而体现了真相之善。但是，真相如果冒犯或者伤害了无辜的人，甚至伤害了新闻事件中的受害者，则有损于真相之善。

2004 年，《芝加哥论坛报》在头版刊登了费卢杰事件中最令人震惊的一张照片：一名美国人的尸体被拖过摩加迪沙的街道。此事引起巨大争议，"大多数读者对我们发表这张照片感到不满。他们觉得这个故事本身就够了。一些人抱怨说，这是对受害者家庭的不尊重和伤害，可能会给年幼的孩子造成心理创伤"。NPR 在节目中邀请该报执行副主编乔治·德拉马（George De Lama）讨论"它们仅仅是为了卖报纸或获得收视率，还是这是需要被看到的战争真相的一部分？"德拉马详细讲述了该报做出发表决定的过程。

> 美联社发来照片后，我们开始了一场持续四五个小时的非正式谈话，这场谈话非常广泛，在同一时刻有 4 到 18 个人，还请来了几位经验丰富的记者，他们在中东待过很长时间。我们甚至和其他一些报纸的同事交

谈，问他们打算怎么做。对于全国各地的报纸来说，那是艰难的一天。执行主编吉姆·奥谢最终做出了决定。我们确实达成了共识。实际上，这种事在有争议的事情上并不经常发生，但是那天在场的每个人都一致认为，我们必须展示这张照片，从而真实地反映那天在费卢杰发生的事情。我们并没有打算毁掉读者的早餐。这个决定不容易，但对我们来说，决定性的因素是，这是当天的头条新闻，图片说明了一切。从某种意义上说，这张照片就是一个故事，它比故事中的文字更清楚地传达了美国在费卢杰所面临的仇恨和蔑视。在我们看来，这是这场冲突的重要时刻，我们需要充分展现它，不展示这张照片会更糟，因为这就是那天发生的事情。这些就是那天电视上到处都有的画面——福克斯、CNN 和 MSNBC 这些立即做出反应的人和那些有更长的时间做决定的人之间是有区别的。

类似的争论很难得出明确的结果，但是专业媒体公开新闻发布中的伦理考量，这种做法本身就是善的体现。

其他的讨论包括自杀报道：世界卫生组织和加拿大精神病学协会警告说，媒体报道自杀可能会导致模仿，因此自杀一直是媒体不敢提及的可耻的死亡原因，但《多伦多明星报》呼吁媒体打破对自杀的沉默，"记者有责任报道生活的方方面面，包括死亡"。个人悲剧：一个新生儿出生后不久即去世，是否应当在相关报道中提及此事？报道此事的媒体为自己辩护，而读者有不同的看法。BBC 在海啸后播放的一些图片，每一张都引发了是否应该播放的争论。一位父亲抱着溺死的孩子尸体走向镜头、浮肿的尸体漂浮在死水里、一名女子可怜巴巴地抱住一名西方电视台记者乞求帮助。"太令人困扰？太栩栩如生？或者只是太消耗人的尊严？对于记者和观众来说，没有绝对的界限，但可接受的界限正在以前所未有的方式改变"。由以上分析可见，专业媒体建构的真相观念超越了简单的真与假，是一个包含本体论、方法论和价值论的复杂系统，正如一位专栏作家所说：

> 报纸，在最好的情况下追求真相。这不仅体现在他们报道新闻的方式上，还体现在他们收集新闻的方式上。报纸在最好的情况下，勇敢地揭露不法行为。公众有知情权，报纸每天都在传递这一点。第二个特点是报纸是可靠的。好的新闻是以读者为中心的，不会从告知新闻变成制造新闻。

它是有影响力的，产生信心，并提供保证，随着故事的展开，清晰的报道呈现了毫不含糊的事实。

系统的真相观念与新闻专业主义高度重合。无论是简单的陈述——"新闻专业主义包含了理解什么是'新闻'，还有如何定位、如何核实，以及如何呈现新闻"①，还是复杂的表述——"新闻的专业主义（professionalism）的概念……除了专门知识、技能、操作过程和评判标准外，它还包括一套关于新闻媒介的社会功能的信念，一系列规范新闻工作的职业伦理，一种服从政治和经济权力之外的更高权威的精神和一种服务公众的自觉态度"②，这些都认为客观性原则是核心，而作为系统的真相观念则以真相作为核心，其外延与新闻专业主义一致。

第四节 真相观念的变迁与争议

观念的变迁是社会变迁的一部分。进入 21 世纪之后，随着社会环境的变化，专业媒体的真相观念也发生了有限的转变。

一、客观性式微和真相的回归

在 21 世纪的前 20 年，真相观念的变化表现在客观性范式进一步式微方面，"真相"作为"目的"的地位和角色得到强调。

（一）客观性范式进一步式微

曾经占据主导地位的客观性范式越来越式微，客观、平衡，甚至公正受到多数记者的批评，这从"客观性（objectivity）"一词都未出现在"truth"的共现词中可见一斑。在现实中，"在每一个新闻学院，客观性的概念总是被争论"。尽管仍然有人认为"新闻是关于真相、客观和公平的"，"我们大多数人，至少

---

① 舒德森，李思雪. 新闻专业主义的伟大重塑：从客观性 1.0 到客观性 2.0 [J]. 新闻界，2021（2）：5-13.
② 陆晔，潘忠党. 成名的想象：中国社会转型过程中新闻从业者的专业主义话语建构 [J]. 新闻学研究（台北），2002（71）：17-59.

我所有的同事，都在尽可能客观地报道我们所看到的事情"。更多的记者认为"报纸应该放弃他们客观的伪装，参与到当地的活动中去"，"客观历史本身就是矛盾的：它是由信使过滤和塑造的。美国人有一种特殊的倾向，相信某种最终的历史真相的存在，就像美国新闻业喜欢假装它已经消除了主观性一样"。

为了客观放弃投票的前《华盛顿邮报》执行主编小伦纳德·唐尼都说，真正的客观性是一个无法实现的目标，他倡导报道公正。"敬业的记者在一起工作，可以进行重要的监督报道，而无须为任何特定的一方提供简报，正是这种公正性让读者相信了他的报纸"。

客观性的机械遵守被贬低为"速记员"。普利策获奖记者尚伯格对于媒体愿意"为有权势的人充当速记员"感到越来越沮丧，"他们迎合你的内心：克里攻击布什，布什攻击克里，就这样结束了。问题是，新闻并不简单。现在电视新闻只不过是一个标题服务"。新闻工作者仅仅扮演速记员的角色相当于放弃了真相，"新闻广播员扮演着速记员的角色，仿佛公布双方的言论，或至少编辑了他们的部分言论——是为公众服务的，更不用说真相了"。优秀的记者"不仅仅是抄写员。他们每天上班时告诉我们的不是布什政府说了什么，而是还有什么没有说。这是寻找真相的独立媒体，而不是当权者的速记员。美国人最好不要放弃这个优秀的传统"。

有学者考察了美国主流新闻媒体对 2016 年和 2020 年两次大选的报道后认为，"'客观性'在美国新闻业的日常生产实践中已实质消亡"①，取而代之的是"真正的公正"。

2017 年 8 月，美国弗吉尼亚州的夏洛特维尔市（Charlottesville）发生了骚乱，白人至上主义者和反对人士在市中心发生了暴力冲突，一名右翼分子驾车冲撞抗议者，造成了 1 人死亡，多人受伤。此后，特朗普称双方都有责任，指责"另类左翼"和白人至上主义者及新纳粹分子一样暴力。这一表态引起了广泛争论和批评。《华盛顿邮报》社评批评媒体在这次事件中所谓的"平衡报道"。2016 年总统竞选时，媒体将特朗普的种族主义、男性至上主义和自恋这些不合格的邪恶特征与希拉里·克林顿误用私人邮箱处理公务的错误相提并

---

① 常江，何仁亿. 客观性的消亡与数字新闻专业主义想象：以美国大选为个案［J］. 新闻界，2021（2）：26-33.

论，这成为导致特朗普入主白宫的原因之一。如今，特朗普在夏洛特维尔事件中平等地对待白人至上主义者和那些反对他的人，这对新闻工作者提出了新的问题：在报道这样的总统时，真正的公正应当是什么？社论提出，新闻工作者在某些事情上应当采取立场，如果客观性意味着"不知道从哪里来的观点"，那么它已经过时了，永远不过时的是"讲述真相（truth-telling）"。在文明人中，他们对待三K党、新纳粹、白人至上主义是没有争议的。"做到公正的最佳方式不是错误的不偏不倚，也就是说，给不平等的双方以平等的分量，而是奋力追寻真相，并准确而有力地讲述真相"。

"真正的公正"实际上对新闻工作者提出了更高挑战，它意味着记者本人必须拥有基于普遍人性的善，并有勇气、有能力、有技巧地讲述那个"善的真相"。

（二）真相的地位得到强调

哲学和自然科学从不同角度指出，纯之又纯的事实与真相只是理想状态，是抽象的"理论值"，在人们的思想现实中不存在无目的性的真相。换言之，人们的思想现实不存在与主体认知能力和认知方式全然无关的"真相本身"。① 因此，客观性的兴起"最终表达的不是对事实的信任，而是声明为一个连事实都不能相信的世界设计了一个方法"。② 但是，在此后的实践中，客观性却日益取代"真相"成为"目的"，以至于科瓦齐和罗森斯蒂尔要一再强调客观性的方法属性。

在客观性日趋式微的情况下，"真相"作为"目的"的至善理念得到强调。"公平和平衡是达到目的的手段，而目的是说出真相。尽管听起来或看起来不可能在日常生活中发生，但新闻业有义务说出真相"。报道真相本身不再附带其他责任，"记者最不需要做的就是对自己的报道的后果负责，只要它们是准确的，并且是出于善意的。一个记者需要的是不懈追求真相，并将其转化为读者想要从中学习的东西。如果它终结了一个总统，让一个大屠杀凶手成为名人，或者鼓励人们做出不明智的行为，那就随它去吧。我们试图弄清真相是值

---

① 陈阳."后真相"时代人的行动理由——兼论拉兹的理由理论［J］.中国政法大学学报，2020（4）：112-116.
② 舒德森.发掘新闻［M］.陈昌凤，常江，译.北京：北京大学出版社，2009：110.

得的，即使我们永远也搞不清楚"。

此外，新闻业在西方社会中的合法地位在于它能够提供公民自由和自治所需的信息，在大众媒体时代，这个地位牢不可破，但是进入 21 世纪逐渐岌岌可危。从历年的主题变化中可见，新闻业在商业模式瓦解、政治压力陡增的背景下，元新闻话语大量使用"真相"一词，强调"民主"不可缺少"新闻"提供的"真相"，诸如"我们通过艰苦的过程揭示了真相。如果没有这种独立的新闻，这个国家作为一个民主国家或资本主义经济体就无法长久存在""虽然诋毁我的职业很容易，但民主需要一个自由的媒体，必须停止谎言游戏"。这样的话语比比皆是，反复声明新闻业在社会中的合法地位，维护新闻业的生存基础。

二、情感表达与主观判断的凸显

客观性范式要求记者剔除个人情绪与观点，做一个冷静的旁观者，但是在信息爆炸和多元主体时代，真相讲述中的主体因素越来越凸显。"没有情节、没有悬疑、没有趣味和没有温度的新闻就没有被关注和消费的价值"。① 记者的情感表达和个人判断得到正视，至少不再是禁区。

（一）记者的情感表达得到接纳

记者是一个个活生生的人，目睹新闻事件产生的情绪反应必然会影响报道，这一点逐渐得到正视。BBC 记者斯诺（Snow）在访问加沙后，在"油管"上发布了三分钟的演讲，充满感情色彩地呼吁以色列停止轰炸，打破了电视广播新闻的常规"规则"，引起了新闻广播界的争议。在描述了一个女孩被弹片击中致残、另一个女孩头骨骨折的困境后，他说："那些画面在我脑海里挥之不去。我们不能让它继续下去。如果我们的报道有价值，如果你们对倾听、观看和阅读的准备有价值，那么我们可以一起做出改变。"这档节目打破了 BBC 及其编辑人员所追求的严格的客观性界限。这种所谓的主观方法与"客观"记者的区别在于，他们的工作揭示了一个事实——所有的新闻报道都是主观的。有人评论："遗憾的是，他没有在他主持了 25 年的第四频道新闻节目上发表这番言论。"

---

① 胡翼青. 后真相时代的传播：兼论专业新闻业的当下危机 [J]. 西北师大学报（社会科学版），2017（11）：28-35.

　　美国主要的西班牙语电视网络统一视界（Univision）每天都播放被其他媒体忽略的边境抗议活动和无人陪伴儿童非法入境的故事。统一视界新闻主播尤吉·雷默思（Jorge Ramos）直言不讳地表示有必要进行移民改革，并和孩子们一起游过了格兰德河。"必须展示正在发生的事情，必须找到有趣的方式让人们看到我们在做什么。现在人们都很聪明，他们知道我们不是在真空中交谈。他们知道我们有政治观点。试图向公众隐瞒，这没有任何意义。作为一名记者，我每天都在努力做到公平，公平并不意味着你必须是乏味的或无聊的"。CNN主播斯特尔特称其为"一个观点强烈的新闻主播、一个有趣的主持人"，并认为"观点新闻将继续在我们的媒体世界占据越来越大的空间"。

　　一位主要报道"战争、冲突、犯罪、死亡和世界上发生的所有那些悲伤的事情"的新闻工作者发现，"更深层次的故事植根于新闻伦理不允许我们谈论的东西"。然而，"我们没有写出来的东西始终在我们脑海里。它们是我们的一部分。但是，我们的新闻工作不允许我们这样说。我们的任务是袖手旁观，观察并报告。我们已经掌握了5Ws和1H，但没人帮你准备好面对这种损失"。最后，他知道：

> 　　这些故事让你痛不欲生，而你用心碎来讲述这个故事，它将震撼所有人。所以，你坐下来，收集所有的形容词、动词、语言、情感和现实，用你所有的一切写你的文章。你用你的鲜血书写。你闭上眼睛，为无声者注入声音，以极大的力度讲述他们的故事，以至于第二天，部门主管会打电话给你，说："我们读了这个故事，有人正在采取行动。"

　　真相需要被"讲述"出来。有研究者认为，情绪表达在叙事新闻中极为重要，它既是叙述故事的必要条件，也是报纸的一种新的文化代码，即"温暖、关爱、有趣"[①]。在媒体环境发生剧变的今天，受众的情感接连挑战了客观性的某些方面，同时增强了新闻真相与受众的相关性。

（二）公然表明观点不再是禁区

　　传统的客观性范式要求记者做一个冷静的旁观者，新闻与言论要截然有别。"编索引"的方法（例如选择消息来源、纳入特定事实等）可以隐晦地表达记

---

① THOMAS R SCHMIDT. "It's OK to Feel"：The Emotionality Norm and Its Evolution in U. S. Print Journalism［J］. Journalism, 2021, 22（5）：1173-1189.

者的态度和观点,^① 但公然在新闻中做出主观判断曾经是报道禁区。近年来,客观性范式备受批评,但是在报道中公然纳入记者的个人判断还处于试探之中。

进入 21 世纪,对传统新闻失望的年轻观众转向"喜剧中心"(Comedy Central)的乔恩·斯图尔特(Jon Stewart,俗译"囧司徒")主持的《每日秀》(*The Daily Show*)。囧司徒自 1999 年起主持该节目,用搞笑的形式讽刺时政新闻和人物,在呈现出色、成熟的幽默表演的同时,更加注重对严肃事实的深刻探讨,使观众在开怀大笑的同时能够思考更加深层的东西。该节目广受欢迎,并18 次获得艾美奖。囧司徒本人始终认为自己是一名喜剧演员,而且自己的节目是"假新闻",然而"许多人认为他们从囧司徒的搞笑新闻报道中获知的信息比从传统媒体中得到的更真实"。政治学者班尼特给公民的建议之一就是"当新闻在很大程度上成为政治运作的工具时,现实危险地滑向荒诞的边缘,喜剧秀或许是矫正这种趋势最好的办法"。^② 传统新闻业对囧司徒的态度不一,有人拒绝承认他是新闻工作者,有人则称赞他是"真相讲述者"。2004 年,宾夕法尼亚大学安嫩伯格公共政策中心进行的一项调查显示,《每日秀》的选民对竞选议题的熟悉程度明显超过不收看的选民。《夜线》节目主持人特德·科佩尔(Ted Koppel)表达了对这一趋势的厌恶,也不肯承认是传统新闻广播的不足造成了这种局面。《多伦多明星报》则赞扬《每日秀》,批评美国媒体不敢就伊拉克战争提出尖锐问题,辜负了公众的期待。该报讽刺道:"新闻广播员扮演着速记员的角色,仿佛公布双方的言论,或至少编辑了他们的部分言论,就是为公众服务,更不用说真相了。"该报鼓励人们"求助于《每日秀》,它提供了比电视上任何节目都更深刻的无党派政治分析"。"布什政府继续抹杀真相,媒体几乎没有反驳。至少在周二播出的《每日秀》之前没有。如果新闻监督机构不能嗅出真相,那么谁来为公众追踪呢?"

2018 年,被誉为"新新闻主义(new journalism)之父"的记者兼作家汤姆·沃尔夫(Tom Wolfe)去世。自 1962 年加入《纽约先驱论坛报》担任记者以来,沃尔夫一直极具创新精神地在新闻写作中融入文学手法,作品充满鲜明

---

① 帕特森,威尔金斯.媒介伦理学:问题与案例[M].李青藜,译.8 版.北京:中国人民大学出版社,2018:256.
② 班尼特.新闻:幻象的政治[M].杨晓红,王家全,译.9 版.北京:中国人民大学出版社,2018:318.

的个人风格。对新新闻主义的批评一直存在，例如"讲故事形式容易夸大戏剧性与追求生动有趣，有时候牺牲了细微差别与准确"①，还有人批评新新闻主义主观而带有党派色彩。沃尔夫去世后，《泰晤士报》发表纪念文章称，在传统媒体面对新媒体挑战的今天，沃尔夫式的新闻写作不但是历史的一部分，而且"可能还是未来新闻业的源泉"。新新闻主义需要"饱和报道"和对事实准确性的完全承诺，但它是为观点服务的。这显然不符合传统的新闻报道原则，然而《泰晤士报》认为，"它是一种带有议程的深度报道，只要读者知道他或她得到了什么，那就好"，甚至表示，如果把互联网关掉五年，谷歌、脸书和亚马逊（Amazon）将会崩溃，但《泰晤士报》会继续前进。"那是因为我们有汤姆·沃尔夫，而他们没有"，"未来属于汤姆·沃尔夫"。

随着各国政治人物在公共领域越来越肆无忌惮地撒谎，新闻工作者认为传统的新闻报道模式已无法应对。"传统上，高层职位的候选人会玩媒体游戏。……他们通过撒谎、编造谎言和操纵自己的方式登上了顶峰"。诸如，美国的特朗普、澳大利亚的陆克文和帕尔默这样道德标准不那么严格、自由地对选民撒谎的人，"可能导致传统新闻的终结"。因此，"在权利、责任和关于真相的辩论之间相互矛盾的平衡中，记者的核心和首要关切必须始终是试图揭示他或她的采访对象的真相。其他考虑必须排在第二位"。在这种情况下，媒体可以忽略"他说，她说"的模式，不发表不真实的东西。"在推特时代，善良的心胜过善良的事实"，而且直接在报道中指出消息来源在撒谎也不再是禁区，而是可以协商的实践。特朗普上台后，他充满偏见的语言和策略打破了常规，很多记者都认为，只有明确的道德呼吁才能公正对待从种族到特朗普等问题，"情感""观点""道德明确性（moral clarity）"不再是新闻报道的禁地。《华盛顿邮报》的记者韦斯利·劳厄里（Wesley Lowery）因其咄咄逼人的种族报道而闻名全国，他认为新闻机构的"核心价值应该是真相，而不是给人一种客观的感觉……美国人那种没有立场、迷恋'客观性'、追求均衡的新闻是一场失败的实验。我们需要重建行业，让它在清晰的道德观下运转"。劳厄里的观点逐渐得到认可，主流西方媒体在报道中更加自由地使用不那么"客观""中立"的措辞

---

① 门彻. 新闻报道与写作［M］. 展江，等译. 北京：世界图书出版公司，2014：164.

（特别是在描述特朗普的行为时），例如"种族主义者""骗子"和"谎言"。①

新闻报道不可避免地带有主观性，事实上，人们对真相的探索本身必然依赖主观性，完全隔离主观性无论在理论上还是在实践中都无法做到。因此，问题不在于立场本身，而在于它的正当性和合理性。

三、透明性的引入和普及

21 世纪初，科瓦齐、罗森斯蒂尔提出透明性原则，此后逐渐被实务界所接受，2010 年前后开始陆续被写入一些新闻伦理教科书和行业规范中。随着社交媒体的强势崛起，新闻机构的工作处于监督之下，透明性越发受到重视。在元新闻话语之中，透明性的引入和普及体现在两个方面。

（一）运用话语肯定

2001 年，科瓦齐在电视节目中解释透明性的含义："我提到的透明性是实现这一目标（新闻业如何能更好平衡和公正报道）的方法之一，透明性表明你从哪里获得信息……还有一种趋势是把态度写进故事里，态度就是记者的态度。只要它是诚实的，只要它被标记为意见或分析，我认为这就是有价值的材料"。

2008 年，《多伦多明星报》已经将透明性视为"新闻职业道德的传统核心价值观"。该报在为社区公众提供报道培训时说："我们重新定义新闻的同时，要保持你们的信任，我们就必须坚持新闻职业道德的传统核心价值观。真相和准确、公平和平衡、透明和问责，对网络音频和视频的重要性不亚于报纸上发表的文字和照片。"

2011 年，《华盛顿邮报》记者兼专栏作家戴维·布罗德去世，该报刊登的讣闻称他"相信事实的力量，相信报道的价值，相信让读者理解他们的信仰，尤其是那些他们可能不同意的人的信仰，相信透明性的必要性"。

2012 年，《澳大利亚人报》将"透明"作为揭示真相的重要方法。记者的工作是收集信息并与人们分享。他们的整个手艺就是透明、质询和揭露。它们的主要功能既简单又具有挑战性。

2014 年，美联社（the Associated Press）宣布与一位获得普利策奖的自由摄

---

① 史密斯. 编辑部内部起火，美国主流媒体的变革时代［R/OL］. 纽约时报，2020-06-08.

影师"断绝关系"，因为这位摄影师在叙利亚拍摄的一张照片经过了数码处理。《多伦多明星报》支持美联社的决定，认为"美联社在这方面的透明性和问责性是值得称赞的——这是媒体机构承认新闻失误的典范"，并表示该报自己的道德政策也要求"视觉记者（拍摄静态照片和视频的人）遵守与《多伦多明星报》其他记者相同的准确性、公平性和透明性标准"。

在互联网时代，透明性对专业媒体更重要。2014 年，CNN 记者法里德·扎卡里亚（Fareed Zakaria）被一个博客指控剽窃。CNN 主播斯特尔特经过调查，在节目中表示："第一，我认为媒体公司应该是透明的，就像我们希望政客和首席执行官那样；第二，我的调查让我相信扎卡里亚犯了一些标注错误，公平地说，只是一小部分。"他认为"网络链接资源的规范正在成为世界规范。我们越透明，我们就越值得信赖"。

（二）一种制度安排

透明性还是一种制度安排，即意见调查员（ombusman），或称公共编辑。这一职位于 1967 年初次出现于美国，目的是在新闻编辑室代表社区的声音，通过媒介批评、撰写专栏让新闻工作者负责，并评价哪些实践是可接受的，哪些是不可接受的。本书的样本中，有三位新闻工作者出现频率较高，分别是《华盛顿邮报》的媒介专栏作家玛格丽特·沙利文、《多伦多明星报》公共编辑凯西·英格利希、CNN 媒体批评栏目《可靠信源》主持人布莱恩·斯特尔特。这三位意见调查员围绕新闻与真相的关系展开了广泛的言说，既批评行业不恰当的行为，又抵御来自外部的威胁和批评，还探讨新闻伦理规范以及范式修补的策略，向读者和观众做出解释，忠实地履行着自己的职责。

2017 年 5 月 17 日，《纽约时报》宣布撤销公共编辑职位，认为读者和社交媒体用户可以"共同担任当代的看门狗"。这一决定引起新闻界的广泛争议。有学者对此事产生的元新闻话语进行研究后发现，今天的记者仍然把申诉专员视为组织的监督者，与管理层联系，组织与读者之间信任的缔造者，以及某种公共关系主管。尽管过去 20 年的经济和技术变革不断颠覆新闻业，而且研究表明，新闻业的许多传统角色可能发生变化，但意见调查员的角色仍然没有改变。其中特别提到曾经在《纽约时报》任职的玛格丽特·沙利文，她受到了业界和读者的普遍好评。由于意见调查员通常具有深厚的新闻背景，他们可以向观众传授新闻标准和规范，突出本组织所做的良好工作，至少不要玷污整个组织的声誉。由于意见调查员本身通常就是记者，他们含蓄地支持新闻制度，宣扬它的好处。这些也是公共关系专业人员的既定角色。①

从元新闻话语中可见，透明性逐渐被建构为专业媒体的一种新的合法规范。但是需要注意的是，新闻工作者围绕透明性规范，尚未有非常明确的技术手段。在科瓦齐看来，透明性包括公开消息来源和坦承记者的主观性，在随后的话语建构中，透明性开始与问责制、向公众解释新闻工作联系起来。例如，沙利文表示"也许最重要的是，我们需要变得更加透明——愿意解释我们的工作，并承认我们不可避免的错误"。斯特尔特感叹"新闻工作真的是一个过程，有时是一个漫长而令人沮丧的过程。你从信息源中获取信息，同时推动其他信息源进行交谈。有时候，透明地告诉观众你不知道的是明智的"。

不过，这些实践与在客观性范式指导下发展起来的传统实践没有本质区别，新的规范如何转化为实践尚待观察。

四、"真"与"善"的交锋

报道真相和最小伤害始终是新闻业的伦理困境，究其根本，就是求"真"与求"善"的衡量。不过，二者之间的交锋始终存在，达成共识并不容易。

2011年，《世界新闻报》发生电话窃听丑闻，尽管丑闻发生后，该报受到压倒性的谴责，以至于不得不关闭，但令人有些意外的是，不少记者认为，"欺骗可能是通向真相的唯一途径"。《星期日泰晤士报》主编表示，"我们不会容忍以获取信息为目的的'钓鱼调查'，即使这似乎符合公众利益。我们和其他公众一样，对《世界新闻报》随意非法窃听语音信箱的行为感到震惊"。他同时列举了一系列《星期日泰晤士报》记者"为了得到真相不得不撒谎和欺骗"的例子，承认这是"为了目的不择手段"，不同之处在于，"每个编辑在判断使用何种方法获取信息时必须遵循底线。绝对的检验标准必须是这个故事符合公众利益——人们有知情权，因为他们被欺骗了"。有关数据保护的法律允许记者在符合公共利益的情况下获取私人信息，这是为重大报道进行辩护的一个关键支柱。"对于《星期日泰晤士报》来说，调查性新闻报道的角色是让官员承担责任，不

---

① FERRUCCI P. The End of Ombudsmen? 21st-Century Journalism and Reader Representatives [J]. Journalism & Mass Communication Quarterly, 2019, 96 (1): 288-307.

管冒多大的风险。是的，我们通奸、耍花招、冒充他人，展现出《星期日泰晤士报》伟大的记者尼克·托玛林（Nick Tomalin）所说的'老鼠一样的狡猾'，这是每个成功记者的必备条件。没有这些技术，强者就会受到保护"。事实上，针对此事开展的莱韦森调查（Leveson inquiry）发现，"电话窃听在舰队街（Fleet Street）广泛存在。考虑到我们为获取真相所做出的牺牲，电话窃听是一个完全可以接受的工具。对于一个记者来说，窃听米莉·道勒的电话并不是一件坏事……我们的意图是高尚的"。《世界新闻报》前特稿编辑保罗·麦克马伦（Paul McMullan）罕见地"为电话窃听行为进行了强有力的辩护，他告诉英国媒体道德调查机构，窃听语音邮件是帮助记者揭露新闻的'完全可以接受的工具'。他周二表示，窃听在这家现已停牌的小报上很常见，他描述了记者如何交换名人电话的细节"。他还说，为了寻找故事，他翻遍了垃圾箱，假扮成吸毒者、毒贩和剑桥的百万富翁。他还欺骗线人，虚报开支。"我们大多数人为得到一篇报道会做所需要做的事情。你不会直接去找一个童谣牧师，然后说，'你是因为喜欢虐待唱诗班男孩才成为牧师的吗？'只要目标值得，任何方法我都可以接受。只要目的正当，可以不择手段"。在窃听丑闻发生后，麦克马伦"可能是现在唯一这样说的人，但其他人此前曾广泛赞同他的观点"。调查性新闻是高尚的，这对社会是有好处的，而且很难做到。记者的工作就是要找到一种方法，从谎言中找出可证实的、从而可以发表的真相。一位记者表示："我们大多数人在工作中接受基于法律或道德的限制。我不支持任何层面的电话窃听或违法行为，但我相信麦克马伦足够勇敢，足够愚蠢，或者足够扭曲，能够说出他所看到的真相。通过给出他毫不妥协的证据，他强调了这样一个事实：一如既往，问题在于你在哪里划界。如果我们期望媒体站在我们一边，在社会中保持监督的角色，我们期望记者和编辑在工作中能走多远？"

在没有丑闻发生的时间段中，隐性采访是一个反复出现的话题。隐性采访盛行于20世纪70年代，"当时很少有人讨论为了得到一个故事而去做卧底和欺骗别人的道德问题。但在那之后的几年里，记者们越来越意识到使用欺骗手段获取消息对新闻可信度的风险，而进行秘密报道的人也少了很多"。不过，这种采访方式从未消失，"公共利益"始终是不道德手段的辩护词。"这是调查性新闻报道的合法主题：用假话来发现真相是合法的，因为这符合公众利益"。

2010年，《多伦多明星报》得到线索称，多伦多西区退休设施内存在严重问题。由于"安大略省的养老院不受监管，脆弱的老年居民处于危险之中"，经过讨论，调查主编决定有必要派一名资深调查记者进去冒充居民卧底一周，了解养老社区内部的真相。记者在调查中发现了"令人心碎的事实"。该报道得到多数读者的肯定，"他们向《多伦多明星报》发送了大量电子邮件，称赞这一报道"，但也有人批评这种手段不道德。《多伦多明星报》公共编辑辩护道：

> 本报《新闻编辑部道德手册》规定，卧底报道只有在"罕见情况"下才应作为"最后手段"进行，来获得符合公众利益的报道。高级编辑必须批准。总编辑乔·霍尔批准了这项秘密任务，但这是在广泛讨论了涉及的问题之后，尤其是对其他居民的隐私的关注。这样做的目的是正当的吗？记者揭露自己亲眼看见的真相是否符合公共利益测试？我毫不怀疑这是正确的行动方针。这项调查符合新闻伦理学家为秘密报道设定的所有门槛：信息对公众利益至关重要（特别是考虑到人口老龄化和养老院床位严重短缺）。我们没有其他的方法来获得这个故事。

我们从专业媒体的元新闻话语中发现，尽管学界和公众反对以欺骗手段获取真相，但是这种实践在媒体和实践者中不但是可以接受的，而且在一定程度上受到鼓励，"如果你没被抓到，你就获得了普利策奖；如果你被抓了，就得进监狱"。

小　结

在元新闻话语中，真相作为新闻业的恒久价值和至善信念得到明确肯定。在最基本的概念上，"真相，在应用到新闻时，暗示了在一个事件和它的叙述之间相符合的认识论评价"①。但是，我们通过话语分析，可以发现不同的行动者通过各自的评价、解释、争论，建构了一个以事实要件符合为核心的更大的价值体系，它看似不言而喻，实际充满矛盾。

---

① CARLSON M. Metajournalistic Discourse and the Meanings of Journalism: Definitional Control, Boundary Work, and Legitimation [J]. Communication Theory, 2016, 26 (4): 349-368.

一、新闻真相是一个复杂的系统

从元新闻话语中可见，行动者在评价真相时，除了"真"这个标准外，还有"善"，除了评价最终呈现在媒体中的"真相"本身外，还评价追求和讲述这个"真相"的实践活动。因此，新闻真相绝非简单的真或假的问题，而是包含了本体论、方法论和价值论的复杂系统。

1. 本体论中的真相是不言自明的客观实在，与新闻具有语义等价性。它是现实中真实发生的事件，是可知的，等待着新闻工作者去挖掘、讲述；它绝不能刻意编造，而且准确、公正、平衡，剔除了观点和情绪。此外，新闻真相具有重大公共属性和负面偏向，因此，它令人不悦，但是对民主社会具有重大意义。

2. 方法论中的真相以追求符合为核心，包含实践原则：现场调查、事实核查、恰当的语境，以及认知立场——独立的、旁观者的认识论，目的都是使"新闻"符合本体论中的那个"真相"。

3. 价值论中的真相既是至善信念，引领新闻工作者不断追求至善境界，为公共利益做出贡献，又是规范求真手段的伦理原则，力求目的与手段达到善的统一。

二、新闻真相是一个矛盾的系统

新闻业自身的生存需求和真相哲学的困境，使原本就复杂的真相系统充满矛盾。

1. 本体论中的真相概念自相矛盾。对"最小语义场"的考察发现，专业媒体将新闻（journalism）与真相（truth）简单地等同起来，建构了语义等价性，似乎新闻就是真相，并且如镜子般映射了社会现实。专业媒体同时又强调剔除观点、负面偏向和等级制度，凸显了新闻真相的主观选择性。语义等价掩盖了新闻真相并非"真相"，而是对社会事件进行选择性报道，是经过程序化的建构性结果这一本质。这一方面是为了构建新闻业的合法性地位，另一方面造成了概念上的混乱，客观上导致共同体内部分裂和外部批评。此外，经济模式和民主理想的冲突反映在真相话语中，便是真相作为"商品"和"公共产品"的矛盾。

2. 价值论中的真相作为至善理念，在所有行动者中并无异议，但是，由于不同主体持有不同的价值立场，且求真和求善之间往往存在艰难的取舍和平衡问题，导致争议不断。

三、新闻真相是一个不断变化的系统

"新闻作为一个静态的或普遍化的文化形式的概念是不稳定的"①。进入 21 世纪，新闻真相的概念也在发生变化。

1. 曾经占主导地位的客观性范式进一步式微。在新闻实践中，机械的客观性导致真相的崩溃，记者们开始追求"真正的公正"，不回避个人情感与主观判断在求真实践中的作用和影响，并尝试践行透明性原则。不过，新闻业目前尚未形成具有主导性地位的新范式。

2. 真相作为"目的"回归话语体系。伴随着商业模式的瓦解和政治压力，专业媒体遭遇日益严峻的合法性危机，"真相"成为最有用的文化资本，被用于强调专业媒体的社会功能，请求公共政策支持，反击外部的攻击，地位得到了强调。

作为一个系统，新闻真相追求真与善的统一、目的与手段的和谐，无疑具有理想化的伦理意义，不过真相观念的内在矛盾又破坏了它的有效性。"定义对于新闻业包括谁或排除什么至关重要"。② 那么，这个矛盾而又复杂的真相系统在专业媒体中形成了怎样的身份认同，建构了怎样的社会关系？

---

① CARLSON M. Metajournalistic Discourse and the Meanings of Journalism：Definitional Control，Boundary Work，and Legitimation ［J］. Communication Theory，2016，26（4）：349-368.

② CARLSON M. Metajournalistic Discourse and the Meanings of Journalism：Definitional Control，Boundary Work，and Legitimation ［J］. Communication Theory，2016，26（4）：349-368.

第三章

真相的垄断："唯我独真"的坚守和正当化策略

在 20 世纪，西方新闻工作者想当然地认为，社会需要他们作为新闻工作者，而且仅仅是新闻工作者来履行新闻和公共事务中的监督职责，讲述事实真相，注重时效和遵守职业道德。① 他们相信，"传媒是探索真理道路上的伙伴"②。把关人、议程设置、框架研究都暗示专业媒体是真相的定义者。不过，新闻业的身份和地位并不是固定不变的。20 世纪 90 年代后，政治秩序和经济基础的变化、传播技术的革命性创新持续冲击着传媒的基本格局，专业媒体迎来了超级竞争时代。就像教会和国家等知识垄断者失去了曾经的主导地位一样，专业媒体同样失去了真相定义者的特权。那么，作为行业价值的主要定义者，21 世纪的新闻工作者是否仍然坚称传统的角色？在一个更广泛的、正在进行中的合法化战略中，新闻机构又如何维护和重新赢得这一地位？

第一节　传统角色的坚守

在西方媒介体制框架内，新闻业的传统角色以媒体对民主和公共利益的贡献为导向。这是一个线性结构，从公共生活中的真相定义者出发，到成为公民自治和自由提供信息的民主中心角色，在传播格局已经发生剧变的今天，这一

---

① DEUZE M. What is Journalism? Professional Identity and Ideology of Journalists Reconsidered [J]. Journalism: Theory Practice and Criticism, 2005 (6): 443-465.

② 西伯特，彼得森，施拉姆. 传媒的四种理论 [M]. 戴鑫，译. 北京：中国人民大学出版社，2008：序言 3.

认知并没有改变。

一、真相代理人

通过语义分析可以发现，专业媒体将自己建构为真相代理人。在高频共现词中，其有三个（组）指称身份的名词：public/citizen、power 和 journalist/reporter。我们将这三个（组）指称词汇与所在句子里的搭配动词结合起来考察其论元结构（argument structure）①，可以发现话语建构的核心身份和关系。"真相"所在的句子都大量使用了主语+谓语+宾语（真相）的结构，从动词的搭配中可以看出新闻工作者、新闻业、媒体作为施事者和其他主体作为施事者对真相负有的不同责任。

（一）专业媒体及新闻工作者是真相的定义者

当主语是我们、我、新闻工作者、记者、报纸时，搭配的词语是讲述、说出、呈现、披露、捍卫、带给等，其他结构的句子也体现了记者与真相之间的关系，例如：

优秀记者就是"寻求真相的同义词"（Murrow's name is synonymous with the unflinching search for truth. 默罗的名字就是坚定不移地寻求真相的同义词）、记者"努力寻找被落下的真相"（Journalists are a lot like the Marines. We can't leave the truth behind. We couldn't save Danny，but we have to come together to try to find the truth that's left behind. 记者很像海军陆战队。我们不能把真相丢在身后。我们救不了丹尼，但我们必须团结起来努力寻找被落下的真相。此处的丹尼是指《华盛顿邮报》遇害记者丹·珀尔，说话者是珀尔的同事）、记者"努力将真相带给人民"（We work very hard to bring the truth to the people. 我们努力将真相带给人民。此处的说话者是 CNN 撰稿人萨丽娜·泽托，"我们"指包括她在内的新闻工作者）、记者要"保护真相"（We must defend the truth from whomever. 我们必须保护真相不受任何威胁。此处的说话者是《纽约时报》专栏作家查尔斯·布罗，"我们"指包括他在内的新闻工作者）、新闻业能"嗅出真相""追

---

① 论元结构是一种句法结构，主要考虑三个方面的问题：1. 题元语义角色的组配，即动词和哪些格（名词）组配；2. 抽象的论元结构描述；3. 论元和语义搭配时如何形成句法。本书考虑的是第一个问题。

踪真相"(But then, if journalistic watchdogs aren't sniffing out the truth, who will do the tracking for the public? 但是,如果新闻看门狗不能嗅出真相,那么谁来为公众追踪真相呢?)。

由以上论元结构可见,新闻工作者、新闻业都是作为施事者,负责寻找、保卫、嗅出、追踪真相,并将真相"带给"人民。施事者是主动的,"寻找""嗅出"意味着施事者决定哪些随机社会事件可以成为"可见事件",从而成为真相的定义者。"保卫""追踪"意味着施事者决定了"真相"的呈现和呈现结果。

(二)其他社会成员或被动等待真相,或抗拒/破坏真相

当主语是其他社会主体时,搭配的词语显著不同。

读者"要求真相"(Will you sign on to a massive letter to *The Australian*, demanding truth in journalism? 你们是否会在给《澳大利亚人报》的公开信上签字,要求新闻真相? 此处的"你们"指该报读者)。

作家"扭曲真相"(But told she reporting, she abandoned journalism in favour of writing fiction full time. 但是,她被告知在报道中"扭曲真相",便放弃了新闻工作,转而全职写小说。此处的"她"是著名作家安吉拉·卡特尔)。

有些人"对真相不感兴趣"(He's not interested in the best attainable version of the truth, which is what real journalism and reporting is. 他对可获得的最佳版本真相不感兴趣,而这正是真正的新闻和报道感兴趣的。此处的"他"是特朗普总统,说话者是著名记者卡尔·伯恩斯坦)。

其他行业"扭曲真相"(PR is all about distorting the truth, journalism is about telling it. 公关就是扭曲真相,而新闻就是讲述真相)。

政治人物"屠杀真相""攻击真相"(The Bush administration continues to massacre the truth with almost no contradiction from the media. 布什政府继续屠杀真相,媒体几乎没有反驳;He attacks truth-telling journalists and he bullies critics. 他攻击讲述真相的新闻工作者,他恐吓批评者。此处的他是特朗普总统。)

语义学研究表明,"说者采取的立场与事件参与者映射到话语中的角色

（case roles）之间存在着直接的关系"①，即"施事或者主体通常被认为具有一种特殊的句法地位"，因而"对事件富有社会性的责任"②。因此，作为说话者，专业媒体采取的立场一目了然：主位上的"人"都是新闻机构或者新闻工作者，他们作为施事者对（新闻）真相负有责任。新闻业和新闻工作者是积极的、能动的、尊重真相的，通过诸如"发掘""揭露""追寻"这样的努力，将（新闻）真相"讲述"出来，使其"大白"于天下。受众是被动的，他们"渴求"（新闻）真相，但是只能通过"媒体的视角"了解它，等待媒体将"新闻"真相"带给"他们。其他社会主体（人们）对真相可能并不太关心，有些人甚至会"扭曲"它、"攻击"它、"屠杀"它。

由此建构出"专业媒体—挖掘、寻找、讲述真相—满足受众需求和渴望"的线性关系与身份，受众在专业媒体的视野里是被动接受的角色，用杜威的话来说，就是"二等旁观者"——旁观者之旁观者。③ 这也被描述为受托人模式，即精英记者运用他们的专业判断来确定受众需要知道什么。

二、真相垄断者

我们从最小语义场中可见，专业媒体有发现、揭露、讲述真相的主要责任，是真相代理人。我们考察更大的语义场——篇章和互文性④还可发现，专业媒体持续运用话语从事边界工作，排斥其他传播主体，试图将自己建构为真相的垄断者，凸显专业媒体的不可替代性。

（一）与其他大众文化形式区分

在凯瑞看来，新闻是暂时的、易逝的，但它也形成了一种永久的公共记

---

① 卡明，小野毅，劳里．话语语用学［M］∥梵迪克，主编．话语研究多学科导论［M］．周翔，译．重庆：重庆大学出版社，2015：21.

② 梵迪克，主编．话语研究多学科导论［M］．周翔，译．重庆：重庆大学出版社，2015：21.

③ 凯瑞．作为文化的传播［M］．丁未，译．北京：中国人民大学出版社，2019：74.

④ 互文性概念指向文本的生产能力，指向文本如何能够改变从前的文本，如何重建现存的习俗，以便创造出新的习俗。但是，这种生产能力作为文本创新和活动的一个无限空间，实际上人们不可企及：它在社会意义上是有限的、受抑制的，对于权力关系来说，是有条件的。（费尔克拉夫，1992/2003：94）

录，因此其他写作形式——小说、历史和戏剧都寄生在新闻业之外。① 二者的区别似乎毋庸置疑，但专业媒体仍然持续地在机构性话语中区分新闻与"其他写作形式"。

首先，新闻与文艺作品的区别在于事件的真实与虚构。不少作家都表示，曾经从事或者考虑过从事新闻，但是由于无法讲述真相而转向文艺创作。一位自助出版小说的乡村女性"曾经考虑过新闻业，但很快就决定，相比通过曲折 的情节和人物发展来美化一个故事，书写真相远没有那么令人兴奋。'我想要编造一些事情'"。当一位记者发现自己常被批评"夸大真相"后，他放弃了记者职业，改行专写神仙故事并大获成功。另一位作家回忆道："起初，我的母亲希望我成为一名记者，就像她父亲早期的职业生涯一样，但我不太擅长讲述真相，而且我的性格也不适合做记者，所以我找到了写小说的路。"

其次，文艺作品中同样包含着关于世界的真相，不过，"艺术中的真相和新闻中的真相是两种不同的东西"。《华盛顿邮报》记者珍妮特·库克（Janet Cooke）1981 年因报道一个 8 岁的海洛因成瘾者的故事《吉米的世界》而获得普利策奖，但后来发现根本没有一个叫吉米的男孩儿。发行人被迫公开道歉，库克的职业生涯就此结束。"并非所有人都同意库克的命运。著名小说家加布里埃尔·加尔卡·马尔克斯（Gabriel Garca Mrquez）称她应该获得诺贝尔文学奖"。在特殊的环境下，文艺作品可以成为新闻的替代品，甚至比新闻更有勇气追求真相，但同时又不会让作者遭遇牢狱之灾，因此，"小说做了那些新闻不能做的事情"。

最后，新闻工作者强调新闻与纪录片、非虚构作品的区别。通常，受众能够清楚地区分文艺作品创作的"真相"和新闻业提供的真相，而且文艺作品往往热情赞美新闻业的工作，因此西方专业媒体在评论文艺作品时，基调是各安其位，传播不同层次和角度的真相。随着基于事实的非虚构作品和纪录片的兴起，新闻的边界逐渐变得模糊，这时，"真相"作为最重要的区分标准受到强调。"在新闻、纪录片和其他依赖个人证词真实性的写作模式中，把话放到别人嘴里是最大的禁忌之一。故事的成败取决于引号里的话——'是我做的'，但记

---

① CAREY J. A Short History of Journalism for Journalists：A Proposal and Essay ［J］. Press/Politics，2007，12（1）：3-16.

者不能简单地编造故事。正是真相赋予了新闻以合法性，并将其与虚构区分开来"。

(二) 与公民新闻区分

当大量非新闻工作者涌入新闻传播领域，专业新闻首先视其为竞争对手，一方面选择性地接纳了能够按照传统标准"讲述真相"的自媒体和公民记者，另一方面及时对二者进行区分，试图掌握裁定真相的话语权。2001 年，NPR 的一档节目讨论到了当时的公民新闻。

> 现在你和其他人可以获得的信息比人类历史上任何时候都多，这不仅仅是因为专业媒体，还包括互联网和其他存在的东西。……最近的一项努力被称为公民新闻，或新闻的公民参与。……我并不支持公民新闻所倡导的一切，但我确实认为，让读者参与你的选择，包括你所报道的内容和你所重视的内容，这是一个好主意。这就是新技术可能带来的好处。在我国历史上，大多数伟大的新闻工作者都来自工人阶级，民主在基层得以更新。在某个地方，有一个年轻的女人正在车库里用电脑创建她自己的新闻机构，而这些新的新闻机构，这一代人将开始与我们竞争，这些庞大的联合企业将不得不应对。

显然，专业媒体面对难以阻挡的参与式变革，谨慎地"允许"公众参与，但这种参与十分有限，"报道的内容"和"重视的内容"都由专业媒体决定。

2005 年，在讨论如何判断一名博客的可信度时，《基督教科学箴言报》提出应由记者进行判断："如果记者作为一个群体说某个人是可以相信的，那么观众就可以合理地确信所讲的内容是可靠的。"

随着技术发展，公民新闻与专业媒体形成竞争，专业媒体的话语开始凸显二者的区别。2006 年 5 月，"油管"的用户规模超过了 CNN.com，NPR 评论说，"该网站（难以理解）已经催生了一种公民新闻。但这并不是未来学家所承诺的揭露丑闻、揭露真相的调查性新闻。该网站点击率最高的是第一人称回忆录"，而且"并不是每个油管上的自我纪录片都是真实的"。同年，英国的全国记者联盟（National Union of Journalists）起草了一份行为准则，来指导非专业公民。"公民记者和博主也有责任质疑传闻，区分事实和观点，抵制发布谣言的诱惑。在这片不受管制的边疆，我们必须严守纪律"。2009年，加拿大新闻自由表达组织（Canadian Journalists for Free Expression）首次将奖项颁发给了一位公民记者。这位27岁的男子在2007年秋天拍摄了加拿大皇家空军在温哥华机场射击波兰移民的视频。"CJFE向保罗·普里查德致敬，他展示了我们公民和记者所需要的价值观，有作证和做正确事情的勇气"。CJFE主席表示："你的所作所为将被载入加拿大历史。新闻文化就是要了解真相。你照亮了黑暗的地方。"《多伦多明星报》问道："这个具有里程碑意义的奖项是否标志着我们——专业媒体，和所谓的'自媒体'之间的缓和？"该报认为，"事情没那么简单"。尽管没有任何新闻机构可以无处不在，数字技术确实让"公民"以前所未有的方式捕捉和传播文字和图像，以至于"新闻机构现在甚至请求公民对突发新闻做出贡献——用户生成内容"。但是，自媒体是一种让公民参与新闻收集的运动，仅此而已。核实、调查并将公民收集的新闻置于正确的上下文中，这仍然是专业媒体的工作，在此案中，"很大程度上是加拿大广播公司"，因此，公民新闻是公民与记者之间的合作，而不是公民取代记者。

（三）与社交媒体区分

以脸书、推特为代表的社交媒体兴起后，透明性和用户参与以前所未有的规模侵入专业媒体的领域，专业媒体将数字媒体视为不容置疑的敌人，把数字媒体看成是假新闻、不实信息、误导信息、谣言、情绪的代名词。

"社交媒体剥夺了新闻、艰苦的调查工作和报道中的真相的价值。如果没有人真正对此负责，那么谁会关心报纸上写了什么？社交媒体正在控制着你的孩子看到的东西，而那些有严格规范的印刷/电视媒体正在被抛在后面，因为社交媒体没有监管，没有责任，也没有关心。他们制造的假新闻越多，就会有越多的人去读它"。因此，当社交媒体遭到质疑时，专业媒体会产生这种幸灾乐祸的态度，"脸书、推特和谷歌陷入了困境，因为在美国举行了一场前所未有的听证会，来深入地调查误导虚假新闻的问题。国会议员们拷问社交媒体界的高管们"。专业媒体还有讽刺的语调："人们对自己在社交媒体上畅所欲言的自由感到惊讶。在推特、脸书等平台上，我们可以随时看到无拘无束的评论。一开始一切都很容易，参与成本很低，但后来不明身份的陌生人把它带到另一个层次，社交媒体变成了一个辱骂、欺凌和仇恨的论坛。"

在专业媒体看来，社交媒体不能提供真相，因此它不但不能享有宪法第一修正案的保护，还应当受到政府的监管。CNN 的政经记者哈达斯·戈德（Hadas Gold）说，这些互联网公司都是美国公司，他们反映了美国文化和美国法律，包括第一修正案和言论自由，但是在欧洲和世界其他地方则有所限制。"社交媒体公司认识到，他们需要开始与政府寻求的东西一起行动，否则他们将面临一些严厉的规定，因为这些议员认为这些社交媒体公司是野蛮的、不守规矩的、不负责任的地方，他们传播假新闻，这十分危险"。这不免令人想到 70 多年前，《一个自由而负责的新闻界》对新闻界滥用言论自由的担忧，以及"不自律，就他律"的警告。

（四）与新兴网络原生媒体区分

近年来，一些精英记者离开建制派媒体，创办网络原创媒体，其中一些媒体因为仍然坚持传统规范和理念而得到专业媒体的认可，例如 Propublica 和国际调查记者联盟（ICIJ）。专业媒体也会驱逐不符合专业服务理念的新媒体。

2017 年，数字原创媒体嗡嗡喂全文发表了未经核实的、有些确认为错误的英国前特工文件，引起新闻界热议。CNN 的《可靠信源》节目邀请嗡嗡喂新闻主编本·史密斯（Ben Smith）到节目中讨论，其他参与嘉宾全部来自传统媒体，包括《亚特兰大月刊》（The Atlantic）总编辑杰弗瑞·戈德堡（Jeffrey Goldberg）、《华盛顿邮报》媒介专栏作家玛格丽特·沙利文、《联邦党人》（The Federalist）高级主编莫利·海明威（Mollie Hemingway）、《巴尔迪摩太阳报》媒介批评家戴维·祖拉维克（David Zurawik）。CNN 主持人斯特尔特率先发难，坚持不能把一个完全未经证实的谣言传到网上。史密斯为自己辩护："我想我们报道了一件非常重要的事情。"斯特尔特诘问："但是你为什么不发表完整的解释呢？我们都知道里面有一些完全错误的东西。坦率地说，你是不是就想得到点击？你的所作所为是不负责任的，不负责任的新闻伤害了我们所有人。"除了莫利·海明威，其他嘉宾全部支持斯特尔特，当海明威表示"将文件公之于众是重要的，对公众的讨论有意义"时，史密斯没有接话，整段节目形成了对史密斯的批判和围攻。

（五）专业媒体相互排斥

专业媒体作为共同体，内部的边界争夺也很激烈。如果说对外的区分是"我们是真相提供者"和"他们不能提供真相"的斗争，内部的区分则是"我们是好的真相提供者"和"你们是不称职的真相提供者"。这主要体现在相互之间的"偏见""议程""意识形态"的攻击上。

2019年1月29日，美国黑人演员杰西·斯莫莱特（Jussie Smollett）报警称自己遭到了袭击，两个喊着"MAGA"的人袭击了他。"所有美国专业媒体，以及许多澳大利亚媒体"都将其视为事实加以报道，但澳大利亚一家报纸认为，这一令人难以置信的故事缺乏确凿的证据。警方有消息人士说，斯莫莱特担心自己被公司抛弃，因而策划了这场袭击，希望以"特朗普的支持者""种族主义者"的受害人身份吸引眼球，从而得到拯救。警方正准备再次审问他，而"训练有素的记者们竟故意忽视斯莫莱特撒谎的证据"，急切地相信这个骗局。该报感叹"新闻业令人震惊的衰落。记者们选择了立场，而不是选择真相"。

以福克斯新闻为代表的保守力量同样批评"左翼媒体的偏见"。福克斯新闻的主播奥莱利在节目中攻击"全国媒体现在已经成为民主党的一个工具。他们同情一个政党。在电视上，绝大多数的新闻播音员都是自由派"。他说，"任何一个公正的人都会认为全国媒体严重左倾，看不起特朗普总统，不愿意给他机会，也不愿意相信他。国父们给了我们特定的自由，让我们可以告诉你当权者的行为。但当媒体与政治运动结盟时，在这里是自由主义，那么它就不再是客观的或自由的，因为它同情一个政治观点"。参加节目的另一位福克斯新闻主播帕夫里奇附和道："这个国家大多数新闻学教授90%以上的人都是自由主义者。有明显的证据表明，媒体确实偏向于左派。"

其他国家的媒体也如此。默多克旗下的《澳大利亚人报》多次发表文章批评澳大利亚广播公司和澳大利亚记者协会充满左翼人士的偏见。"正如'媒体观察'上周一指出的那样，进步媒体已经形成了自我审查。主持人保罗·巴里揭发了费尔法克斯和澳大利亚广播公司（ABC）未能报道悉尼伊斯兰学校学生激进化的报道。这是新闻业以不冒犯少数民族的名义放弃真相"。

在一般化的范围内，新闻业的边界工作旨在探索"谁是记者"，而这一点与真相的问题密切相关。社会学家阿博特（Abbot）认为，职业是"将抽象的知识应用于特定案例的某种排外的个体群体"，职业斗争的关键方面是关于管辖权的斗争，或者是关于知识和工作之间联系的斗争。当一个职业声称拥有管辖权时，它要求社会通过专有权来承认它的认知结构（以及由此而授予的权威）。

"管辖权不仅是一种文化,也是一种社会结构"①。如上所述,西方媒介体制中的专业媒体以"符合"区分自身与其他传播主体,以"偏见"彼此指控、相互排斥,一方面固然体现了对待"真相"的严肃态度,另一方面则是对传播权力的争夺。通过持续的边界工作,专业媒体驱逐和排斥异质或越轨的传播主体,强调了新闻业作为共同体、新闻机构作为个体在提供真相方面的不可或缺性和不可替代性,进而将自己建构成大众文化中的真相垄断者。

三、社会的核心角色

西方专业媒体运用话语将自己建构为代表公众向权力挑战的中介,通过"向权力说出真相""让权势者负责"来服务公共利益、服务民主。一方面在社会中建构了"公众"与"权势者"的二元对立关系,另一方面建构了自己在这一对立关系中的核心位置,即监督者和第四权力。

(一)"公众"与"权势者"的二元对立关系

在 truth 的高频共现词中,power 和 public/citizen 的用法常见于警句"向权势者说出真相(speak truth to power)""向权势者讲述真相(tell truth to power)",例如"新闻就是向权力说出真相(Journalism is about telling truth to power)""记者被训练成怀疑论者,并且至少渴望用一句名言来向权势者说出真相(Journalists are trained to be skeptics and aspire at least, in the famous phrase, to speak truth to power)"。

另外一句警句"让权力负责(hold the powerful to account)",例如"作为记者,我们必须讲述真相。我们是来审查政府的,并让有权有势的人负责。这是我们民主制度的重要组成部分(As reporters we must tell the truth. We are here to scrutinise the government and hold the powerful to account. It's an essential part of our democracy)""新闻应该提供信息,寻求真相,让有权有势的人,不管他们是谁都要承担责任(News should serve to inform to seek truth to hold the powerful whoever they may be to account)"等。

① SCHUDSON M, ANDERSON C. Objectivity, Professionalism, and Truth Seeking in Journalism [M]//WAHL-JORGENSEN K, HANZITSCH T, et al. The Routledge Handbook of Journalism Studies. New York and London: Routledge, 2009: 88-99.

从这些表述中可见，专业媒体的自我定位是"公众"与"权力"之间的节点，代表公众寻找真相，并向权力说出真相，让权力为公众负责。同时，这种表述也建构了公众与权力之间的二元对立关系，暗示权力必然要隐瞒真相、必然腐败，二者之间必然对立。从舆论监督的角度而言，这当然有积极意义，但是从社会共识的凝聚而言，这样会导致愤世嫉俗的情绪也是一个值得讨论的问题。

（二）民主社会的"受托人"

以提供真相为节点，专业媒体将自己塑造成公民的代表，揭露让权势者感到不舒服、想要隐藏的真相，让他们负责，从而为民主做出贡献，强调专业媒体作为第四权力的看门狗角色。

专业媒体提醒"我们所有人都有义务维护我们所拥有的：一个独立、强大和深入的媒体，它不仅是一个告密者和表演者，也是一个监督者"，努力想要"确保人们明白，新闻对于讲述真相和后果是多么重要。如果不把真相告诉美国人民会发生什么，后果会怎样"。"美国最值得信赖的人"——电视新闻主播沃尔特·克朗凯特直言不讳地表示"尽管传媒业一直在削减成本，但高质量的新闻报道需要找出政客和特殊利益集团想要隐瞒的真相，这是美国民主。这是自由的未来"。这些略显夸张的话语断言，没有新闻就没有真相，因而也就没有民主。《澳大利亚人报》庆祝创刊50周年时反思"新闻对我们的国家对话以及我们的地方感、自我感、身份感和愿景所做的贡献"，将"社会媒体""每个人"的发言权都纳入了民主社会的运行系统中，但是仍不忘指出"媒体，尤其是报纸"最为有效。

> 第四权力是我们生活在民主社会所得到的奖赏，是我们都应该珍惜的礼物。民主让每个人都有发言权。无论是社会媒体还是专业媒体，都允许每个人表达自己的担忧。民主不是压制或忽视不同的声音，也不是压制或扼杀媒体。一个充满活力、有效、智慧和运作的民主的标志，是不同群体以文明和建设性的方式讨论问题的能力。这方面最有效的论坛之一就是媒体，尤其是报纸。

源于19世纪末的西方新闻模式，假设新闻媒体相对独立于国家，记者是独立的代理人，在代表人民的同时，与权力存在对抗关系，反映了精英媒体对

"受托人模式"的坚持。

　　这种启蒙运动的真相观与民主和民主所强调的理性的政府也是相容的。能够一起推论的人们可以就如何管理自己得出某些共同"真理"。信息对政府必不可少，因为它允许公民仔细审视政府。只要真相是可确定的，政府就能运转。依据这种观点，信息为社会同时提供了润滑剂和黏着剂。公民和政府都需要信息继续合理地运行。信息，以及信息按照某种基本的方式符合真相的观念承载了巨大的希望。①

受托人模式强调民主社会中的"知情受众"，强调由新闻工作者运用专业判断来确定受众需要知道什么，但是在信息爆炸的今天，这种模式正在衰落。"观众应该被允许找出他们自己想要什么，而不是由精英记者认为他们应该想要什么，从而决定自己的选择"。② 机构话语显示，尽管这种主导范式的背景已经在20世纪末发生了重大变化，却仍然是专业媒体自我认知、自我呈现的核心。

第二节　传统角色的有限调整

在坚守传统角色的同时，专业媒体也意识到"仅仅保留旧的新闻形式是不够的"，在21世纪的头20年里，专业媒体面对环境变化，对自身角色做出了微调。

一、从真相提供者到真相倡导者

曾经恪守旁观者认识论的客观性原则式微，专业媒体有限地接纳了情感和判断，脱离速记员的角色，使自己在新闻中越来越"可见"。

---

① 帕特森，威尔金斯. 媒介伦理学：问题与案例［M］. 李青藜，译. 8 版. 北京：中国人民大学出版社，2018：23.

② VOS T，TIM P，THOMAS R. The discursive construction of journalistic authority in a post-truth age［J］. Journalism Studies，2018，19（13）：2001-2010.

（一）从"他说、她说"到有限的"我说"

如果新闻的核心是向读者和观众"揭示"真相，它面临的一大威胁就是企图控制甚至扭曲真相的企业和政府公关部门。澳大利亚记者回忆，曾经"在超过一代人的时间里，政治顾问和记者之间存在着一种普遍的尊重。部长的人会根据所问的具体问题来调整他们的回答。如果记者们天真到接受了提供的说法，那就顺其自然吧，但很少有新闻秘书会看着你的眼睛故意撒谎"。进入21世纪，这一切都改变了。公关的力量更强大，更不关心真相。"庞大的政府部门关心的是谎言，歪曲事实，有时甚至完全忽视事实，以至于任何公开发布的信息都符合执政党的意识形态"。记者说："公关就是歪曲事实，而新闻就是说出真相。在政府新闻发布会上，事实似乎成了一种可丢弃的商品。如果高级幕僚公开撒谎，那么昆士兰政府的透明性又如何呢？""在政府办公室里，真相是用橡胶做成的。大公司也有'公关主管'，他们的工作就是向公众传达正确的公司形象"。澳大利亚语言学家唐·沃森（Don Watson）还担心政府和企业用来美化信息的新"公共语言"① 对民主有更严重的影响，他援引澳大利亚记者协会的道德准则"尊重真相和公众获取信息的权利是新闻的基本原则"，认为记者有责任挑战这种语言，来作为他们寻求真相的道德承诺的一部分。

在这种社会环境下，"他说、她说"的传统方法无法揭示真相，范式修复的努力是在报道中直接植入"我说"，具体有两个方向，但是这两个方向都没有得到完全接纳。

1. 事实核查的蓬勃发展和争议

从2003年政治事实网（PolitiFact.com）创办以来，事实核查已经成为一项蓬勃的运动，蔓延至全球，但同时也存在争议，因为事实核查本身就超越了旁观者的认识论，进入了主观判断的领域。

支持它的人认为事实核查运动的兴起是近年来新闻业的一个更令人鼓舞的发展，"官员和候选人的主张受到了考验。这种方法不只是刊登竞争对手的言论，而是要多做一些工作，确定真相——做新闻工作"。走在这一事业前沿的政治事实网和《华盛顿邮报》"值得高度赞扬"，但同时也提醒"关键是要确保事实核查以事实为导向，而不是被党派之争所左右"，因为挑选什么事实进行核查

---

① 指权力、公司、教会、国防官员和政府使用的陈词滥调。

仍然是主观的，因而可能导致偏向。也有人"不喜欢媒体事实核查员的想法，因为我们应该报道，而不是裁判"，特别是对"一些相互竞争的调查，例如共和党人提出了基于保守派的调查，民主党人提出了基于自由派的调查，探讨这些税收计划的作用是无法进行事实核查的，最终，在某种意义上，你会得到一种价值观上的混乱"。

2. 表达个人判断仍在协商之中

美国出现一位总统，"他与真相的关系不同于我们一生中可能见过的任何一位公众人物，这意味着什么？"专业媒体苦于是直接使用"撒谎"形容总统的声明，还是采取更为委婉的词汇选择来引导受众。无论如何选择，二者都是记者的个人发言。

《联邦党人》总编辑莫利·海明威持传统看法："我认为记者的问题就是报道他们所说的话。"《时代》总编辑吉布斯则十分纠结："正如我们经常做的那样，当公众人物的事实出错时，我们可以指出来，但是直接说他们在撒谎需要额外的知识水平，很难知道他们的意图是什么。我们对这种措辞非常谨慎。"CNN主播斯特尔特认为，"我觉得有些观众认为我们太小心了，太敏感了。如果我们知道某人有一种行为模式，撒谎模式，即使信息就在他面前，那么在某个时刻，我认为这个节目的一些观众、《时代》的一些读者只是想让我们说，嘿，他是个骗子，他总是撒谎"。《纽约时报》专栏作家查尔斯·布罗也直截了当地说："总统实际上是在撒谎。我们必须不断地说总统实际上是在撒谎。"《华盛顿邮报》的沙利文则表示："新闻文章不能做出这样的（撒谎）断言，但它们可以通过其他方式达到类似的目的。"她赞许《纽约时报》在一篇头版文章标题中的措辞，用以阐述特朗普与执法机构的不正常关系：《特朗普对社会支柱的无与伦比的战争：执法》。

总体而言，"我说"的态度并未占据主导地位，改变十分缓慢，以至于到了2018年，美国记者乔希·马歇尔（Josh Marshall）还在悲叹："传统媒体没有能力处理在公共领域中的故意撒谎行为。"

（二）从用作品说话到主动抗辩

传统上，记者倾向于相信自己工作的高质量可以为自己说话，而不是参与关于记者和新闻业应该如何以及为什么应该得到支持的外在争论。这种"高质量新闻报道将占上风的论点"被称为"内在论点"（intrinsic argument）①。

在历年的主题变化中，"抵抗"的数量并不多，不少年份是空缺的。记者普遍依靠重申"内在论点"来维护自身的可信度。"每一天我们都必须保护我们的信誉，而这最好是通过一种不可动摇的寻求真相的愿望来实现""尽管记者们每天都会遭遇轻蔑，但他们别无选择，只能专注于自己的使命：告诉人们他们的社区和世界正在发生什么。如果他们诚实地做这件事，他们通常是这样做的，自尊就是足够的奖励"。面对社会日益加剧的不信任甚至敌意，记者们偶尔也会为自己辩解。例如，他们在电视节目中被听众问道："每天都有大量的网站列举出一些媒体偏见的例子，你看过那些指控吗？你有没有调查过媒体的偏见？"资深记者、皮尤研究中心新闻卓越项目副主任马克·尤尔科维茨（Mark Jurkowitz）毫不客气地回答："对于来自网站、博客圈甚至是一些专门审查媒体的组织的偏见指控，我想说一点：这些消息来源中的许多人比他们所指控的新闻媒体有更多的意识形态偏见，这一点值得记住。"

不过，"主动抗辩"中具有里程碑意义的事件是在 2018 年 8 月 17 日，美国 350 多家报纸在《波士顿环球报》的组织下发表社论，驳斥特朗普对新闻界的持续攻击，集体反对"这场针对自由新闻界的肮脏战争"，重申自由新闻界的价值。"新闻出版自由的口号是追求真相。所有的真相，甚至包括那些有权有势的人、作恶者和其他人不愿看到被报道和曝光的新闻"。媒体评论家、新闻学教授杰·罗森（Jay Rosen）评论这一集体行动："记者们为自己辩护的做法，与新闻业讲述真相的主要目标是一致的。美国总统及其支持者正在对媒体发动一场战争，不这样做就违反了另一条戒律。是的，你必须保持冷静。同样重要的是，你要陈述什么是真实的。"

其他历时性的研究也发现，专业媒体逐渐接受了公开的自我宣传。例如，在 2000 年到 2016 年的选举报道中，专业媒体围绕记者是应该作为中立的信息传播者，还是应该作为真相、公众和他们自己在民主中的角色的热情倡导者，展开了一场广泛的辩论。记者们最终注意到，在特朗普以欺骗为动力的竞选活动和最终当选总统的背景下，"他们需要把自己定位为真相的公开倡导

① CARLSON M. The Information Politics of Journalism in a Post-Truth Age [J]. Journalism Studies, 2016 (19): 1879-1888.

者，而不仅仅是传播者"①。对 2018 年的"主动抗辩"事件中的社论进行的研究表明，这些社论总体上反映了新闻业继续使用话语，努力使自己显得独立于政治的努力。但是，相当多的报纸将自己置于与总统公开对抗的位置，从而有可能将自己置身于政治之中②。卡尔森提出，传统上，记者一方面试图占领民主社会的象征性传播中心，另一方面又试图以观察者的身份置身于统治权力之外，然而，这种位置正面临着越来越多的挑战。他认为"新闻报道的内在价值必须伴随着一套积极而持久的支持新闻的外在论据。记者们应当依靠公开的外部论点来维护自己的必要性"③。

显然，在面临敌对的社会环境时，专业媒体开始主动抗辩，通过公开、抵抗、解释等话语为自己说话，在实质上把自己定位为真相的公开倡导者，而不仅仅是提供者，但是这种身份如何与独立地位的宣称自洽，还有待观察。

二、真相把关角色的坚守和变迁

专业媒体的自我认知和呈现是"真相代理人""真相垄断者"，不过，由于"报纸并不打算照看全体人类"④，因此，什么样的真相可以被传递给受众就成为媒体社会学最持久的研究领域之一——把关。从新闻机构的角度来看，把关过程是从无数事件中选择适合的"真相"，将它们制作成新闻并加以传播。在大众传播时代，由于技术和渠道的限制，专业媒体可以从源头垄断事实。供职于新闻机构的记者不但负责决定去"追寻""挖掘"什么，还负责决定"公开"什么、重点报道什么。因此，新闻业还有议程设置的作用。专业媒体的这一角色已深入人心，例如，《纽约时报》的经典口号"所有适合印刷的新闻"就隐含着这个角色，即《纽约时报》有责任，也有能力辨别哪些信息值得并适合刊登在报纸上。

① BENT E，KELLING K，THOMAS R. Electoral Reckonings：Press Criticism of Presidential Campaign Coverage，2000—2016 [J]. Journal of Media Ethics，2020，35（2）：96-111.
② LAWRENCE R，REGINA G，MOON Y. "We Aren't Fake News"：The Information Politics of the 2018 #Free Press Editorial Campaign [J]. Journalism Studies，2021，22（2）：155-173.
③ CARLSON M. The Information Politics of Journalism in a Post-Truth Age [J]. Journalism Studies，2016（19）：1879-1888.
④ 李普曼. 公众舆论 [M]. 阎克文，江红，译. 上海：上海世纪出版集团，2006：243.

在 21 世纪初，专业媒体逐渐进入超级竞争时代，社交媒体的勃兴消解了其真相垄断者的角色，能够通过社交渠道直接向公众发言的政治人物不乏贬义地将专业媒体称为"媒体过滤器"。不过，专业媒体并没有放弃自己的把关角色，而是面对失去了时效性这个"第一落点"的现实，一方面仍然试图主导事实真相的公开和披露，另一方面，逐渐将把关的位置后移，从事实判断后置到道德判断。其具体的表现：专业媒体通过"编辑程序"核实信息，将其置入适当的语境中，过滤掉隐私信息并避免伤害，从而使自己的"真相"不但为"真"，而且为"善"，以此区别于其他传播主体。

例如，2010 年的雪莉·谢罗德事件，上传经过剪辑的视频的人士布莱巴特和发布该视频的油管"似乎并不觉得有任何责任去呈现更广泛的背景"，尽管引发了严重后果，但是并没有受到专业媒体的严厉批评，因为"他不是记者，他是一个活动家"。查证和核实完整背景的责任应当是记者。

2017 年，嗡嗡喂发表了未经证实的英国特工文件，引起广泛争论。事实上，在嗡嗡喂全文发表之前，这份文件已经在很多记者和官员中间流传并讨论，而且 CNN 已经发表了新闻，表明存在这样一份文件，只是没有发布全文。嗡嗡喂新闻主编史密斯在 CNN 的节目中说："我一点也不后悔我们发表了它。当时已经有很多新闻工作者、官员知道这份文件，而美国的民众不知道。我要让他们都知道。不能压制新闻。我们知道有具体的错误，我认为重要的是把它公布出来，让人们看到基本的文件。"CNN 主播斯特尔特反驳说："记者每天都要做出编辑决定。这只是编辑的选择，不要把完全未经证实的谣言传到网上。如果嗡嗡喂的行为更像维基解密（wikileaks），只是在网上倾倒材料，然后让观众来判断它是真的还是假的，那么新闻集团就不可能团结起来。"

从这段争论中可见，斯特尔特相信自己的专业判断和道德水准，并认为自己有责任为读者做出把关决定。经过选择、过滤并附加了媒体判断做出的编辑决定，是建构后的结果，而这个结果更接近真相，而且是受众所需要的。另外一个典型的案例是专业媒体对待同为泄密者的朱利安·阿桑奇（Julian Assange）和爱德华·斯诺登（EdwardSnowden），态度截然不同。阿桑奇是维基解密的创始人，在 2010 年以公布美军士兵射杀无辜记者和伊拉克平民的视频一举成名，并与全球诸多传统媒体签订协议提供新闻线索；斯诺登是美国国家安全局前外包雇员，2013 年在香港将美国棱镜计划监听项目的秘密文档披露给英国

《卫报》和美国《华盛顿邮报》后遭到通缉，逃亡至俄罗斯。专业媒体批评前者，称赞后者，因为前者只是将泄密资料"倾倒"在网上，而后者则"与顶级新闻机构密切合作，这样披露的信息就有了适当的背景，不必要的个人信息可以被编辑，降低了维基解密那样的附带损害风险"。与二者都合作过的《卫报》前主编评论："斯诺登有一些材料，并把它们交给了记者。他把决定权留给了记者们。"而对于阿桑奇，他只愿意为其在"我们的网上发布的内容"辩护。

斯诺登选择将泄密材料交给"顶级新闻机构"，也就将把关的主导权交付了出去，由新闻机构来决定公开哪些内容、如何公开，而阿桑奇则选择自己创办网站并向所有人开放。尽管有读者欢呼"阿桑奇是一个传奇。媒体上终于有了真相！维基解密是当今新闻界唯一真实的事情之一！"专业媒体却不肯接纳维基解密，视其为"无政府主义闹剧"，并从道德上将自己与维基解密区分开来。

2020年，阿桑奇受审，他本人和一些新闻工作者以新闻自由和宪法第一修正案为他辩护，《澳大利亚人报》发表社评，指出阿桑奇的所作所为"从来没有在任何一个阶段表现得像一个新闻工作者，维基解密也从来没有在任何一个阶段表现出任何发行人在处理如此数量的高度敏感文件时在道德上有义务表现出的成熟的责任"。阿桑奇鼓励"接触机密信息的线人窃取信息"，而且"在公布维基解密文件的方式上极其鲁莽和不道德"。"记者和编辑会仔细审阅得到的文件，并权衡它们是否会危及消息来源或对国家安全造成真正的伤害，阿桑奇却毫无顾忌，以至于将很多人的生命置于严重危险之中"。

总体而言，进入21世纪之后，专业媒体尽管在原有的角色上做出了微调，但并没有放弃真相垄断者和民主核心的地位，并使用话语来维护和巩固这一角色和地位。

第三节　身份的正当化策略

专业社会学认为，一个充分成熟的专业必须：1. 是一个正式的全日制职业；2. 拥有专业组织和伦理法规；3. 拥有一个包含着深奥知识和技能的科学知识体系，以及传授/获得这些知识和技能的完善的教育和训练机制；4. 具有极大的社会效益和经济效益（鉴于高度关注和力求达成客户利益和社会效益）；5. 获得国家特许的市场保护（鉴于高度的社会认可）；6. 具有高度自治的特点。① 从这个角度而言，新闻业从未取得过真正意义上的专业地位，记者也并不都将自己视为医生、律师那样的专业人士。"新闻有时被称为一种专业，尽管在很多方面它不是，没有许可委员会。记者不需要通过律师资格考试来展现特长。没有哪个专业协会，会因记者违反职业道德而对其进行惩戒。有些人有新闻学学位，但这也不是必需品。我们必须说服主编或发行人，让他们相信他能胜任这份工作"。

事实上，"说服公众"是比"说服主编和发行人"更为紧迫的任务。专业媒体采取了以下四种话语策略来正当化自己的身份和角色。

一、继承传统媒体的权威

"相信真实"或"信任真实"是新闻活动中最重要的一对"双重主体"关系，即传播主体与收受主体的关系。这个关系的形成基于复杂而深厚的历史积淀。② 本书样本中的专业媒体都是传统精英媒体，它们在长期的新闻实践中形成了公众的认知，"读者基于之前的经验对新闻的可信程度进行判断，与媒体协商意义"③。

（一）直接使用特定词汇

元新闻话语直接使用特定词汇强调专业媒体的历史和权威遗产，并建立传统媒体和社交媒体之间的二元对立关系。

最早感受到危机的报纸自称"传统媒体（traditional media）"。2005 年，一位记者表示："我确实对我们在全国各地社区中强大的报纸声音的消亡感到担忧。我试图接触对传统媒体不太感兴趣的年轻一代，并解释为什么成为了解我们周围世界的知识公民是如此重要。"2010 年，"传统新闻（traditional journalism）"一词出现。"传统（traditional）"这一词汇就代表着"真相""诚信"

---

① 赵康. 专业、专业属性及判断成熟专业的六条标准：一个社会学角度的分析 [J]. 社会学研究，2000（5）：30-39.

② 杨保军. 论收受主体视野中的新闻真实 [J]. 现代传播（中国传媒大学学报），2017（8）：25-28.

③ LISBOA S, BENETTI M. Journalism as Justified True Belief [J]. Brazilian Journalism Research, 2015, 2（2）：10-28.

"原创""道德"等价值观念。"面对互联网的挑战，如果传统媒体放弃严谨和专业知识，转而跟随速溶咖啡式新闻和即时评论的潮流，它们将变得多余。如果它们能够存活下来，那是因为它们提供了一些不同的东西，如完整性、独立性和原创性"。《华尔街日报》执行主编在《澳大利亚人报》发文，讨论数字时代报纸的生存困境："报纸中的'我们'被认为是编辑帝国的最后难民，因为这是帝国的终结——我们'旧媒体'类型注定要被动地退居牧场，为新一代互联网入侵者让路，他们的数字智慧比新闻诚信更重要，他们对传统新闻的蔑视与他们对吸收我们内容的热情相匹配。"显然，"传统新闻"拥有的特征是"新闻诚信"，而互联网入侵者拥有的只是"数字智慧"，盗取传统新闻的内容。

作为传统、"老式的新闻（old school journalism）"，它们是"受人尊敬的新闻机构（respected news organization）"和"可靠的消息来源（reliable source）"，是"负责任的（responsible），遵循规范的（have codes）"，通过提供"基于事实的、经过事实核查的、经过研究的（fact-based, fact-checked, researched）""真正的新闻（real news）"为公民提供服务。例如，《华盛顿邮报》记者马克·费舍尔（Marc Fisher）自问自答："传统新闻业（traditional journalism）的角色是什么？显然，是核查事实，显然，是建立我们的可信性，这样人们才能看到有些地方是可以被信赖的。"《多伦多明星报》公共编辑英格利希将社交媒体给传统新闻业带来的挑战视为一种反向促进，"加拿大在这次选举中，负责任的记者必须比以往任何时候都更加努力——比以往任何时候都更好地做好我们所做的一切基本工作——向新闻受众展示我们的新闻如何以及为什么值得信赖（trustworthy）。被社交媒体放大的'假新闻'环境，使新闻业受到了新的审视，这场运动是一个展示可信新闻为何重要的机会。这对新闻业来说可能是件好事"。伦敦政治经济学院（London School of Economics）的查理·贝克特（Charlie Beckett）在2017年3月发表博客文章《"假新闻"：发生在新闻业的最大好事》（"*Fake news*"：*the best thing that has happened to journalism*），认为关于"假新闻"的辩论是"一个警钟，提醒我们要变得更透明、更有相关性，并为人们的生活增加价值"。"它让主流优质新闻（mainstream quality journalism）有机会展示其基于专业知识、道德、参与和经验的价值"。当好莱坞面对韦恩斯坦长期性侵的丑闻保持沉默时，英国报纸颂扬"如果不是因为老式的报道（old-fashioned reporting），因为恰当的调查性新闻（investigative journalism），如果不是因为有些人愚蠢地认为这种新闻在我们的推特世界里已经过时，那么我们这个时代骇人听闻的故事将永远不为人知。哈维·韦恩斯坦（Harvey Weinstein）仍会在好莱坞四处游荡，侵犯年轻女演员，而且还逍遥法外。在这个好莱坞应该羞愧地低下头的一周，是时候让老式的新闻业给大家鞠上一躬了"。

老式新闻、传统新闻等特定词汇与值得信任、真相大白等美好的属性相联系，与剽窃的、不负责任的社交媒体相区分，凸显了将传统权威延续下去的愿景。

（二）利用集体记忆

集体记忆即"把新闻业自身当作集体记忆的对象，围绕新闻业发展过程中的重要媒体、人物、事件、报道等展开的记忆工作"[①]，从而展示记者如何通过参考过去建立的社群来捍卫自己的社会角色。

首先是"怀旧"。21世纪之初，新闻工作者担忧的是传媒格局的变化——传媒垄断带来的"商业方式"、技术带来的媒体数量激增、24小时有线电视新闻和谈话广播的新形式，这一切导致新闻来源分散、新闻业务面临激烈竞争，此外，读者和观众数量也在下降。专业媒体在21世纪的头十年里散发出一种集体怀旧情绪。"很久以前，美国人收看沃尔特·克朗凯特（Walter Cronkite）、大卫·布林克利（David Brinkley）和其他值得信赖的人物的晚间新闻节目"，他们自己也在质疑"默罗和克朗凯特的黄金时代反映出的可信、深入的新闻报道，是否仅仅是一去不复返的怀旧之情？"他们明知不可能"回到那个时候"，仍然"渴望它"。他们不断回味着那个"黄金时代"，在以默罗为主角的新闻再现影片《晚安，祝你好运》（*Good Night, Good Luck*）上映和克朗凯特去世时，专业媒体爆发出集体的怀旧言说。"著名记者爱德华·默罗反抗企业的压力，通过审视参议员乔·麦卡锡（Joe McCarthy）的策略和谎言，向他发起了挑战。这个故事在今天引起了强烈的共鸣。这部电影聚焦于默罗雄辩地将自己的声誉和信誉置于正义事业的边缘。很难想象今天有哪个电视记者会有类似的行为"。哥伦比亚广播公司的新闻主播沃尔特·克朗凯特是"美国最值得信任的公众人物"，1972年的一项民意调查显示，他的支持率为73%，超过了理查

[①]　白红义. 记者作为阐释性记忆共同体："南都口述史"研究［J］. 国际新闻界，2015（12）：46-66.

德·尼克松总统,是"一个比美国的总统还可信的新闻主播"。他在 2009 年去世时,媒体纷纷哀悼,"再也不会有一个新闻记者拥有那样的影响力了",因为,"那时电视上只有三个选择,90% 的美国人都在看这三档新闻节目,克朗凯特一枝独秀。他可以改变公众的看法。今天没有一家广播公司能做到这一点"。

集体怀旧除了对"黄金时代"① 的留恋,还有对当下的失望和控诉。"在当今这个以市场为导向的时代,新闻界究竟需要什么才能生产出既优质又有益于社会的产品呢?事实是,记者们大多都很沮丧,他们在回顾一个黄金时代,那时他们可以做更多他们想做的事情,他们不总是觉得他们必须快速工作,得到更轰动的东西"。"《晚安,祝你好运》不仅是对新闻业真相和责任感的致敬,也是对第四权力最近失败的控诉""现在太分散了。有太多的频道,太多的区域,太多的广播公司。现在有有线电视,所以有很多选择,有互联网和博客。现在,有线电视网络和你的观点一致,你可以整天看电视,完全认同它的政治倾向,而且很难回想起过去"。

同样重要的是,"黄金时代"已经一去不返,但那个时代的新闻标准和记者的优秀品质必须传承下去。美国人民对沃尔特·克朗凯特的信任不仅仅是因为当时的平台更少,而是因为"他首先是记者"。早在 1965 年,他就对这场战争感到幻灭,但他等了很久,去了(越南)很多次。他在前线,冒着危险,表现出极大的勇气。"克朗凯特从越南回来后,人们对越南的态度发生了变化"。因此,"我从沃尔特·克朗凯特身上学到的是好的新闻报道很重要。他是一个真正的事实发现者和讲述真相的人。今天所有的记者都可以用他的价值观来提醒自己,他是如此珍视,他也传授给了 CBS 新闻的所有同事——获得真相、准确和公平"。另一位传奇记者默罗也将自己的优秀品质传递给了更多的人,"让我们看看爱德华·默罗的学生,以及他学生的学生……我们相信,最重要的东西是从一个人传递到另一个人。它们不在书中,它们不能被计算机程序识别。我们要和那些本身就是好员工的人交往。人们可以通过阅读有关他们的书籍得到启发。但真正重要的是和他们一起工作的人,受他们训练的人,呼吸他们空气的人"。

---

① 指 20 世纪 60 年代到 90 年代的美国新闻业。

随着“报业在众目睽睽之下倒下”，“黄金时代”渐行渐远，专业媒体需要“看向山头，而不是被困在后视镜里，成为一个怀旧者，谈论我们所处的时代”。“传统”仍然是强大的话语资源。进入第二个十年，集体记忆集中于当下仍然活跃的传统英雄上，将“过去”的权威与“现在”的合法性相勾连。水门事件是其中最具代表性的记忆对象。水门事件在美国新闻业的历史中具有象征意义，舒德森认为，美国新闻业通过对两个相互关联的神话的塑造完成了对水门事件集体记忆的“神话化”：一是“水门事件中的新闻业”，另一是“新闻业的水门事件”。前者讲述的是《华盛顿邮报》两位年轻记者单枪匹马将美国总统拉下权力宝座的“神话”，后者则强调水门事件彻底改变了美国新闻业，激发了调查性新闻的崛起，让新闻业变得更加强大、更有声望、更富攻击性。① 两位记者也因此成为美国新闻业的英雄，他们身上集中体现了勇敢、无畏、坚持不懈的精神，以过硬的新闻报道“向权势者说出真相”，最终使正义获胜的西方新闻的最高理想。

样本中，水门事件和当年的两名年轻记者——鲍勃·伍德沃德和卡尔·伯恩斯坦不仅是美国新闻业的偶像，而且在其他国家也成为专业媒体的象征性资源。其一，二位已经不再年轻的记者作为言说的行动者，在不同场合为新闻真相背书。卡尔·伯恩斯坦在 CNN 节目中以嘉宾身份出场时，介绍词是“揭发水门事件的著名团队——伍德沃德和伯恩斯坦的半边天”，他一再将特朗普与尼克松相提并论，并认为前者比后者“更阴险”，除了“尼克松对新闻界的攻击大多是私下进行的”，而“特朗普独自一人领导了一场针对包括媒体在内的自由民主制度的蛊惑性攻击”之外，特朗普本人“对真相不感兴趣”，面对这些挑战，“我们需要做好本职工作，报道真相的最佳版本”。伯恩斯坦参加关于保护匿名消息来源的讨论，以水门事件中的“深喉”为例，表示如果坚持新闻业的“一项基本原则”——保护消息来源，他和伍德沃德“可能会违反另一项原则：对更大真相的忠诚”，给讨论定下基调。其二，专业媒体和其他言说主体将水门事件和两位记者视为职业理想和实践的化身。英国媒体批评“媒体因特朗普的崛起而受到嘲笑，这是正确的，但都是出于错误的原因”。媒体的错误在于追逐名

---

① 白红义. 记者作为阐释性记忆共同体：“南都口述史”研究 [J]. 国际新闻界，2015（12）：46-66.

人新闻，而无视"特朗普上台的那一年，讲述《波士顿环球报》无畏的新闻报道的电影《聚焦》（*Spotlight*）赢得了奥斯卡最佳电影奖，而就在这个国家，鲍勃·伍德沃德和卡尔·伯恩斯坦的水门事件曝光也取得了成功"。当英国记者"文森特·布朗（Vincent Browne）从我们的电视屏幕上退休，这让我们想起了新闻的目的：对权力说真话。我重读了《总统班底》（*All President's Men*），这本引人入胜的书讲述了记者卡尔·伯恩斯坦和鲍勃·伍德沃德是如何将尼克松的水门丑闻公之于众，并将这位美国总统拉下马的。我曾见过卡尔·伯恩斯坦，他结实、暴躁、顽强，就像文森特一样！"其三，表现水门事件的影片《总统班底》作为一种精神传承延绵不绝。有些年轻人受到激励投身新闻业——"新闻是向权力说出真相。《总统班底》就是讲这个的。很多青少年看过《总统班底》后说，我要成为一名调查记者"。有的文艺工作者将其作为灵感来源——电影制片人克雷顿·斯科特（Clayton Scott）将执导第一部影片，灵感来自《总统班底》和《十二宫杀手》（*Zodiac*）等电影，目标是用一种现实的、脚踏实地的方式描述为了追寻真相而跑烂皮鞋的新闻报道人。

本研究样本中的专业媒体均拥有辉煌的历史，尽管"黄金时代"已一去不返，但是其专业精神遗产仍然是可资调用的话语资源。他们建立了传统媒体及其规范，以及传统媒体与新媒体的二元对立关系，并不断用各自的历史呼吁受众保持对传统媒体的信任。

二、突出使命感和道德召唤

受众无法直接经历和目击新闻报道中的事件，因而新闻真实是间接的真实、媒介化的真实。受众相信媒体的报道为真，是基于对媒体和新闻工作者的信任，"最终依赖的可能是对传播主体道德上的信任"[①]。专业媒体宣称自己比其他传播主体更具权威的首要依据在于其将真相视为最高尚的道德召唤。在元新闻话语中，新闻工作者反复强调为了追求真相可以放弃高薪、放弃自由，甚至牺牲生命。

（一）甘愿牺牲的使命感和责任心

专业新闻是一个全日制工作，多数从事新闻工作的人都需要以此谋生，可

---

① 杨保军. 论收受主体视野中的新闻真实［J］. 现代传播（中国传媒大学学报），2017（8）：25-28.

惜，新闻业并不是一个高薪行业，甚至危险重重。俄勒冈大学的一位新闻学教授告诉学生，当下新闻饱受骂名、工作时间长、有生命危险，而且工资很低。"如果你能找到一份入门级的工作——去年报社的员工减少了10%，你很可能会穷得像个和尚。即使在电视行业，一名新闻记者一年也只能挣1.8万美元"。所以，"如今要进入新闻业，你必须是一个真正的信徒"，致力于满足"人们对快速准确的基本信息的需要，对讲得好的真相的兴趣"。斯克里普斯·霍华德新闻学院（Scripps Howard School of Journalism）致力于培养追求真相的黑人大学毕业生，以便帮助增加美国新闻编辑室的多样性，并努力消除人们对寻求真相的新闻工作的怀疑。但是，该学院的教授们不得不承认，试图保持学生对一个"薪水不够的领域的兴趣"不容易。很多学生决定从事非新闻领域的工作，例如广告、媒体管理和公共关系等。教授新闻写作和报道课的老师沮丧地说："这简直要把我逼疯了。"

"真正的信徒"的记者对新闻工作充满热情和敬畏，并保持初心。《华盛顿邮报》的沙利文表示："我从事新闻工作超过30年，可以追溯到我高中时担任报纸总编辑的时候，我一直认为我们这个职业的使命是必要的，甚至是崇高的。"该报另一位记者则将"新闻业使命讲述为真相的使命"比喻为"庄严得犹如宗教秩序。我们向一个统一的神宣誓：真相。这是对更伟大事物的呼唤，这是对真相的不懈追求"。当《泰晤士报》反对政府对新闻的管制时，它也用"对真相的使命"作为辩护词，"在最好的情况下，新闻职业代表着对真相的追求，这一崇高的使命仍然是国家新闻摆脱过度监管和审查限制的最佳理由"。受到挫败时，记者们自我鼓励，"尽管记者们深知公众对自己的评价，每天都会遭遇轻蔑"，但他们专注于自己的使命，"告诉人们他们的社区和世界正在发生什么。如果他们诚实地做这件事，自尊就是足够的奖励"。

为了追求和维护真相，"真正的信徒"可以放弃高薪。例如福克斯新闻的元老、突发新闻节目主播谢泼德·史密斯（Sheperd Smith），他不断在自己的节目中更正本台言论节目主播们的事实错误，最终还是无法忍受福克斯新闻对事实的漠视而放弃了每年1500万美元的高薪，毅然离职。他在离职前的最后一期节目中说："真相永远重要。新闻业和新闻工作者将蓬勃发展。"

"真正的信徒"也可以放弃自由。路透社记者瓦龙（WaLone）和觉梭（Kyaw Soe Oo）因调查缅甸军人的种族灭绝罪行而入狱，直至511天之后获得特赦。觉梭说："我是一名记者。我的工作是报道真相。"

"真正的信徒"甚至可以放弃生命。《新闻周刊》记者多纳泰拉·洛奇曾任《纽约时报》东非分社社长和美国全国广播公司（NBC）的记者，报道过很多冲突。战争对记者的吸引力是什么？为什么有人要冒着生命危险去报道呢？女摄影师林西·安德里奥（Lynsey Addario）冒着生命危险在战争频发地区进行报道，她表示："真正重要的是讲故事，讲新闻，讲真相，让人们去关心那些他们不一定会关心的事情。我只是继续工作。请相信，对我来说，这是我的召唤和使命，也是我的信仰。"

专业媒体还强调责任。"优秀和坚强的记者的责任是找到故事的核心真相，谴责邪恶，并指出正确的道路"，"负责任的记者努力将真相带给美国人民。对新闻媒体持续不断的损害使其格外困难"。专业媒体以此和其他传播主体区分：制造假新闻的社交媒体"没有监管，没有责任，也没有关心"。

2016 年 12 月的一个周日，一名 28 岁男子埃德加·麦迪森·韦尔奇（Edgar Maddison Welch）带着手枪和一支 AR-15 突击步枪，从 350 英里外的北卡罗来纳州家中开车来到华盛顿特区一家比萨店。他在网上读到这家店是希拉里·克林顿（Hillary Clinton）的朋友运营的儿童性奴俱乐部，于是义愤填膺地前往解救儿童性奴。他在那里待了 45 分钟，试图寻找秘密隧道，并 3 次开枪射击，幸而无人受伤。他后来告诉《纽约时报》："我对自己处理此事的方式感到后悔。"此事轰动一时，英美多家报纸进行了报道，成为近年来社交媒体假新闻泛滥在现实生活中造成恶果的经典案例。PBS 在节目中讨论此事时指出："这种追逐的快感和做新闻工作最令人满意的地方（发现恶行、拯救苍生）很相似，只是没有责任的部分。"

科瓦齐和罗森斯蒂尔认为，公民并不期待新闻工作者完美无瑕，甚至新闻中每个单词都拼写无误，问题出在"更为根本的地方"，即讲述真相的意图。通过对意图的阐释，专业媒体使自己在竞争中占据道德高地。①

（二）诚实与真诚

诚实是维系人类社会的基本品德。所有的父母都会要求孩子对自己讲真

---

①　科瓦齐，罗森斯蒂尔. 新闻的十大基本原则［M］. 刘海龙，连晓东，译. 北京：北京大学出版社，2014：89.

话，即便他们自己撒谎成性。"直言者在言说真理的过程，他相信自己言说的是真的，同时，倾听者相信直言者言说的是真理。这种信任必然是由道德品质担保的"。① 如第三章发现，专业媒体将真相与谎言——最不可原谅的欺骗相对立，强调信息生产者的主观能动性。

首先，"合法的记者不会编造故事"。"我写这个是因为它是真的。我是一个记者。我的工作就是准确报道我所知道的事情"。"除了极少数例外，合法的记者，尽管他们肯定会犯错，但他们不会编造故事。他们努力做到公平，把事情做对。所以这一波的敌意是令人沮丧的"。

其次，新闻报道中假如出现错误或者扭曲，那并非有意为之。"我们会犯错，我们知道。没有什么比错误更让我们讨厌的了，但是我们会承认错误，改正错误并从中学习"。新闻真相"是混乱的，因为生活是混乱的，但它的目的是让事情更干净。它是不完美的，因为生活是不完美的，但它的目标是准确和公平。公开发布它的错误可能是不礼貌的，甚至是侵入性的，因为真相可能被掩盖，而新闻的目的就是揭露一些人想要隐藏的东西"。一位当红政治播客认为自己能够取得成功的原因是"我们一直都有偏见，但我们对自己的偏见是诚实的。我们谈论我们关心的事情"。

再次，记者有意编造假新闻的丑闻后，共同体将其描述为性格有缺陷的个体犯下的个别罪行，谴责这种"犯罪伤害的不仅仅是他自己"，并集体驱逐越轨者，维护新闻业的权威。例如，《新共和》造假的格拉斯"是一个复杂的人物，他可能是一个天才，但同时也是一个病态的骗子。他不只是为了获得成功而撒谎。事实上，他是一个惯于撒谎的人，对父母、女朋友甚至陌生人都撒谎"。他自述："对我来说，说谎已不仅仅是一种恶习，一种安慰，一种习惯，一件最容易做的事。它开始显得至关重要。"罗森斯蒂尔评价："无论其审查多么严格，新闻机构都无法阻止像格拉斯这样肆无忌惮、富于创新的人。没有一个系统是万无一失的，编辑必须判断记者的品行。这里面有信任的成分。任何系统和编辑都不会发现一个本质上是病态的人。"当 NBC 晚间新闻的布莱恩·威廉姆斯（Brian Williams）被爆出在 2003 年入侵伊拉克期间的报道不实时，有记者称："威廉姆斯、库克、布莱尔、格拉斯和其他所有撒谎的记者不仅

---

① 刘宏. 真理的自我言说［J］. 浙江学刊，2017（5）：80-87.

损害了自己的声誉，还损害了新闻业的声誉。库克、布莱尔和格拉斯被赶出了新闻业。威廉姆斯也应该被扔出去。"

最后，新闻工作者是品质高尚、素质过硬的人。尽管从事新闻工作并不需要深奥的知识体系和技能，但是，在《澳大利亚人报》看来，他们"都是高素质、受过良好教育、知识渊博、技能娴熟的专业人士。他们具备对重大事件进行深入分析和报道的专业知识和才能，并受专业标准的约束。新闻工作可以是一项耗费全部精力的工作，既扣人心弦又令人满足"。"新闻业不具备许多职业所具备的基础设施"，因此，新闻工作者的"个人信誉至关重要"。新闻工作者必须具备如下素质：

> 并非所有的真相都是不言而喻的，它们需要记者的技巧和坚韧来揭露它们。我们的职业不寻常，它所需要的人才跨越了许多职业。我们是长舌妇、窥探者和无情的审问者；我们很好奇。我们喜欢面对不愉快的事实。事实上，我们的工作就是让人们盯着他们的脸看，即使他们很丑很不舒服。我们也是雄心勃勃的大宗商品交易员，只有我们认为我们的大宗商品——信息是最宝贵的。在某种程度上，我们是艺术家。我们挑战、激发、诠释并试图理解这个世界。我们通过文字、图片和艺术来做到这一点。当我们的新闻得到精心制作和恰当表达的时候，报道的事实、真相和信息才是格外有力量的。

为了证明新闻真相的权威来源之一——"目击"，一位记者表白：

> 周一的大部分时间我都在圣达菲的圆屋，我在新墨西哥州的儿童之声集会上听了演讲，在新闻发布室与同事联系，在大厅里四处走动，寻找可以采访的人。我听到的一些内容最后会写成专栏。我只向你保证我当时在圣达菲说的话我都听到了。如果你相信我或任何记者，那是因为经验告诉你，我们虽然也会犯错误，但你可以相信，我们已经尽了最大努力去获取事实。

新闻工作者强调对真相的强烈责任感和使命感，为了追求真相甘愿牺牲个人享受、自由乃至生命。真诚的态度和诚实的工作则使他们对所报道的事件负责，绝不任意编造和主观扭曲，这是其他传播主体无法做到的或难以企及的。

三、践行专业标准与规范

"伦理规范是一种修辞策略，用于建立、维护或加强新闻工作者和媒体的可信性。伦理修辞对维护新闻工作者与读者、新闻业与社会之间的健康传播关系至关重要"。对于新闻业而言，除了将行业和媒体制定的伦理规范公之于众并在日常新闻工作中加以践行之外，元新闻话语也直接对操作规范进行言说和阐释，确认和维护新闻的可信性。21 世纪，提及最多的准则就是科瓦齐和罗森斯蒂尔的"十大基本原则"，这成为变革中的新闻业保证新闻真相的稳定性要素。

专业媒体在新闻生产环节采取的措施是最能自我把控的——"做好本职工作，报道真相的最佳版本"。无论信息环境如何改变，消息来源如何在公共领域撒谎、制造"另类事实"、持续发起攻击，专业媒体都更应坚持"传统新闻的角色"，"我们要核实事实，努力建立我们的信誉，让人们看到我们可以信任的地方"，在一个完全否认事实相关性的政治面前，"坚持事实的完整性，相信一种能够区分真相与谬误、事实与观点、证据与愿望的认识论。令人震惊的是，这些基本原则必须在 2017 年重申。但在特朗普时代，这比以往任何时候都更重要"。

"说你有一定的标准是一回事，达到标准又是另一回事"，面对来自公众的批评和质疑，专业媒体为自己辩解：

> 总的来说，主流记者的标准比以往任何时候都要高。现在新闻记者如果抄袭另一篇文章的一句话就会被炒鱿鱼，这已经是家常便饭了，利益冲突被非常严肃地对待。人们自己付机票钱。他们自己付旅费，也许主流新闻媒体的道德标准比以往任何时候都要高。

公众并没有因为这样的"高标准"提高对媒体的信任，因此，新闻学者的研究被用于佐证记者的高标准：

> 更接近事实的是，在一个不能像律师、医生、水管工和电工那样受到监管的职业中，第一修正案对新闻自由的保证确保大多数记者自愿遵守高职业标准。一项学术研究表明，记者擅长处理职业中的道德问题。……两位教授在 2005 年报告说，他们对 249 名有经验的记者进行了研究，发现"像记者一样思考需要进行道德反思，不仅要动态地进行，而且在大多数情

况下要达到或超过其他专业人士的水平"。

文章评论说，这项研究只是证实了"我们每天看到的轶事证据——从业者对高标准的承诺，以及在极少数情况下违反这些标准时，一个组织中上上下下共同的恐惧"。

随着专业媒体的合法化危机加深，正当化策略的焦点也随之发生了转向。

四、偷换概念和寻找替罪羊

"后真相"一词在 2016 年之后受到热议，引发了全社会对专业媒体代理真相的意愿和能力的猛烈抨击，专业媒体则将"后真相"归咎于政治人物和社交媒体，在机构话语中进行了不遗余力的鞭挞。

（一）偷换概念

偷换概念是在思维和论辩过程中自觉或不自觉地违反同一律的逻辑要求，用一个概念去代替另一个不同的概念而产生的逻辑错误。如第三章所述，专业媒体的真相话语建立了新闻、真相、新闻真相的语义等价，在逻辑上构成了偷换概念的错误。近年来，新型政治民粹主义在全球范围兴起，记者在世界上的许多地方都受到政治暴力和审查的制约。加拿大、英国、澳大利亚、美国的专业媒体都记录了来自本国和其他国家的政治威胁。在美国，政治气候的转向格外明显，那就是以特朗普为代表的针对媒体的对立情绪。在抵抗特朗普和其他威权政府的攻击和威胁时①，专业媒体使用偷换概念的话语策略，直接将新闻真相等同于真相，进而等同于民主，将特朗普等政客置于真相破坏者、民主破坏者的地位。

例如，"事实很重要。真相很重要。说媒体是人民的敌人，这是一件很可怕的事情。我认为共和党人需要在这个问题上尽可能地反击总统。从长远来看，这对共和党是不利的，也会损害这个国家的真相和新闻"。将媒体等同于新闻业，等同于真相，相当于"攻击新闻就是攻击真相"，"他最害怕那些写新闻的头版新闻记者。困扰他的是真相"。

更进一步，由于在机构性话语中，真相还是一套价值体系，和自由、民主、

---

① 美国新闻界的动态受到其他 4 个国家媒体的强烈关注，而且，特朗普对媒体的攻击不限于本国媒体，因此，样本中 5 个国家的媒体都将特朗普视为威胁。

公共服务等同。因此，特朗普对媒体的攻击等同于对民主共识的攻击。

特朗普等人口中的"假新闻"其实是"准确的新闻""真正的新闻"，只不过是"他们不赞成的东西"。"新闻和真相这个概念最近饱受攻击，因此，不能忘记宪法第一修正案在我们社会中的重要性。当官员将他们不喜欢的真实报道称为'假新闻'、当这个国家的最高领导人称自由媒体是'美国人民的敌人'时，你就知道是时候为这些理想而战了"。福克斯新闻主播克里斯·华莱士（Chris Wallace）都表示："我认为特朗普总统正在对我们的新闻出版自由进行史上最直接、最持久的攻击。他已经尽其所能削弱媒体的影响力，试图让我们失去合法性，我认为他的目的很明确：当我们对他和他的政府进行批判性报道时，他会怀疑我们是否值得信任。"他呼吁"总统公开承认和肯定新闻自由在民主国家中的作用，避免剥夺或诋毁发挥重要作用的媒体或记者的合法性，尤其是在像 COVID‑19 大流行这样的公共卫生危机期间。事实上，美国人的健康，以及美国民主的活力都有赖于此"。

特朗普被等同于美国和世界历史上的独裁者。水门事件成就了新闻业的传奇，也将尼克松钉在耻辱柱上，他屡屡作为反派人物与特朗普相提并论，只是特朗普比尼克松更加"阴险"。"特朗普攻击美国媒体是美国人民的敌人，比理查德·尼克松攻击媒体更阴险。尼克松对新闻界的攻击大多是私下进行的。……我们需要评估美国总统在说什么。这是故事的一个重要部分，就像我们在看理查德·尼克松的言论和行为是一样的"。特朗普也比美国历史上那些"曾以这样或那样的方式与媒体斗争过，其中有几位是出了名的"总统更加缺乏理性，是"嘲弄和鄙视的声音"。他无视国父托马斯·杰斐逊（Thomas Jefferson）的精神遗产——"如果要我在一个没有报纸的政府和一个没有政府的报纸中选择，我选后者"，这导致美国公众无法成为"消息灵通的公众"，严重损害了"民主制度的良好运转"。特朗普还被比作"罗马、纳粹德国和苏联的独裁者"，因为这些独裁者"几个世纪以来一直用特朗普青睐的蔑称'人民的敌人'来谴责少数群体或那些被视为敌视他们统治的人。当特朗普使用这个词时，他与历史上最糟糕的一些人站在了一起"。

更糟糕的是，由于特朗普，美国作为自由世界领导人的地位坍塌了。美国曾经是新闻出版自由的榜样，"从历史上看，那些致力于事实、独立新闻报道的人，那些致力于讲述真相的人，不管真相会引向何方，都可以得到美国政府的支持。美国一直是世界新闻出版自由的楷模"。但是"遗憾的是，情况不再是这样了"。特朗普的言行不但在国内造成伤害，还给全世界造成负面影响。"中东的独裁者并不是独立新闻的唯一威胁。受人尊敬的新闻机构进行的公正、诚实的报道，如果与领导人的叙述相矛盾，并在他的主张中刺破漏洞，就会被斥为'假新闻'。……这样做是对真相的攻击，是对我们民主的腐蚀"。

（二）寻找替罪羊

商业化体制下的专业媒体失去受众信任是一个长期而渐进的过程，在本书的样本中，这一话题持续不断，从 2001 年的"记者不如政客和二手车经销商受欢迎"，到 2017 年坦承"只有 14% 的共和党人信任媒体，只有 30% 的独立人士信任媒体。媒体在民主党的支持率和信任度更高。这真的很危险。我们需要追究特朗普的责任，但我们真的没有这样做的可信度"。特朗普时代之前，在讨论这一话题时，"传媒垄断""过度商业化""强势公关""媒体分化"等被视为主要因素，2016 年之后，特朗普和社交媒体成为信任危机的头号原因。

1. 特朗普成为替罪羊

特朗普是美国总统，但这位美国总统对专业媒体的攻击引起了全球关注。在本书 5 个样本国家中，美国、澳大利亚、英国的绝大多数专业媒体都将特朗普的攻击视为专业媒体信任危机的主要原因。CNN 主播斯特尔特表示："特朗普总统的攻击确实带来了真正的挑战。在我的有生之年，在你们的有生之年，没有一个自由世界的领导人公开用这种方式谈论媒体。毒药，就是这样。这是一种口头毒药，意在影响你对媒体世界的看法，意在伤害新闻机构。"《基督教科学箴言报》指责"特朗普的攻击已经造成了损害，上周进行的一项民意调查发现，近一半的美国选民认为，专业媒体不仅有偏见，而且实际上编造了有关特朗普总统的故事"。《圣地亚哥联合邮报》报道了昆尼皮亚克大学对 1175 名美国选民进行的最新调查："被特朗普的反媒体情绪淹没，人们越来越认同总统。"

更可怕的是，特朗普的言论不仅在态度上影响了美国受众，而且促使他们行动。新闻工作者发现自己收到的仇恨邮件比以往任何时候都要恶毒，死亡威胁更加频繁。《华盛顿邮报》的媒体专栏作家玛格丽特·沙利文"很久以前就习惯了一些读者（主要是支持特朗普的那些人）发来的恶意邮件和电话，以及在社交媒体上的恶意攻击。……有人建议用屠刀切掉我的乳房，还有人告诉我他有枪，像我这样的人很快就会被淘汰。我经常被称为'荡妇和婊子'"，《纽约时报》的布莱特·斯蒂芬斯（Bret Stephens）收到一封威胁语音邮件："……你一文不值，媒体是美国人民的敌人，你知道吗，与其我开枪打死你，我更希望是一个墨西哥人，……开枪打爆你的头，打死你。"2018 年 6 月，安纳波利斯市的《首府公报》遭到大规模枪击。同年 11 月，CNN 收到的炸弹威胁都被专业媒体归因于特朗普的煽动。

所有的政客都撒谎，但是特朗普将撒谎带到了一个新的高度，这给恪守传统规范的专业媒体带来了实践上的困难。英国的《星期日泰晤士报》讽刺道："在他就任总统的第一天，他就大发脾气，声称媒体故意少报前一天就职典礼的观众人数，他'吸引'的观众人数比 2009 年的巴拉克·奥巴马（Barack Obama）还要多。匹诺曹①撒谎的时候，至少他的鼻子还长了些。特朗普生气了，似乎对媒体不赞同他的童话感到困惑。"澳大利亚记者认为"第一位'后真相'美国总统的崛起是一个可怕的命题，对他来说，复杂的现实令人讨厌，被忽视或置之不理。这种玩世不恭的伎俩虽然对不平等没有任何帮助，但却确保了公众得不到真相，没有真相，民主就会失败"。

特朗普固然是一个故意扰乱传播秩序的领导者，不过，"后真相"时代的传播乱象和受众对专业媒体的信任下降，甚至攻击，主要归咎于特朗普，专业媒体的这一话语策略起到的作用有限。

2. 数字媒体成为替罪羊

数字媒体并非数字技术。专业媒体承认，数字技术本身并不会对民主造成威胁，相信传统媒体叠加了数字技术将如虎添翼。"世界各地的新闻编辑室都在经历转型，新闻业也在为数字化时代而重新设计和构思"。但是，数字技术带来的竞争者生产了大量真假难辨的信息，污染了信息环境，消解了真相与虚假之间的界限。在样本中，唯一对互联网信息流通表示乐观的人是美国前副总统阿尔·戈尔（AlGore），他在 NPR 的电视节目中说："我们目睹了许多报纸的破产。我们已经看到新闻和娱乐之间的界限进一步被侵蚀。但我相信，互联网有自愈素质，使真相和新闻能够对抗谬误和污蔑。我们有理由希望，随着时间的推移，我们将看到高质量的新闻浮出水面。"早已将数字技术内嵌于生产、流通实践的专业媒体，却都将数字媒体视为新闻真相的严重威胁，甚至直接将社交

---

①　《木偶奇遇记》的主角，撒谎时鼻子会长长。

媒体等同于假新闻,"数字创新为记者带来了难以置信的机遇",但是,"它们也被用来破坏公众对合法新闻的信任,在真实新闻和虚假新闻之间播下混淆的种子"。"互联网和社交媒体的一大好处是,只需鼠标点击或滑动即可获得丰富的信息。这也意味着新闻来源的激增,并不是所有的新闻来源都是合法的,喊得最大声也不能保证准确"。

诸如,特朗普的谎言、俄罗斯政府的"假新闻工厂"、马其顿的青少年为了点击率制造选举假新闻等,都是社交媒体之罪。澳大利亚一位律师因此指出:"鉴于社交媒体对新闻真实性和负责任的新闻报道造成的不利影响,我们有必要更好地为报道公众利益辩护。在这个被权势者操纵新闻和声誉的时代,保护专业、独立和有道德的记者至关重要。"

专业媒体严厉审判以特朗普为代表的政治民粹主义者和社交媒体,将二者视为真相的破坏者,其中预设的前提是专业媒体提供的真相才是真实的、合法的,从而维护自身角色的正当性,进而隐含对受众回归专业媒体的呼吁。这个前提是站不住脚的,因为在特朗普和社交媒体之前,专业媒体的信任危机早已显现。

综上,专业媒体将自身的历史和传统作为战略资源,展示自身有别于其他传播主体的道德观念和严格的专业标准,并将后真相的乱象归咎于政治民粹主义和社交媒体,从而维护自己真相代理人的正当性和合法性。

小　结

基于以上研究,我们可以看到专业媒体运用机构话语,建构了自身在民主社会中的核心地位和真相垄断者的角色,如图3-1所示:

传统上,专业媒体拥有社会认可的"构建社会真实的权力"①,这种权力的合理化既来自新闻报道,又来自元新闻话语的表征和建构。在主流新闻业中,客观、不偏不倚地讲述真相成为专业精神和道德操守的构成要素存在了100

---

① 库尔德里.媒介仪式:一种批判的视角[M].崔玺,译.北京:中国人民大学出版社,2016:2.

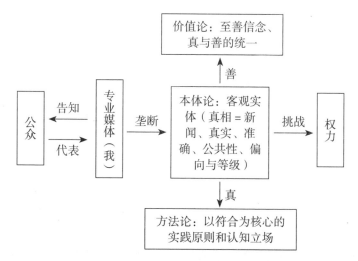

图 3-1　话语建构的真相观念—身份—关系

多年，在现代新闻业的历史中也不长。随着传播格局的改变，这种中心地位在现实社会中遭到越来越多的质疑。尽管如此，专业媒体仍然坚持传统的地位与角色，并运用各种话语策略加以维护和巩固。

　　机构性话语的目的是维护机构的合法性，对真相的定义以及基于真相的身份建构体现了与其他社会成员的传播权力争夺。相对于社会公众，专业媒体是他们的真相代理人；相对于权势者，专业媒体是他们的挑战者；相对于文艺创作，专业媒体的真相以现实为基础；相对于出现在社交媒体上的公民新闻和网络原生新闻媒体，专业媒体的真相经过把关、核实、纳入"语境"并权衡了"最小伤害"，做到了"真"与"善"的统一；相对于竞争关系中的其他专业媒体，话语不以经验的方式来评价它们或其中的任何一个是否"符合"客观现实。也就是说，并没有根据它们的认知标准来确定谁相对于客观现实更真实，这清楚地表明，"真相"在一定程度上沦为传播权力之争的话语资源。

　　有些尴尬的是，自居为民主社会核心的专业媒体却并不拥有高深的专业知识和严格的专业准入体系，因此，捍卫专业核心要素、捍卫专业地位只能诉诸继承的权威、道德责任感、传统的操作规范和树立对立面的话语策略。

　　从某种意义上说，公共关系是元新闻话语的总体目标，所有的元新闻话语都是记者向公众传达其理想和信仰的一种方式。① 舒德森和安德森提醒学者"不要假设职业群体自己提出的关于界限的修辞性主张反映了职业权力、知识和权威的实际情况"。② 的确，这种致力于公共关系的话语建构并没有很好地达成目的，本书将在下一章批判性地审视这种话语建构，并分析话语建构的失败之处。

---

① FERRUCCI P. Joining the Team：Metajournalistic Discourse，Paradigm Repair，the Athletic and Sports［J］. Journalism Practice，2022，16（10）：2064-2082.

② SCHUDSON M，ANDERSON C. Objectivity，Professionalism，and Truth Seeking in Journalism［M］// Editedby WAHL-JORGENSEN K，T HANZITSCH，et al. The Routledge Handbook of Journalism Studies. New York and London：Routledge，2009：88-99.

第四章

真相话语批判：断裂与盲点

　　"主流新闻很少质疑其与真相的复杂和模棱两可的关系"①，相反，它继续坚持以天真的现实主义来"真实地"报道世界，并运用元新闻话语将自己与真相密不可分的关系以及基于真相建构的自我形象展现和传递给公众。前文检视了西方专业媒体在"前台"的元新闻话语，发现专业媒体将真相视为职业的恒久价值和合法性基础，并通过日常话语策略，建构了"观念"与"身份"两个神话，即建立新闻、真相与新闻真相的语义等价，以此为核心构建了一个追求真与善的统一、然而存在分歧与矛盾的观念系统。专业媒体将自身建构为排他性的真相垄断者和民主社会的核心，并在不断变化的社会环境中维护和巩固这一理解的正当性。"神话是一种言说方式"。② 它的特性就是将意义转化为形式，使历史自然化。无论新闻真相的观念系统和身份认知存在怎样的矛盾和不和谐，这一认知通过日复一日的言说被正当化，润物无声地植入了社会价值和认知系统中。不过，卡尔森提醒我们要区分"真实"和"有效"。"真实"，在应用到新闻时，暗示了在一个事件和它的叙述之间相符合的认识论评价；"有效"指的是认知模式合法性，以及通过这些认知模式创造适当知识的实践合法性。这一过程是偶然的、可变的，对于一个要建立文化权威的专业而言，社会

---

①　ZELIZER B. When Facts, Truth and Reality Are God-terms：On Journalism's Uneasy Place in Cultural Studies ［J］. Communication and Critical/Cultural Studies, 2004, 1（1）：100-119.

②　巴特. 神话修辞术 ［M］. 屠友祥，译. 上海：上海人民出版社，2016：139.

的接受是必要条件。① 社会若不接受，媒体报道的"真相"便失去了意义，元新闻话语建构的真相认知和价值系统也会遭到质疑。本章探讨专业媒体的话语建构与现实的断裂，挖掘话语的盲点和信任危机背后的底层逻辑，从而批判性地审视专业媒体的自我认知和自我呈现，为重新思考新闻与真相的关系打下基础。

第一节　话语建构与现实的断裂

专业媒体使用话语建构出的真相观念是真与善的统一，以真相为节点，专业媒体代表受众挑战权力，完成民主的托付。但是，这种高度理想化、规范化的表述与现实中的媒体表现屡屡发生断裂，难免给人留下心口不一的印象。

一、与实践断裂

规范性的新闻真相是对现实中发生的重大公共事件进行准确、公正、全面、剔除了情绪的报道。它具有鲜明的等级制度和负面偏向，所以它令人不悦，但对公共利益贡献巨大。此外，求真的手段和真相的披露都应当是善的，不但要做到最小伤害，还要符合公共利益。

然而，在现实中，"最严重的罪行"——捏造、虚构报道并不罕见，即便声誉卓著如《纽约时报》《华盛顿邮报》也无法杜绝。丹·拉瑟、威廉姆斯也会失足，更不用说那些无意中犯下的错误和为了获取报道而不择手段的做法了。一位专为少女杂志写"真实故事"的记者讲述自己的经历：

> 在过去的几年里，我写了至少二十多个女孩的故事，她们都经历了某种极端的、创伤性的经历，被认为变得更聪明、更成熟，混乱的生活方式被治愈了。我最近的工作是采访一位黑帮女孩罗西奥（Rosio），鼓励她告诉我关于暴力的入会仪式，并说服她，如果她告诉全世界她有多么害

---

① CARLSON M. Metajournalistic Discourse and the Meanings of Journalism: Definitional Control, Boundary Work, and Legitimation [J]. Communication Theory, 2016, 26 (4): 349-368.

怕，将帮助到其他像她一样的女孩子。我不能让她知道，最重要的是，对于这份杂志的主要读者，即美国白人中产阶级高中女孩来说，她的故事足以令她们震惊。我也不能透露，这样我就可以有署名和薪水，我因此得到了每字1.5美元的报酬。我写的故事使罗西奥现在脱离了黑帮，并得到了一个国家资助的青少年危机机构的帮助。我还可以让读者知道，她在补习学校的成绩大多是A或B，她把涂鸦变成了绘画，她的妈妈不再每天对她大喊大叫，她的父亲仍然缺席，但是没关系。她想给弟弟们留个好印象，她知道帮派生活很愚蠢。

我不得不从这篇文章中删去脏话和街头俚语，我必须隐瞒罗西奥真的喜欢帮派生活、可卡因和街头暴力。罗西奥的故事刊印的那个星期，我得知她离家出走了。我将此事告诉我的编辑，她说："这些女孩就是这样。不管怎样，我们还是照原样报道吧。"

这位记者的报道扭曲了现实、遗漏了重要事实，远离真相本体。记者在采访过程中欺骗和误导未经世事的少女，既不"真"，也不"善"。这位记者对此显然并不理直气壮，他自嘲地说："这都是真相！"

有的报道为了迎合或者符合所在社会文化的价值观或者媒体本身的立场而扭曲真相。2015年1月，法国讽刺杂志《查理周刊》（*Charlie Hebdo*）编辑部发生举世震惊的枪击案，巴黎为此举行了大规模团结集会。然而，这个为了团结而举办的集会在不同的媒体中却呈现为不同的"平行世界"。由于神秘和性别歧视的世界观，极端正统派的以色列报纸《报幕员》（*The Announcer*）不刊登女性照片。结果，在该报关于巴黎集会的头版报道中，其出现了一张只描绘男性的照片。德国总理默克尔（Merkel）、巴黎市长伊达尔戈（Hidalgo）、欧盟外交和安全事务负责人费代丽卡·莫盖里尼（Federica Mogherini）连同参加游行的其他成千上万名女性都被剪裁掉了。"哦，美丽的新世界，在这里，男人和女人随着鼠标的轻弹而从历史照片中出现和消失"。在另一份报纸中，法国总统尼古拉·萨科齐（Nicolas Sarkozy）是一个次要角色，与集会的主要参与者距离相当远。与此同时，在第三份报纸中，萨科齐在最前排，在马里总统和以色列总理的簇拥下，显得相当重要。"在所有这些照片的混乱中，我们失去了一条严肃的新闻原则——真相的存在和必须告知读者的观念。现实是存在的，确实发生了一些事情，这正是我们正在失去的东西"。

专业媒体对社会现实的系统性扭曲和重大社会灾难中的缺席也令人丧失信心。在21世纪的头20年，曾经是西方世界灯塔的美国决策者，领导了两场灾难——2003年的伊拉克战争和2008年的次贷危机，使其在道德上破产。专业媒体未能如他们自己宣称的，挖掘和揭露重大的、符合公共利益的真相，发挥第四权力的作用，在灾难之前发出预警。

此外，精英媒体偏向政治、偏向丑闻，贬低娱乐和小报，但是他们以"公共利益"为由对政治人物私生活的报道算不算新闻娱乐化、小报化呢？2014年，《纽约时报》杂志资深政治记者马特·拜（Matt Bai）出版新书《真相大白：本周政治成了小报》，它探讨美国政治报道，详细梳理了私人化、丑闻化转向的节点案例及其后果。

1987年，科罗拉多州参议员加里·哈特（Gary Hart）准备竞选总统，是1988年民主党总统候选人提名中遥遥领先的竞争者。拜认为哈特可能是自己见过的最聪明的政治家，然而，由于记者们扮演私人侦探的角色，"试图将私人行为带入公共领域"，以近乎疯狂的方式追踪和报道哈特与一名年轻女子的恋情，最终终结了他的政治生涯。此事被认为是美国政治报道转型的一个关键时刻。此前，美国总统可以放心地继续婚外恋，因为当时的记者认为这类事情在报道中是禁止的。在此事之后，新闻媒体"所有的关注，所有的荣誉，都是为了扳倒一个人，为了发现伪善"。政客们变得"害怕公开发言，他们不敢和你坐在一起，因为我们在媒体和政客之间筑起了一堵墙。我们想抓住他们，他们想避开我们。有时我们赢了，有时他们赢了，但输的总是公众"。拜认为，"我们已经把一些优秀的人赶出了这个过程，……有哪个普通人，愿意分享自己私生活的方方面面？我们真的需要谨小慎微的领导者吗？"公众知道政客们是如何精心设计操控媒体的，这成为他们愤世嫉俗的部分原因。该书的书名《真相大白》带有反讽的含义。的确，有婚外情的候选人被狂热的媒体捉到了，"真相大白"，然而这样的真相对公共利益、对民主真的有价值、有意义吗？学者们对此也没有定论。①

---

① 舒德森. 新闻社会学 [M]. 徐桂权，译. 北京：华夏出版社，2010：183-198.

二、与受众断裂

专业媒体宣称为公众报道真相，不但将受众矮化成为"二等旁观者"，而且，专业媒体实际上并不了解自己的服务对象。20 世纪 70 年代，社会学家甘斯前往主要的全国媒体新闻编辑室开展田野调查。他起初认定，作为商业雇员，新闻工作者在选择和生产新闻时一定会将受众纳入考量范围内，结果"很惊讶地发现，他们对实际的受众几乎一无所知"①，对他们声称要服务的"公民"就更加缺乏概念了。直到 2016 年，媒体才发现和承认"他们与选民脱离了联系"。专业媒体开始直接批评美国新闻编辑室的记者构成过于同质化，以至于无法报道"他们"，并努力增加新闻编辑室的多样性，包括雇用女性、有色人种等。

即便是这样，专业媒体上依然很难看到那些"工人阶级"的身影，即便有，作为精英的记者似乎也很难理解这些与他们不同的人群。《华盛顿邮报》的沙利文花了 6 周时间在中西部州走访，采访了 35 个人，其中既有中产阶级，也有底层民众。她对阴谋论的信奉者似乎不屑一顾，也不想追问为何如此。

> 卡尔没有在总统选举中投票，他说新闻媒体也无法赢得他的信任。"我不相信他们说的任何话。"他说，"他们因为犯错而得到报酬。"在谈话结束时，我摇了摇头，因为我知道，从像宣传阴谋论的信息战（Infowars）这种网站上的大量追随者可以清楚地看到，他并不是唯一有这种信仰的人。

对那些"喜欢含糊地抱怨'媒体'，而不是真正关心新闻，或以极大的兴趣关注它"的人，沙利文则持十分惊讶和批评的态度，认为这些人"冷漠""不负责任"。"做一个负责任的知情公民。这太罕见了"。

事实上，"新闻回避（news avoidance）"是一个全球性现象。路透社 2023 年数字新闻报道数据显示，这种选择性回避通常涉及政治等重要报道，自 2017 年以来在一些国家增加了一倍，因为许多人认为媒体报道过于负面、重复、难以信任，让人们感到无能为力。② 但是，在所有样本中已属独一无二的这篇"接地气"调查，它并没有追问和反思这一现象，由此可以瞥见精英机构、精英

---

① 甘斯. 什么在决定新闻［M］. 石琳，李洪涛，译. 北京：北京大学出版社，2009：294.
② Reutersinstitute. Digital News Report 2023［R/OL］. Reutersinstitute，2023-06-14.

人群的傲慢与自满：我已经如此倾尽全力为你提供真相，你竟然不领情！

联结公民和媒体的透明性存在同样问题。由于近年来公民借助数字技术质疑和参与新闻生产，加之 2016 年后，专业媒体意识到与受众的脱节，于是被迫开放后台、运用修辞手法"解释我们的工作"、开展媒介素养教育，向着透明性努力。透明性分为两个方面："披露透明性"和"参与透明性"。披露透明性关注的是新闻工作者是否将新闻的选择和生产过程披露给受众，从而仍然具有新闻生产者向受众单向传播的本质。相反，参与透明性强调新闻生产者和消费者之间的对话，"目的是让观众参与新闻制作的过程中"①。

从机构性话语中可见，专业媒体的透明性努力仍然局限于"披露透明性"。他们仅在一定程度上披露了新闻被选择和产生的方式，却不允许其他人参与这一把关过程。这些活动都由专业媒体主导，受众仍然"需求""渴望"他们提供的真相。面对受众的质疑甚至是仇恨时，专业媒体提出的应对策略是"坚持做好我们的工作"。"比以往任何时候都更重要的是，新闻工作者继续努力争取那些持怀疑态度的人、矛盾的人或仅仅是无动于衷的人。他们注意对新闻和观点混杂的抱怨，更专注、更有吸引力地关注那些对普通人生活最重要的话题，消除那种像是在自夸的尖利态度，'我比我的听众更聪明'"。

不过，"继续争取"的努力十分有限。《达拉斯晨报》主编报告自己和一位读者的交谈——"我认为我报道了这条新闻，他认为我冒犯了他的价值观，攻击了他的价值观。我得想办法和那个人以及所有他代表的人谈谈我们正在做的事情，解释我们为什么要这样做"。这位主编谈谈"我们"正在做的事，解释"我们"为何这样做，但是，没有反思或者追问"他"的价值观是什么？为何"他"认为"我"攻击了他的价值观？

受到批评时，新闻工作者表现出明显的抵御性姿态。奥巴马的前助手拉维特（Lovett）创办了一家颇为成功的播客"Lovett or Leave It"，在接受 CNN 访谈时，拉维特说："我们开始做这件事是因为我们很沮丧，作为从政者和作为新闻消费者，我们都很沮丧……有线电视新闻有点像是在用一种死掉的语言说

---

① KARLSSON M. Rituals of Transparency: Evaluating Online News Outlets' Uses of Transparency Rituals in the United States, United Kingdom and Sweden [J]. Journalism Studies, 2010, 11 (4): 535-545.

话……语调、主旨、内容、人物，这是完全难以接近的。它疏远了成千上万的年轻人。这样做对帮助人们理解新闻中发生的事并无益处。"CNN 主持人斯特尔特颇为不悦地将拉维特的批评称为"向唱诗班布道"，并就此打住，不再继续谈论这一话题。

新闻真相是从无数真实发生的事件中挑选出来的，并通过一套成熟的流程讲述出来。"对于每一个主体来说，既然是你把'纯粹事实本身'转换为能叙述和传播的'真相'，既然你的主体性渗透凝聚于真相之中，现实的真相打上了你的烙印，那么你当然要对你的行为负责"①。专业媒体宣称的"解释"，仍然表现出高高在上的姿态，是一种单向的"我说你听"的关系。

三、共同体断裂

专业媒体自视为真相垄断者，坚称自己的真相才是合法的、"真正的新闻"，彼此之间唇刀舌剑，精英媒体和大众媒体、报刊与电视、党派立场不同的媒体相互攻讦，而这种批评并没有以"真"为准绳，不但造成了共同体的分裂，还加剧了受众和社会的分裂。

例如，隶属于默多克新闻集团的福克斯新闻和《澳大利亚人报》都热衷于批评"自由派媒体"。福克斯的长期攻击对象是以"NBC 新闻和《纽约时报》为首的自由派建制媒体"。2010 年 7 月，美国农业部农村发展主任雪莉·谢罗德（Shirley Sherrod）的演讲视频片段被布莱巴特新闻（Breitbart.com）创始人安德鲁·布莱巴特（Andrew Breitbart）上传至"油管"，福克斯新闻脱口秀节目立刻报道了这些片段并指责谢罗德是种族主义者，谢罗德被迫辞去农业部的工作。然而，演讲的完整视频被公布后，农业部重新聘用并向她道歉。2010 年 7 月 22日，福克斯主播奥莱利称，"专业媒体利用雪莉·谢罗德的故事来攻击福克斯新闻。福克斯新闻在播出近 13 年后，已成为美国专业媒体。② 一场媒体战争在美国爆发。……现在有一场公开的媒体战争在上演"。奥莱利和他的嘉宾不但不承

---

① 韩功华. 用主体性思维解构"后真相"[J]. 中国政法大学学报，2020（4）：121-125.
② 福克斯新闻台创办于 1996 年，其初衷是为苦于缺乏代表性媒体的保守派受众提供信息来源。2001 年，福克斯新闻一举击败了一枝独秀的 CNN，并在此后保持收视率第一的地位。不过，福克斯新闻台吸引受众依靠的是鲜明的保守主义党派特征和煽动性的言论，而不是优质新闻。

认福克斯新闻的报道失误,而且指责自由派媒体的攻击是因为嫉妒福克斯收视率高,将批评的矛头指向动机而非事实,这对受众来说是极大的误导,且可能为已经盛行的阴谋论添砖加瓦。然而,福克斯新闻的失实报道并没有"损害他们的收视率。恰恰相反,他们干得很好。他们告知受众,那些在 CNN、《纽约时报》《华盛顿邮报》工作的家伙才是不讲真话的人"。那么,受众究竟应该相信谁呢?

我们如果单独考察专业媒体的元新闻话语,很难不为他们在困境与威胁中仍然执着于追求真相的真诚、强烈的社会责任感和批评与自我批评的勇气所打动。我们将其置于现实的社会环境中进行互文性考察,就会发现话语建构与现实表现之间的巨大差距无法说服受众。

第二节 信任危机:现实与归因

近年来,业界与学界纷纷以"危机"框架描述新闻业当前面临的状况,信任危机是商业危机、身份危机、存在危机等诸多危机的集中体现,专业媒体充分认识到了这些问题,并为其归因,尝试突围。

一、信任危机的存在

专业媒体在元新闻话语中对信任危机进行了充分展示。2001 年,NPR 节目公布民意调查"记者不如政客和二手车经销商受欢迎"。2004 年,英国的调查显示,只有 18% 的人相信记者或政客会说真话;同年,美国研究机构和智库"卓越新闻项目"(The Project for Excellence in Journalism)发现,"美国人认为记者更草率、更不专业、更缺乏道德、更不关心他人、更有偏见、更不诚实地对待自己的错误,总体上比 1980 年代对民主的危害更大"。2005 年,45% 的美国人表示对报纸上的内容几乎不相信或完全不相信,而 20 年前这一比例只有16%。2007 年,盖洛普民意测验的报告显示,一半以上的美国人对新闻媒体有一定程度的不信任,35% 的人说他们"不是很信任",17% 的人说他们"一点也不信任"。

更尴尬的是,专业媒体将特朗普塑造成民主、自由的破坏者,将其对专业媒体的攻击等同于对民主共识的攻击，将特朗普和社交媒体当作替罪羊，掩盖专业媒体由来已久的系统性失败。当特朗普在集会上大喊"假新闻"时，人群会热烈回应；当记者走近特朗普集会的人群中时，会得到"嘘声"，并被称为"假新闻！"他们告诉记者"多么不信任他作为媒体的一员"，大喊"CNN 真烂！"《联邦党人》主编海明威承认，"我们的职业在共和党人当中的可信度非常低，只有 14% 的共和党人信任媒体，只有 30% 的独立人士信任媒体"。他同时指出，"我们的评级如此之低是有原因的。评级低是因为人们不信任我们能很好地准确反映这个国家大部分地区的观点。我们没有理由否认这一点。我们干得不好"。

2017 年，《纽约时报》《华尔街日报》《华盛顿邮报》等机构都报道了订阅量的急剧上升，而且根据路透社新闻研究所的一项调查，近 30% 的在线订阅用户表示，他们的动机是帮助资助或支持新闻业，不过，这一被称为"特朗普冲击"的现象来自'左倾'的美国人"，仍然显示了"信者恒信，不信者恒不信"的媒体可信度现实。

2021 年，路透社对全球 6 大洲的 46 个市场进行调研后发现，在冠状病毒大流行之后，群众对新闻的信任平均增长了 6 个百分点，总样本中有 44% 的人表示，他们在大多数时间里信任大多数新闻。这在一定程度上逆转了平均信任度的下降，使其回到了 2018 年的水平。但此后两年，各市场对新闻的信任度又开始持续下降，许多国家在冠状病毒大流行高峰期取得的进展出现逆转。①

二、信任危机的归因

归因（attribution）是人们关于行为（包括他人和自己行为）和事件的原因的知觉和判断，这种知觉和判断决定人们对行为的反应发挥着重要作用。专业媒体如何对信任危机进行归因既反映了他们对自己的主观认识，又决定了他们接下来采取什么样的行动。

归因可以分为两种：情境归因（Situational Attribution）和性格归因（dispositional attribution）。情境归因即外因，指个体将行为的发生解释为情境（环境）因素使然，行动者对其行为不负责任；性格归因即内因，指个体将行为

---

① Reutersinstitute. Digital News Report 2023 ［R/OL］. Reutersinstitute，2023-06-14.

的发生解释为自己性格使然,行动者要对其行为结果负责。我们对所有包含"信任"相关词汇(trust 共 241 个、trustworthy 共 8 个、credibility 共 121 个)的文本进行细读和分析之后发现,专业媒体对情境因素和性格因素都有所反思。①

(一) 过度商业化和技术变革

过度商业化和技术变革是罪魁祸首,在元新闻话语中也一直共同出现,被相提并论。2001 年,NPR 在节目中探讨"公众对媒体的厌恶背后是什么呢?"首先是媒体垄断。在过去的 20 年里,西屋电气(Westinghouse)、迪士尼(Disney)、美国在线(AOL)和通用电气(General Electric)等大公司收购了主要的网络和有线电视频道,新闻业在这些大公司里只占很小一部分。老板们对账本底线更感兴趣,"越来越多的组织把它当作赚钱的机器",对新闻质量产生了影响。此外是技术带来的竞争。"现在有 24 小时有线电视新闻,谈话广播已经成为一种主要力量,新闻来源已经分散。……与此同时,报纸的读者群也出现了下降"。结果,新闻竞争的加剧和对更高利润的要求极大地改变了记者收集和报道新闻的方式。观点和新闻、娱乐和新闻变得难以区分,被新闻付费的《国家询问报》、冲突电视和所有其他并非新闻的娱乐媒体混为一谈。"公众并不愚蠢,但他们可能不知道他们所看到的是不是新闻"。

对这两个因素的言说贯穿 21 世纪的头 20 年,在专业媒体的话语中,这两个情境因素的存在加剧导致传统标准的放松和信息环境的污染,使专业媒体既难以坚守黄金时代的求真实践,也无法继续利用垄断地位得到信任。"媒体的碎片化部分造成了人们的误解……专业媒体失去了在国家事务中帮助区分事实与虚构的裁判角色"。2008 年,《澳大利亚人报》将传统媒体的衰落归因为"少数工作过度的记者为少数资源日益减少、资源不足的传统新闻机构炮制原材料,而这些传统新闻机构,被提供新型在线新闻服务的计算机程序洗劫一空。……对希望了解世界真相的公民和消费者来说,却不是一种很好的资源"。尽管在该报看来,"传统新闻机构"才是公民了解真相的"很好的资源",然而随着商业模式进一步崩溃,社交媒体全面崛起,情况进一步恶化,同时"新型在线新闻服务"并不是"很好的资源"。"在我们 21 世纪的媒体生态系统中,真

---

① 说明:本章对"归因"的梳理和归纳来自专业媒体有针对性地回应民意调查和受众批评的文本,与第二章、第四章的部分内容有交叉,但不尽相同。

相正处于危险之中，传统媒体被一个破碎的商业模式所束缚，长期维持的社区新闻的收入现在很大程度上流向了美国的新闻巨头，这些巨头逃避新闻责任，新的数字媒体总体上仍然'在新闻方面不发达'。数字革命使新闻生态系统更加开放和多样化，也使其更加刻薄和不那么值得信赖"。

（二）偏见指控和假新闻攻击

习惯和技术的改变确实导致了传统媒体受众流失，却不是损害媒体公信力最重要的因素。在一个日益支离破碎的媒体世界里，党派人士对专业媒体日趋激烈的偏见指控和假新闻攻击严重侵蚀了受众的信任。专业媒体认为自己只是在报道真相，然而，由于这些真相不符合某些人的观点而被指责为"偏见"和"议程"。NPR 新闻的特派员称自己的邮箱里有"数千个关于偏见的投诉"，《华盛顿邮报》记者则表示"在政治新闻领域，受意识形态驱使的读者的抱怨是司空见惯的。有时，我收到了针锋相对的抱怨，说我在同一件事上背叛了我的保守和自由偏见"。他指出，"无论事实如何，关于偏见的普遍指控使传统媒体越来越难以发挥其收集和报道事实的作用"。这种指控会被政客利用，"布什政府利用了这种分裂。……官员们还经常蔑视专业媒体要求他们承担责任的努力"。攻击新闻媒体的人包括试图"杀死信使"的政客、不断攻击主流新闻媒体可信度的电台脱口秀主持人，以及互联网上的"极客新闻革命"，这种革命也以贬低传统媒体的价值为乐。这些攻击导致"公众已经习惯于憎恨我们"。《澳大利亚人报》指出，"包括媒体在内的机构的信任正在下降，部分原因是（媒体）糟糕的表现、媒体内斗和竞争，以及那些希望我们停止提问的人发起的攻击"。特朗普直接将自己与专业媒体之间的关系比作"战争"，并对他的支持者说，当你听到对我有挑战的新闻时，不要相信它们，因为它们是假的。一项调查显示，26%的美国人相信专业媒体是人民的敌人，44%的美国人表示，他们担心特朗普对新闻媒体的批评会导致对新闻从业人员的暴力。

（三）媒体分裂

除了来自外部人士的攻击，媒体内部存在严重的媒体分裂，侵蚀了公众的信任。媒体可以分为大报和小报，小报不关心事实、耸人听闻、不择手段。严肃媒体之间又存在党派之争，各自服务于不同的议程，有些媒体形式本身流于肤浅等。专业媒体认为公众并不对这些媒体进行区分，而是以共同体中最差者来评判他们，导致信任下降。因此，当被批评"新闻甚至不提供真相"时，

CNN 副总裁弗兰克·赛斯诺（Frank Sesno）提醒："我们在这里必须非常小心我们如何抛出我们的一些术语。当我们说'新闻'的时候，我们指的是什么？我们说的是《华尔街日报》还是《今日美国》？我们说的是小报吗？"在他看来，"我们"或其他人把小报归入新闻"会把水搅浑"。英国《卫报》前主编则认为："我们的公众对新闻业非常困惑。他们怀疑自己是否能信任你。我们谈论新闻，新闻就是福克斯新闻，新闻就是《纽约时报》，新闻就是《每日邮报》和 BBC。在英国有《泰晤士报》，那是一份很好的报纸。这家公司还经营着福克斯新闻，它的编辑标准可以说比脸书差得多。所有这些地方对新闻应该是什么都有完全不同的看法，这让公众感到困惑。"福克斯新闻主播奥莱利则指责"新闻业已经完全崩溃了，《纽约时报》是导致这场（新闻业）崩溃的罪魁祸首。当它因党派之争而破裂时，我们就会看到我们之间的分歧有多么大"。结果，新闻的作用本来应该是告知，寻求真相，追究权势者的责任，无论他们是谁。"但是，我们所看到的新闻却是在两极分化的美国过滤器上另一个有争议的战场，人们在这里观看、相信"。

（四）"新的公众情绪"

技术变革带来的一种从怀疑到冷漠的"新的公众情绪"。作家威廉·戴维斯（William Davies）表示，"数字平台、智能手机的出现，以及它们提供的无处不在的监控，已经引发了一种新的公众情绪，即对任何声称以公平和客观的方式描述现实的人都本能地持怀疑态度"。其中，"专业媒体"已经成为怀疑、不满和愤怒的焦点。有的新闻工作者对此颇感痛心，例如 CNN 主播斯特尔特就认为"很多善意的人不理解我们的工作。他们不知道该相信谁或什么。这是一个媒体素养的问题"。比起那些对新闻媒体的抱怨，《华盛顿邮报》公共编辑沙利文认为，"更担心的是一次又一次遇到的另一件事：冷漠。这是我调查中真正令人惊讶和最令人沮丧的结论"。不过，也有记者认为，受众的怀疑和冷漠恰好说明他们的觉醒。澳大利亚的《每日电讯报》评论美国的情境：

> 媒体越是攻击他（特朗普），他的支持者就越坚定地投他的票。这说明了一些评论员很少承认的事情：在信息时代，人们受到了更好的教育，获得了更广泛的信息，公众对大的、集中的权力中心——大政府、大企业、大工会和大媒体的信任减少了。在美国，人们对媒体的信任度在过去 40 年

里大幅下降，从 72% 降至 32%。为什么人们不会对所谓的新闻人物持怀疑态度呢？几十年来，记者们一直抱怨政客们太做作，被编造和精心策划的竞选活动所主宰。然而，当像特朗普这样的非政客出现时，他们对他的攻击比以往任何时候都多。在 20 世纪 70 年代末，水门事件后，媒体成为政治事件的参与者，而不是独立的观察员／记者。如今，大部分美国选民已经看穿了这一骗局，他们认为，当媒体报道某件事时，事实就会相反。

（五）报道本身的缺陷

媒体自身报道肤浅和机械平衡导致新闻无法提供真相，信任下降。福克斯新闻主播奥莱利抨击以《纽约时报》和《华盛顿邮报》为代表的"左翼媒体"聚焦于政治候选人的私生活，导致"再也没有隐私了，媒体也没有什么限制。大多数正派的人都不想参与其中。他们不希望互联网上有任何恶意中伤的地方，也不希望媒体大肆宣扬丑闻，纵容阴谋，甚至有不诚实的攻击。因此，许多优秀的领导者只是袖手旁观"。然而，以福克斯为代表的"有线电视网"和电视新闻节目又被认为"往往会降低主要网络上的政治话语水平，同时也会使其变得微不足道"。因为，"简单地把两个代表两种意识形态观点的脑袋放在屏幕上播出，这不是新闻，这是奇观"。

过去 10 年里，媒体公信力的崩溃主要是由于有线电视网络的尖叫马拉松，比如由比尔·奥莱利主持的福克斯新闻政治辩论节目《奥莱利因素》（ the O'Reilly Factor）。在福克斯新闻、CNN 和 MSNBC 等有线电视台，愤怒的空想家们在漫长的商业广告间隙互相吐槽，然后又回到他们的新闻圈中。在混乱的局面下，美国选民绝望地寻找做出明智选择所需的必要真相，而他们却只能在一大堆反反复复的政党路线和政治浮夸的言论中进行筛选。

21 世纪的前 20 年，"机械平衡"被批评为"速记员"。"最棘手的是平衡问题。从表面上看，这似乎是公平的黄金法则，但它并不能帮助读者了解真相"。为了显得公正而给出故事的两个方面，这样可以免除记者判断哪个是对的责任，结果产生了"一贯的扭曲模式，相当于对真相的偏见"。媒体愿意"为有权势的人充当速记员"，这令人沮丧。"他们迎合你的内心：克里攻击布什，布什攻击克里，就这样结束了。问题是，新闻并不简单，所有这些快速图片对你没有多大帮助"。

(六) 新闻编辑室缺乏多样性

西方专业媒体的新闻编辑室缺乏多样性,导致其无法反映现代社会中多元利益群体的不同声音。学者们早已指出这一问题,但是西方专业媒体直至2016年特朗普意外当选之后才有所意识。澳大利亚地方报纸接受"美国媒体与选民脱离了联系"的教训,和政治人物一起去"倾听"乡村的声音;CNN多次在《可靠信源》中讨论"缺乏多样性的新闻编辑室足以反映政策的影响吗?"

(七) 文艺作品对记者的负面呈现

还有人认为,文艺作品对记者的负面呈现也是导致信任危机的原因之一。"许多好莱坞电影中经常出现的那种刻板印象——粗鲁、爱出风头、不道德的记者,对记者也没有什么帮助"。"电影和电视节目对记者的负面描述会进一步侵蚀这一职业。像广受欢迎的《法律与秩序》(*Law and Order*)系列这样的电视节目,它们都以把记者和摄影师归为'混球或狼群的一部分'为乐。我们对这种贬低记者作用的观点感到不安"。

三、危机归因的特点

从以上梳理可以发现,专业媒体对信任危机的归因存在两个特点。

(一) 更多归因于情境因素 (外因)

1. 从数量上看,过度商业化和技术变革、党派人士的攻击、媒体自身的分裂等外因被提及较多。

2. 从因果关系上看,有些内部因素,例如未能坚持传统新闻标准、报道肤浅和机械客观性等被认为是过度商业化和技术变革等外因的后果。

3. 即便是对媒体行业内部的反思,其也多为指责个别不良记者的偶然越轨或者其他党派媒体/小报新闻对整个行业的拖累。

外向型归因体现了对个体身份的维护。专业媒体清晰地认识到西方媒介体制下市场逻辑对新闻逻辑的扭曲,一方面运用话语将作为公共服务的"新闻"与作为营利机构的"集团"进行区分,称媒体集团的老板为"一些没有新闻从业背景的媒体公司高层",来增强自身服务理念的说服力;另一方面呼吁这些"不理解新闻业的管理者"意识到"作为一名记者是多么值得公众信任,它确实是一个特殊的角色。……如果他们削弱新闻在公司中的作用,那对新闻业或国家都是不利的"。专业媒体开始向公民说明情况，以便取得谅解并寻求公共政策的帮助。"如果新闻机构只是另一门生意，那么他们的生存就没有什么重要了。但是，如果新闻对民主来说就像经典的西方理论所宣称的那样重要，那么现在的情况就需要联邦政策制定者（包括政治和官僚）进行新的思考"。专业媒体对新闻业受到的外部批评和媒体分裂的反思均归咎于除自己之外的"其他媒体"，每一家媒体都坚称"我"提供的真相是"合法的真相"，从而进一步巩固"我"的真相代言人地位。

（二）性格因素（内因）探讨欠深入

专业媒体意识到自身报道的不足，也对诸如报道肤浅、机械平衡等现象给予了充分言说，但是认为很大程度上是因为种种外部因素导致传统标准放松、观点市场遭到污染和稀释，因而对"黄金时代"念念不忘，对现象的底层逻辑并没有深入探讨。

归因是为了采取行动解决问题，正如《联邦党人》主编海明威所说："我们需要认真思考，找出什么是合适的战斗，什么是合适的质疑路线，这样我们才能重新赢得人们的信任。"专业媒体针对信任危机的部分归因做出了反应。① 从言说数量来看，专业媒体虽然在归因时倾向于外部因素，但是解决途径主要诉诸自身对传统的坚守，"做好自己的事"，包括"坚持"和"重申"传统实践原则、优化传统标准，引入透明和"真正的公正"、面对党派人士的偏见和假新闻攻击，积极解释和主动抗辩，制定相应的公共政策，例如税收优惠、对社交媒体立法等，来维持传统媒体的生存，以及增加新闻编辑室的多样性。不过，对于报道肤浅、媒体分裂则抨击有余，其却没能提出任何建设性的解决方案。

第三节　话语建构的盲点

专业媒体使用话语建构了规范性的真相观念和身份，并试图维系和巩固这个延续了一个世纪的认知与自我呈现，但是信任危机的加剧显示规范性理想和现实的差距不容乐观。主要面向外部的归因，对传统的怀旧与强调显示，专业

---

① 第二、四章已经梳理过的内容，本章不再赘述。

媒体缺乏深刻的自我反思和对未来的想象力，也就难以做出有力的调整，适应当下的实践。

话语既反映现实，又建构现实，并具有规训的力量，因此，言说者可能将自己的命题当作理所当然，而并没有深入思考规范性话语背后的逻辑。此外，机构性话语作为公共关系的一部分，必然刻意隐瞒了一些内容。"表演者往往会隐瞒那些与他的理想自我及理想化表演不一致的活动、事实和动机"。① 本书尝试挖掘元新闻话语中的盲点，以便深入理解真相神话的困境。

一、认识论困境和价值独断主义

新闻业内嵌于现代社会体系，是现代性的一部分，它的认识论源于笛卡尔的主客体二分法。笛卡尔的"我思故我在"是现代性的根基，"我思"建立在理性基础之上，树立了主体性原则和理性原则。不过，当人把自己确立为一个知识出发点的主体时，他就把世界视为与自己相对的客体。知识的任务便是通过理性原则达到并认识这个客体。这种二元对立的认识论在哲学上已经饱受质疑，在新闻业也举步维艰。

传统认识论的基本前提是设定认识主体。新闻的认识主体有两个：新闻工作者和受众。新闻工作者相信新闻报道是真实的，而这种真实是通过它提供的证据和叙事来证明的。受众需要感知到这种真实的可信性，否则新闻真相就失去了意义。然而，现代性的意识形态塑造了封闭的主体主义，符合论则会导致价值独断主义。

（一）本体论的话语盲点："新闻"等于"真相"吗？

语义学的挖掘发现，西方专业媒体使用话语策略在新闻与真相、新闻真相之间建立了语义等价，从而抹杀了真相与新闻之间的根本差异。芭比·泽利泽在追溯新闻学的相关术语时指出：

> "新闻（news）"这个术语暗示报道素材和报道本身之间不存在区别。因此，《韦氏大词典（Websters Unabridged Dictionary）》将新闻（news）同时定义为"最近发生事件的报道"以及"关于某事的新信息"。这种混淆

---

① 戈夫曼. 日常生活中的自我呈现［M］. 冯钢，译. 北京：北京大学出版社，2008：39.

报道和报道逐日记录的事件之间的区别十分普遍，从而帮助掩盖了新闻工作者迅速发展的权威。在绝大多数情况下，新闻工作者对自己所见的断言就代替了现实本身，结果掩盖了一个事实，即新闻报道只不过是一篇报道、一个陈述、一段记录或者关于一个事件的故事。①

彰显于前台的话语已经表明，新闻报道时常失真，从"最严重的罪行"，诸如库克、布莱尔、格拉斯等不良记者故意捏造新闻，到机械客观性的误导，再到数字、拼写等错误，这些表明二者并不等价。新闻还有一些失真因素隐于后台，不易被大众所知，甚至可能未被新闻工作者察觉。

伯恩斯坦经常用"最佳版本的真相"来自诩专业媒体（我）的报道："报道的整个过程就是将来自不同机构的不同来源、不同观点的报道拼凑起来，在你所能做到的范围内，形成一个基于事实的报道。"这一观点也得到新闻工作者的普遍认可，但是，什么是事实？新闻工作者如何知道哪些事实具有相关性？伯恩斯坦根据什么标准判断自己的报道是"最佳版本的真相"呢？

真相不是事实的简单堆砌。从哲学角度而言，事实和价值无法一分为二，"事实的描述和评价能够而且必定被缠结在一起"。② 这一方面表现在"认识的价值本身也是价值"，在不可穷尽的事实中选择报道哪一个就体现了价值判断。媒体"不可能将所有事情都告知受众，但在决定哪些问题应该包括进来，哪些应该被忽略的时候，他们绕过了什么才是恰当的问题这一议题"③。另一方面表现在人类语言中很多术语无法简单地归类为"观察术语"或者"理论术语"。例如，特朗普在"说谎"，这是事实，还是判断？史密斯是"真实的记者，报道了真实的故事"，是描述，还是评价？

专业媒体的元新闻话语有意无意地忽略了在事实"选择"和"拼凑"过程中存在的价值判断，简单地在"新闻"和"真相"之间建立了语义等价。于是，我们看到，在现实中，新闻迎合了许多受众需求，包括政治、娱乐和服务，但是精英媒体的元新闻话语一方面排斥娱乐、小报、服务，并将信任危机

---

① ZELIZER B. Taking Journalism Seriously [M]. California：Sage Publication，2004：29.

② 希拉里·普特南. 事实与价值二分法的崩溃 [M]. 应奇，译. 北京：东方出版社，2006：28.

③ 赫伯特·甘斯. 什么在决定新闻 [M]. 石琳，李洪涛，译. 北京：北京大学出版社，2009：395-396.

部分地归因于这些"低级新闻",为新闻真相定义了一个"等级制度","赋予了一个比存在于实践中的世界更狭窄的新闻世界以特权",① 使"新闻真相"成为过于狭小的容器,无法解释政治新闻之外的新闻形式;另一方面,精英媒体格外强调与权力的对立姿态,向当权者说出真相,导致"美国新闻工作者的陈述只要涉及政治家,通常都是贬斥",② 以至于政治领域的报道进一步缩减为丑闻和对立。媒体对"政治"和"负面"的片面关注忽略了广阔的社会现实,如此形成的拟态环境只是社会拼图中的一小块,而且是对抗的、黑暗的,根本不可能如镜子般映照现实。结果,"有时候,组成事件的元素会使记者的报道与事件的真相背道而驰"③。因此,媒体对新闻真相的界定本身导致了新闻公信力下降,甚至成为一些公众有意规避新闻的诱因。

事实上,20 世纪 20 年代之后,人们已经"不相信独立的个体以随机的方式揭示事实就真的能够挖掘到真相"④,业界也逐渐意识到,"简单的新闻报道不仅无法完整揭示真相,还会呈现出一个扭曲的现实"⑤,"真相"在新闻业与受众中早已丧失了大部分的普遍性,但是,21 世纪的专业媒体仍然将二者混为一谈。过于简化的话语策略在根本上制造了混乱,对于"不信者"而言无疑是巨大的反讽。

（二）认识论的哲学困境和建构主义挑战

专业媒体将新闻等同于真相,职业规范以"符合"为核心,力求新闻报道与真相"符合"。但是,无论是符合"事实",还是符合"真相",它都存在着难以逾越的哲学困境,认知真相的理性原则也饱受质疑。

1. "符合"困境

首先,符合"事实"的困境。构成新闻真相的事实既有"自然事实",也有"社会事实",还有与人类情感相关的"价值事实",由此构成的"盲人摸象"困境,与事实本身不可穷尽的要素和过程有关。

① HANITZSCH T, VOS P T. Journalism Beyond Democracy: A New Look into Journalistic Roles in Political and Everyday Life [J]. Journalism, 2018, 19 (2): 146-164.
② 丹尼尔·C. 哈林, 保罗·曼奇尼. 比较媒介体制 [M]. 陈娟, 展江, 等译. 北京: 中国人民大学出版社, 2012: 209.
③ 塔奇曼. 做新闻 [M]. 麻争旗, 刘笑盈, 徐扬, 译. 北京: 华夏出版社, 2008: 137.
④ 舒德森. 发掘新闻 [M]. 陈昌凤, 常江, 译. 北京: 北京大学出版社, 2009: 144-160.
⑤ 舒德森. 发掘新闻 [M]. 陈昌凤, 常江, 译. 北京: 北京大学出版社, 2009: 144-160.

"存在"的新闻真相首先必须是真实、准确的，核实新闻事实的基本要件是重要的实践原则，似乎也比较容易做到。例如，参加联赛的究竟是 10 支球队，还是 12 支球队？但是，即便拥有一系列传统的求真规范，即便这些规范都得到了完美无缺的执行，这个看似简单的原则也存在异议。从哲学的角度而言，事实是不可穷尽的。从一个事件中可以截取出无数事实，媒体截取哪些事实可以视为"符合"？新闻中的真相是经过转述的，不可能事无巨细、言无遗漏地记录。所以，有记者观察：

> 新闻工作有一件很奇怪的事：许多人，可能是大多数非新闻工作者说他们不信任新闻媒体。然而，这些非记者对他们国家、州、民族和其他民族的大多数看法来自新闻媒体。换句话说，参加活动的人经常抱怨记者的报道是错误的。然而，当他们读到关于遥远事件的报道时，这些人往往会毫无疑问地接受这些报道，把他们在饮水机旁或餐桌上分享的经过中介的知识当作福音真理。

显然，与记者同时在现场的人都从事件中截取了不同的事实，有不同的体验和观察。报道对象则更容易认为媒体扭曲了自己的想法。澳大利亚一名足球教练抱怨，自己在赛后的新闻发布会上讲了很多话，但媒体选择引用那些他认为不重要的话。《澳大利亚人报》解释道：

> 记者有责任维护严格的道德准则，但是巴克利关于新闻发布会的立场缺乏说服力。记者对新闻发布会中提到的一些信息或观点与巴克利的看法不一致，这并不令人惊讶，也并非报道失误。教练所认为的重要新闻并不总是，甚至很少出现在广播公司或报纸新闻列表的顶端。

读者对专业媒体的"选择"也表示不满：

> 既然竞选活动正在进行，媒体应该知道，大多数人并不关心政府内部的真相问题，因为我们大多数人已经知道，政治家总是掩饰。在报纸上看到一个又一个专栏把非法移民问题作为大选的主要议题，以及霍华德是否撒谎，这真是令人恼火。这就好像媒体在说，澳大利亚公众铁板一块，在经济和政治问题上缺乏教育。事实远非如此。人们希望知道的是政府在失业、利率和通货膨胀等影响他们日常生活的问题上能做些什么。

李普曼举的那个例子：在一次实验中，40 名训练有素的观察家对发生在眼前的意外事件进行了大相径庭的描述，其中只有 6 人的描述"具有确凿证据的价值"①。"符合"之难，可见一斑。

其次，符合"真相"的困境。真相是事实与事实的组合，最终"真实地表现了一定对象的实际情况或本质"，实际上是本质真实的概念。如果说构成真相的事实都因难以穷尽和转述变形而导致"符合"困境，那么，作为本质真实的真相就是更加高度抽象化和哲学化的论述，在新闻实践中几乎不具备可操作性，而且很容易被人利用"来达到自己心里预设的目的。而在这一过程中被践踏的，恰恰是新闻真实本身。……'新闻本质真实论'反而导致了新闻的不真实"。②

再次，单一事实即使为真，也不一定"符合"真相。加拿大的《多伦多明星报》在报道巴以冲突时显示了双方死亡人数的图表，当地一家犹太教殡仪馆指责该报打着公正的幌子"在我们家门口煽动种族主义和不容忍"，因为"你们每天列出的'杀人图表'记分牌的中立性就证明了这一点：一个死亡等同于另一个死亡。中立的编辑政策让各方各抒己见的危险在于，它会促进对问题的理解，往好了说，这是肤浅的，往坏了说，这是极富偏见的"。

有时候，事实和事实的组合不但难以符合真相，还可能扭曲真相，这种组合未必有意为之，而是一种自然的框架化结果。例如，英国内政部数据显示，在 2010 年 9 月到 12 月，英格兰和威尔士共发生了 619 起谋杀案。其中男性被杀人数是女性的两倍多，但女性受害者得到了更多的媒体报道，特别是来自富裕阶层的年轻、漂亮、无辜的女学生。黑人和亚裔男性受害者得到的报道甚至更少。在这一"谋杀案报道等级制度"下产生的"整体真相"，使公众误以为谋杀案受害者主要是白人女性。

最后，从更广泛的社会范畴来看，究竟什么是本质，实难有定论。2017 年3 月，两个非法移民在马里兰州的一所学校强奸了一个 14 岁的女生。福克斯新闻集中报道了此事，同时批评没有充分报道此事的 CNN、ABC、CBS 等其他新闻机构是由于"媒体偏见（media bias）"。CNN 用另外一起犯罪案件反击，称

---

① 李普曼. 公众舆论 [M]. 阎克文，江红，译. 上海：上海世纪出版集团，2006：63.
② 王亦高. 新时代应警惕"新闻本质真实论" [J]. 新闻与写作，2015（7）：58-61.

"还有另一则与马里兰州有关的新闻，在福克斯或其他频道几乎没有得到报道。……一名退伍军人，一名所谓的白人至上主义者开车到纽约，用一把26英寸长的刀袭击了一名66岁的黑人，并将其杀害。……但这条新闻几乎没有在福克斯或其他任何地方得到报道，这是又一个犯罪的例子，但不符合福克斯那些支持特朗普的主持人的政治议程"。CNN媒体评论家布莱恩·劳瑞（Brian Lowry）说："电视新闻在将单个故事与更大的议题联系起来方面做得很好。就此事而言，它确实与福克斯希望推动其移民议程的议题相吻合。他们可以用此事来支持他们的观点，即这是你在其他媒体上得不到的报道。"他进一步指出，这种两极分化的原因是，这不会损害他们（福克斯新闻）的可信度，因为这些消费福克斯新闻的人只消费福克斯新闻。那些观众都是忠实的支持者，他们不一定会听到真实的故事。他们生活在另一个世界，他们被告知，那些在CNN、《纽约时报》、《华盛顿邮报》工作的家伙才是不讲真话的人，尽管事实恰恰相反。

这场争论的焦点就是如何定义作为本质真实的"真相"。从符合论的视角评价，以专业媒体建构的真相本体而论，两起犯罪事件报道都是"合法"的新闻。它们都是对真实事件的准确报道，都具有一定的公共属性，且均是"负面"信息。但是，它们都没能符合对方阵营对"本质真实"的认知和判断。在福克斯新闻看来，非法移民是严重的社会问题，需要引起公众关注，非法移民犯罪这一事件符合美国社会的本质真实，而在CNN、《纽约时报》看来，种族主义的问题更加严重，是美国社会的本质真实。结果，各自的报道在对方眼里都是由"偏见""议程"驱动的，最终不但导致了共同体乃至社会分裂，而且给批评者以口实，彻底破坏新闻业的求真努力。

2. 建构主义的挑战

"符合"的哲学困境给建构主义带来了契机。以福柯为代表的社会建构主义者认为，真相在一定程度上是通过社会中的权力斗争构建的，具有历史和文化上的特殊性，因此它不反映任何外在的"超验"现实（就像符合论所认为的那样）。福柯使用"真相体制"这个词，表明真相是特定权力结构的一部分，或嵌入其中。建构主义消解了客观真相的合法性，这一思潮在社会中的流行引发了相对主义和怀疑主义，使利益群体很容易被"精英掩盖了事实"这样的言辞说服。①

从元新闻话语中可见，镜子观在当代新闻业的观念中并未消散，建构主义却使这一概念成为问题。一些社会学和新闻学研究者从建构主义出发，将媒体和新闻工作者视为社会建构主体，认为新闻生产、流通和消费的过程就是新闻从业者遵循某些新闻价值，在或明示或默会的生产常规中建构现实，再生产社会意识形态的过程。建构主义挑战了新闻工作者的真相宣称，导致受众对精英媒体、精英记者的报道产生怀疑。泽利泽说，"当相对性和主体性在很多方面成为理解公共表达的更讨人喜欢的比喻时，新闻对事实（真正的和战略的）的坚持、对真相和某种现实版本的相关尊重导致它严重过时，被批评为实证主义的残余堡垒"。②

3. 竞争性真相的现实

真相只有一个，但是通往真相的道路有很多条，以语言来表述真相也有很多种方式。美国哲学家怀特和林奇考察了当代真理理论之后指出，尽管它们有相当大的差异，但都表现出共同的"多元化趋势"，这种趋势认为真理有很多形式。在他们看来，传统理论缺乏适当的范围来解释多样性，而简单的多元主义理论放弃了统一。如果想要同时掌握思想的认知统一和语义多样性，就需要一种新的思考真理的方式，这就是林奇和怀特提出的真性多元论（alethic pluralism），即对真理的各种表达的内容可以"在种类上不同，但在认知上统一"。它代表了对多元主义的哲学理解：真相有许多，而真理只有一个。③ 真理在不同面向的显现，就是竞争性真相。从这个角度而言，人类从来不曾生活在一个绝对确定的真相时代。在精英垄断真相的时代，人们只能看到被过滤的事实而被蒙蔽；在信息爆炸的时代，人们又被淹没在海量信息之中而无所适从。因此，后真相的本质是传播权力的分散，它不是简单的真或假的问题，而是简单性与复杂性的问题。

---

① 参见维克福什. 另类事实：知识及其敌人 [M]. 汪思涵，译. 北京：中信出版集团，2021：74.
② ZELIZER B. Taking Journalism Seriously [M]. California：Sage Publication，2004：188.
③ WYATT J，LYNCH M. From One to Many：Recent Work on Truth [J]. American Philosophical Quarterly，2016，53（4）：323-340.

（三）"传统"标准并不能保证真相呈现

专业媒体相信，真相的衰落源自各种因素导致的传统标准的放松，只要坚守和不断重申传统操作原则和实践规范就可保证真相的呈现。《今日美国》前主编普里查德坚称"也许主流新闻媒体的道德标准比以往任何时候都要高，但是人们并不总是意识到这一点"。

普里查德所言或许不虚，特别是在专业媒体中，强调事实本源和准确，以独立的身份和规范的方法去获取真相被认为是标准的实践，一旦违反，就会遭到整个行业的鞭挞和驱逐。这样的做法确实能够在最大程度上保证新闻报道的事实要件与现实相符合，但是并不能保证真相的呈现。原因在于，一方面，新闻真相的定义本身存在模糊性和局限性，而且从认知角度而言，新闻报道无论是符合事实，还是符合真相，都存在无法逾越的哲学困境；另一方面，新闻生产流程是机构的集体化过程，"新闻机构的日常工作程序无须刻意即可造成新闻报道的倾向性"。[1] 例如，不间断的新闻周期没有给记者留下足够的时间去挖掘真相，"当截稿时间已到，而你手中只有'他说、她说'，就已经很好了"，鼓励了对能够迅速、简明地提供信息的官方信源的依赖。[2] 新闻业对"大事件"的天然追求导致很多重要的、进展缓慢的社会运动和科学进步被忽略，远的有女权运动、民权运动，近的有气候变化、2008 年的次贷危机，因为它们缺乏被报道的"契机"[3]。特别是长期在职业规范中占主导地位的客观性原则，其曾经被认为是现代、科学和民主的，它超越了党派或自私自利的动机，记者就像科学家或法官，使用客观标准来得出合理的结论，新闻专业精神中的其他价值、实践规范乃至记者的角色都取决于客观性。但是，商业化媒介体制带来的种种弊端和新闻报道中各种复杂的因素导致从一开始，客观性就是不可能实现的，而且在此后的实践中，客观性逐渐变成了机械的篇幅和时间的计算，反而成为讲述真相的桎梏。在 20 世纪的最后几十年里，没有任何其他概念像客观性

---

① 班尼特 . 新闻：幻象的政治 [M]. 杨晓红，王家全，译 . 9 版 . 北京：中国人民大学出版社，2018：192.

② CUNNINGHAM B. Re-thinking Objectivity [J]. Columbia Journalism Review，2003（4）：24-32.

③ 帕特森，威尔金斯 . 媒介伦理学：问题与案例 [M]. 李青藜，译 . 8 版 . 北京：中国人民大学出版社，2018：29.

这一概念一样引发了如此多的争议。更糟糕的是，客观性的概念部分取代了更基本的真相的概念，因而变得混乱和谬误。

由此可见，专业媒体严格遵循传统标准并不保证得到真相。

（四）多元价值中"善"与"真"的分歧和矛盾

专业媒体追求的真相是真与善的统一，不但应当准确反映社会现实，而且是至善理念，必须服务于公共利益，无论是求真手段，还是真相的披露都应当是善的。不过，专业媒体对"真"的判断存在哲学困境，对"善"的判断则存在多元视角。

第一，专业媒体对公共利益的判断不一致，正如彭增军指出的：

> 传统媒介伦理的道德哲学基础主要是功利主义的，即以公共利益这一目的和结果来评判新闻操作的正当性。但是，功利主义的一大问题是对结果的评判的相对性，因为什么是公共利益、是何时何地的公共利益都不是绝对的，况且还有由谁来评判的问题。这在传统的媒介伦理中都比较棘手，在社交媒体和公民新闻中就更难操作，往往会成为为达目的而不择手段的借口和说辞。①

这一点，我们从不同媒体对新闻事件的选择即可看出。在精英媒体看来，揭露具有重大公共属性的、能够打击权势者的负面事件符合公共利益，可以被定义为"真相"。在娱乐小报看来，"真相的性质不应过分夸大"。名人新闻、娱乐新闻满足了人们的心理需求，只要"尽可能诚实地讲述"，就是"值得一读的新闻"，没必要认为"与好莱坞的控制狂相比，向布什政府发起挑战要重要得多"。精英媒体内部批评彼此的"议程驱动""意识形态"时，同样基于是否符合公共利益。例如，《澳大利亚人报》批评"进步媒体已经形成了自我审查，以不冒犯少数民族的名义放弃真相"。更为糟糕的是，价值独断主义和传播权力之争令这些媒体并不肯承认其他媒体眼中符合公共利益的"真相"。

"新闻事业从来不能只是简单地'报道事实'，它必须赋予事件以意义，而只有在社会中的主要政治玩家不存在分歧尖锐的世界观时，才可以用'公正无

---

① 彭增军. 新闻业的救赎［M］. 北京：中国人民大学出版社，2018：130.

私不偏不倚'来赋予事件意义"。① 这在多元民主社会中似乎是不可能完成的任务。

第二，在追求更高的"善"时，"真"成为可以妥协的原则。

"如果说讲述真相主要（或者仅仅）成为更高利益的手段，其他不那么体面的手段也可能服务于相同的目的，而且，当讲述真相和公民价值观发生冲突时，危险就出现了"。②

阿特休尔回忆自己在担任美联社驻西德首都波恩首席记者的一件事。当时，康拉德·阿登纳领导的基督教民主联盟赢得了联邦议院下院的绝对多数席位，然而，该党的几位领导人并没有大喜过望，而是担心这样压倒性的胜利会使德国人民或许还会像追随希特勒一般追随一位领袖。阿特休尔发现这一变化后，写下相关报道，但是在恐赤症的背景下，美联社总部要求他按照美国公众感兴趣的角度，"强调阿登纳的胜利等于共产党人的'失败'"。阿特休尔认为这种判断纯属错误，但是，"电传机那一边的人是掌权者，他们要我服从命令并写出宣扬阿登纳获胜挫败了共产党人企图的报道。……于是我只好违心地按照他们的旨意进行采写"。"这个事例说明了新闻在国际场合下的性质。它必然要按照'我们'对'他们'或'好人'对'坏人'的格式进行报道。……认为新闻具有某种独立的特征或曰报道只反映事实本身的观点实属大错，正如同认为记者、编辑总能够超脱出来塑造他们自身的政治、经济、社会和文化制度的想法一样，也是不对的"。③ 美国学者对 20 世纪 60 年代黑人民权运动中的重要行动——乘车自由的新闻报道进行研究后发现，这一行动起初并未受到关注。起初，有几位记者和摄影师跟随报道，但未成为新闻，直到事情开始变得暴力。由于南方新闻界的白人至上文化，他们对乘车自由的报道充满事实错误，认为是自由乘车者在挑衅，而非那些白人暴民。④

---

① 哈林，曼奇尼. 比较媒介体制 [M]. 陈娟，展江，等译. 北京：中国人民大学出版社，2012：237.

② MURPHY J, WARD S, DONOVAN A. Ethical Ideals in Journalism: Civic Uplift or Telling the Truth? [J]. Journal of Mass Media Ethics, 2006, 21 (4): 322-337.

③ 阿特休尔. 权力的媒介 [M]. 黄煜，裘志康，译. 北京：华夏出版社，1989：3.

④ FORDE K. The Enduring Problem of Journalism: Telling the Truth [J]. Journal of Magazine & New Media Research, 2012, 13 (1): 1-9.

人们如果仅仅将真相当作工具，更高的道德召唤可能成为讲述真相的桎梏。

（五）价值独断主义与传播权力之争

如上文所述，符合论存在难以逾越的哲学困境，而且在多元文化社会，对价值的判断也见仁见智，因此，即便完美无瑕地按照实践原则追寻并讲述真相，最终呈现的报道仍然无法完全"符合"事实，更难以符合不同人理解的"真相"。例如，公众和记者参加同一场活动，每个人看到的都是活动的一部分，谁看到的活动片段更"真实"？运动队教练的发言被媒体截取了其中一部分，他认为那不是他想表达的重点，而媒体则认为自己的选择更为重要，那么，究竟是发言者还是转述者更"真实"？面对这一根本性的哲学困境，每家媒体、每个新闻工作者，甚至每个受众都坚持自己的选择，截取并转述的"那个真相"是唯一的、合法的、不容置疑的真相，这体现了符合论的后果——价值独断主义。

作为一种价值思维方式，价值独断主义表现为预设某种"不言自明""绝对正确"的价值标准，用来衡量和评价其他价值。但实际上，它不过是把自己的价值立场视为绝对权威、唯一"参考系"。① 这种价值独断主义催生了大量关于"议程""偏见""意识形态"的批评。同质化的"包装新闻（pack journalism）""抄闻（churnalism）"已成为行业痼疾、饱受诟病——"所有的全国政治记者都住在华盛顿，见过同样的人，使用同样的消息来源，属于同样的背景群体，信奉同样的预兆"。因此，"如果说有什么不同的话，那就是现在的情况更严重了，因为'华盛顿内部的心态'已经膨胀成了不言自明和真相"。但是，当媒体选择报道了不同的社会事件时，即便是"发生在现实中的真实的事件"，它也会招致"议程驱动"的批评。

2018 年，特朗普总统的一名高级助手波特（Porter）因被指控殴打妻子而辞职。CNN、ABC 和 BBC 等对此事进行了报道，CNN 认为"这是今天早上华盛顿的大新闻"，但是"福克斯几乎没有提到波特。这就引出了一个问题，他们故意报道的故事类型是为了搅浑水"。福克斯不是唯一，"昨天布莱巴特的一篇报道与白宫一点关系都没有"，因此，"这又是一个关于两种故事的故事，红色新闻和蓝色新闻，当谈到本周最大的新闻事件之一时，我们如果认为这应该是关于

---

① 韩功华. 用主体性思维解构"后真相"[J]. 中国政法大学学报，2020（4）：121-125.

寻找真相的新闻，这两个不同的宇宙会让我们挠头"。

福克斯新闻的主播奥莱利在节目中攻击"全国媒体现在已经成为民主党的一个工具。他们同情一个政党。在电视上，绝大多数的新闻播音员都是自由派"。他说，"任何一个公正的人都不会认为全国媒体严重向左倾斜，看不起特朗普总统，不愿意给他机会，也不愿意相信他。但是，这就是正在发生的事情。国父们给了我们特定的自由，让我们可以告诉你当权者的行为。但当媒体与政治运动结盟时，在这里是自由主义，它就不再是客观的或自由的，因为它同情一个政治观点"。参加节目的另一位福克斯新闻主播帕夫利希附和道："这个国家大多数新闻学教授90%以上的人都是自由主义者。有明显的证据表明，媒体确实偏向于左派。"奥莱利接着要求参加节目的民主党战略人士马什（Marsh）列出5家主要的电视网中的保守派记者，马什勉强列出三四个，但是当她指出在福克斯新闻、《华尔街日报》有大量保守派记者时，奥莱利粗暴地打断她说："《华尔街日报》的社论版是保守派，但他们的新闻版不是。"在梵·迪克看来，"意识形态在我们诸多的日常话语中以一种贬低的方式被使用于特征化他者的观念（ideas）或政策中。我们握有真相，而他们有的是意识形态"。事实上，由于事实与价值的缠结，每个群体的真相认知都带有意识形态色彩。因此，"有意思的是，当意识形态在表达一个内群体与一个外群体、我们和他们之间的两极化时，对这一概念的如此贬低性使用，其本身也许就是意识形态的"。① 价值独断主义催生的批评和争议与其说是真相与假新闻、情绪与事实、动机与实践之争，不如说是因传播主体立场的不同而导致的真相话语权之争、权力关系之争，与真或假、符合与否已经无关，就像一位美国受众所说：他会在SiriusXM上收听福克斯新闻广播（Fox News Radio），并将自己在那里听到的内容与CNN和NBC新闻等其他新闻机构提供的内容进行比较。"他们的报道大相径庭。我对这一切都很厌倦了"。

启蒙运动以来，价值多元已成为社会现实，利益多样本来就是人间百态，特别是在全球化时代，没有一个绝对的权威可以统一多元价值、平衡多样利益。于是，对真相的狭隘定义、认识论的哲学困境、众所纷纭的多元价

---

① 梵·迪克，主编. 话语研究多学科导论［M］. 周翔，译. 重庆：重庆大学出版社，2015：343.

值，叠加传播权力之争的价值独断主义，将新闻业的真相神话变成了自己的桎梏。

二、封闭自满的精英话语体系

专业媒体的自我呈现是高度规范的，完全以媒体对民主和公民的贡献为导向。自己是身份超然的"第四权力"，作为不可或缺的真相代理人和仲裁者，代表公民挑战权力，在民主社会中拥有核心地位。这一身份的衰落主要是因为外部因素，"我"仍然是合法的，从而建构了"唯我独真"的社会形象。然而，现实果真如此吗？

（一）专业媒体是社会权力体系的构成部分

元新闻话语强调专业媒体独立于政治、独立于利益集团的中立身份，对来自政治和商业力量的威胁进行了激烈的话语抵抗，视其为对真相的头号威胁，但是西方媒介制度决定了商业化媒体本身就是政治经济权力的一部分。

第一，专业媒体是统治集团的一部分。作为精英机构，专业媒体"和'人民'的关系如同纽约证券交易所和人民的关系。没人会妄称纽约证券交易所是人民。报刊也不等同于人民"①。这种角色决定了一方面，它们的话语必然处于"合法"区域之内，不可能"代表人民"从根本上挑战社会体制；另一方面，它们也不可能放弃自身的建制派地位，机构话语必然要维护自身的存在合法性。

例如，西方专业媒体经常将水门事件、尼克松、伯恩斯坦作为新闻扳倒强权、服务民主的象征，但正如阿特休尔所说，"在水门事件中，新闻界对尼克松总统和他的行政当局发出了甚嚣尘上的批评，但对根本的制度未有丝毫动摇。事实上，新闻界谴责的是总统，而不是总统制"②。当今，西方专业媒体中对特朗普总统和他的行政当局密集的抨击也是在美国的民主框架中进行的，它们抨击的是破坏民主制度的总统，而不是美国的根本政治体制。

2021 年 1 月 6 日，美国发生了震惊全球的冲击国会事件，显示美国国内的

---

① 尼罗，贝里，布拉曼，等．最后的权利：重议《报刊的四种理论》［M］．周翔，译．汕头：汕头大学出版社，2008：18.

② 阿特休尔．权力的媒介［M］．黄煜，裘志康，译．北京：华夏出版社，1989：152.

矛盾和问题已经极其严重。媒体曾经一直不遗余力地批评特朗普："特朗普在进一步分裂国家。我们陷入了可怕的独裁倾向，我们从未见过一位美国总统有如此公开的威权主义举动和言辞。面对一个有独裁倾向的总统，我们是美国人民最后的求助对象。"但是，攻击国会的、在2020年11月为特朗普投票的那7500万人显然并不认为伯恩斯坦和他所在的专业媒体是"美国人民最后的求助对象"。

第二，专业媒体是营利机构，它们的第一要务是生存。专业媒体对此并不讳言，正如CNN高级副总裁所说："这一直是一项生意。因为这是一个非常昂贵的行业，金钱问题限制了我们做好新闻报道的能力。"但是传统上，商业化媒体坚持使命感和经济上的独立和富足能够保证优质的公共服务，"在任何行业里，我都不知道有谁不想做得更多。当我们（CNN）刚成立的时候，没有钱，直到现在，我们通过财务表现做出了一定的承诺"。进入21世纪，媒体集团对利润率的过分追求进一步压榨着专业媒体作为社会公器的那一部分空间，专业媒体对此进行了充分的言说，并认为这一点对新闻公信力的打击格外沉重。但是，元新闻话语没有说明的是，商业化媒体的定位本身就包含着经济利益的追求。每家媒体都标榜自己独立、客观、追求真相，但每一家媒体又都会去赢得自己那一份市场——严肃新闻面向精英群体，这个群体虽然不大，但是拥有话语权，是广告商青睐的优质对象。小报新闻面向普罗大众，胜在发行量大，购买者众。福克斯新闻面向保守的共和党人，MSNBC、CNN被认为是左翼媒体或西方媒体的代表。

有这样一个有趣的案例：费城的最后一份另类周刊《费城周报》（*Philadelphia Weekly*）宣布了一项筹资活动：如果费城人通过众筹网站Kickstarter① 向其捐赠至少5900美元，他们就会在年底前转向保守意识形态。《费城周报》的管理层表示，筹款活动的目的是要了解费城人是否对保守的另类周刊有兴趣，以表明这本杂志是否会有读者。"2020年的'另类'与几年前不同，保守派不再有发言权——尤其是在费城这里。我们不仅关注捐款金额，还关注捐款人数。这将告诉我们这一举措的可持续性有多强"。由于广告收入大幅下降，全国各地的平面媒体都在苦苦挣扎，尤其是在新冠肺炎疫情期间，测试这一变化既是一项编

---

① 全球最大最具影响力的众筹网站，2009年成立于美国纽约。

辑决定，也是一项财务决定。"在财务上，我们必须在读者和广告商面前脱颖而出，才能兴旺发达。最近，我们的新闻报道看起来几乎和其他所有人的新闻一样。这根本不是'另类'，我们也无法脱颖而出"。《费城周报》的举动显示，对于某些商业媒体和新闻工作者而言，真相不是第一考量，资金和利润才是。

"特朗普冲击"则从另一个侧面反映了这种扭曲。西方各国的精英媒体都将特朗普视为新闻业的头号威胁者，从 2016 年起开始持续反抗和批评特朗普。世界各地的新闻机构都在宣传他们的服务，以此作为对特朗普主义和假新闻的补救措施：与伏地魔和他的黑魔法战斗是吸引读者的好方法。政府的审查产生了最好的新闻业。特朗普被标记为当今的尼克松，而当代记者就是当年的伍德沃德和伯恩斯坦。不过，根据路透社的调查，"从某种意义上说，新闻业在 2016 年竞选期间进入了一个新的、特朗普式的镀金时代"①，因为随着特朗普冲击，新闻机构发现他们对特朗普的报道越多，他们的 Chartbeat② 数字就越好。

（二）专业媒体与"公众"系统性脱节

新闻真相是达成更大目的的工具——公共服务，然而并未明确，"公众"是谁？当他们用理想主义话语"向当权者说出真相""让当权者不好受"，来强化对职业和集体的认同时，他们却没有说明代表谁，向哪些权势者，说出什么真相。

在元新闻话语中，服务对象的指向似乎相当明确，即社区、公众。"当高质量的新闻受到保护时，我们都会受益。我们的社区和我们的民主会在法治得到维护和记者能够做好他们的工作时更加强大"。"我怀念他对真相的忠诚，他顽强追求对缅因人而言重要的报道，以及他对所服务的社区的激情"③。但是，现代社会是一个多元社会，存在多样的利益群体，这些群体各有诉求，不是铁板一块的"群体""社区"。

---

① JILL LEPORE. Does Journalism Have a Future？（2019 - 1 - 21）. 检索于 https：//www. newyorker. com/magazine/2019/01/28/does-journalism-have-a-future.

② 2009 年成立于美国的一家科技公司，向全球出版商提供实时网络分析，显示不断更新的网络流量报告，告诉编辑们他们正在阅读哪些故事以及他们正在跳过哪些故事。

③ JILL LEPORE. Does Journalism Have a Future？（2019 - 1 - 21）. 检索于 https：//www. newyorker. com/magazine/2019/01/28/does-journalism-have-a-future.

第一，商业化媒体需要营利，必然放弃一部分人群。事实上，"一份报纸总是代表一个成员是其定期读者的社团"，西方国家的商业化在媒体的构成上存在先天缺失，因为无法营利的媒体机构会被逐出媒介体制。在本书研究的5个国家中，到20世纪，"除了商业性报界，其他报纸都成为边缘性的了"。① 例如在英国，曾经有过一个发行量很高的劳工报界，但最终还是消亡了，因为"广告商不仅厌恶它的政见，而且对它几乎清一色的工人读者群了无兴趣"②。彭增军将"新闻弃儿"分为两类，前一类是被新闻业所遗弃的老年人、少数族裔、边远地区人群和在城市中大量存在的贫民。比如，美国许多报纸因为发行成本太高，主动劝退了远郊、农村的订户，③ 但是这些人群是民主社会中不可忽视的力量。

第二，"最具伤害性的偏见极少得到讨论，即阶级产生的偏见"。④ 专业媒体作为精英机构，雇用的记者也是精英人群。最近的一项研究发现，在《华盛顿邮报》和《纽约时报》的记者中，近一半人上过精英大学，20%上过常青藤盟校。大约80%的记者拥有大学学位，这一比例远远高于整体人口（约30%），这些人经常报道的是他们生活中不曾经历过的事件和问题。⑤ 记者的精英身份决定了他们在心理上与受众的距离。此外，元新闻话语的其他言说主体也多为政商界精英，少量读者来信虽然没有表明身份，作为报纸读者至少受过相当程度的教育，这些人群共同构成了机构性话语的导向与盲点。以美国为例，20世纪70年代新自由主义兴起，以牺牲社会公平为代价来追求经济发展，导致美国贫富分化越来越严重，实体制造业空心化，工人阶级陷入贫困，人们普遍感到愤怒和绝望。然而，真诚地渴望"为公众服务"的传统专业媒体却未能捕捉到这种情绪，也未能真正理解这些特朗普的支持者，导致报道出现重大偏差。

---

① 哈林，曼奇尼. 比较媒介体制［M］. 陈娟，展江，等译. 北京：中国人民大学出版社，2012：201-202.

② 哈林，曼奇尼. 比较媒介体制［M］. 陈娟，展江，等译. 北京：中国人民大学出版社，2012：202.

③ 彭增军. 从此萧郎是路人：新闻的弃儿［J］. 新闻记者，2021（5）：61-66.

④ CUNNINGHAM B. Re-thinking Objectivity［J］. Columbia Journalism Review, 2003, 42 (4)：24-32.

⑤ KREISS D. The Social Identity of Journalists［J］. Journalism, 2019, 20 (1)：27-31.

(三)专业媒体从来不是真相的唯一定义者和仲裁者

专业媒体运用话语将自己建构成真相垄断者和民主社会的核心,将这一身份和地位的丧失主要归因于经济和技术变革带来的超级竞争、信息环境的污染和受众的非理性,并反复怀念"黄金时代"。似乎曾经有过一个真相的田园时代,那时的媒体按照传统标准提供完美的真相,那时的人们毫无保留地信任媒体,那时的记者可以成为"最受信任的人",然而真的有过这样的时代吗?

首先,新闻与真相从来不曾有过理想中的亲密关系。回顾新闻史就可发现,报刊和广播电视等"传统媒体"在它们各自的发轫阶段都被指责为滥用自由,却"甚至对同情性的批评也做出愤怒的回应"①。从早期的政党新闻到黄色报刊,从20世纪三四十年代备受批评的广播电视,再到麦卡锡时代新闻业的"助纣为虐",新闻报道真相的历史其实劣迹斑斑。自称报道"所有适宜刊登的新闻"的《纽约时报》曾经让列宁死过7次;《华盛顿邮报》在1982年发表的《吉米的世界》纯属虚构;政治人物、广告主和公关专家一直在寻求对自己有利的方式,塑造信息环境,甚至和记者形成了"共生关系";许多对新闻业的批评都指向新闻作为一种霸权力量的意识形态控制。实际上,在一些研究者看来,今天的新闻比几十年前要好得多。② 舒德森指出,"新闻从业者对自己行业的历史知之甚少,甚至不太关心,还有很多根本就是错的,都是在自我表扬(self-glorifying)。他们会极大地夸大历史上新闻业的高质量,目的是批评今天的新闻业"。③

其次,新闻业从来不是民主社会中唯一的真相提供者。专业媒体以真相作为话语资本不断警告受众:失去了新闻就是失去了真相,"如果新闻监督机构不能嗅出真相,那么谁来为公众跟踪呢?"其后果就是民主遭到威胁,甚至"如果新闻消失,民主也会死亡"。然而,新闻不是唯一影响真相概念的机构,很多行业都以追求真相为目的。正如《大西洋月刊》的一篇文章中写道:"最好的情况

---

① 尼罗,贝里,布拉曼,等.最后的权利:重议《报刊的四种理论》[M].周翔,译.汕头:汕头大学出版社,2008:29.

② 参见舒德森.为什么民主需要不可爱的新闻界[M].贺文发,译.北京:华夏出版社,2010:9;BROERSMA M. The Legitimacy Paradox [J]. Journalism, 2019, 20(1):92-94.

③ 邓建国,舒德森.我对新闻业未来谨慎乐观:迈克尔·舒德森学术访谈[J].新闻记者,2015(2):4-12.

是，每一个职业——法律、科学、医学、新闻都是对真相的探索。"但是，专业媒体似乎没有看到其他真相道路上的同行者。

再次，新闻业夸大了自己作为真相垄断者在民主社会中的地位。专业媒体确定事实、提供准确的信息乃至报道真相的确至关重要，但是仅仅拥有准确的信息并不能单独解决政治和社会问题。发现并揭露真相是公共行动的第一步，只有在政治或社会动员下，或得到政府机构、法院机构的回应才会真正产生影响。专业媒体却将信息披露视为民主社会运行中最重要，甚至唯一的部分，例如水门事件被建构成为勇敢的记者奋起挑战和揭露总统恶行的英雄故事，抹去了立法机关和执法机关在其中发挥的重要作用。

最后，专业媒体将信任危机部分地归因于技术变革导致的"后真相"思潮和"假新闻"现象中，似乎曾经存在过一个"真相"时代。事实上，互联网时代之前，专业媒体能够获得垄断性地位并不是因为它们能够提供完美的真相，而在于传播资源、技术和资金的稀缺。社交媒体时代打破了这种资源垄断，"新媒体正在取代报刊作为政府和民众间上传下达的信息流通渠道的地位。同样，报刊正在失去它所扮演的真实性定义者这一特许角色"①。

学界和公众都曾热烈欢呼过互联网的赋权带来的信息民主（不管后来如何反转），但是专业媒体仅在早期谨慎而有限地接纳了公民记者，并且强调对这些公民记者提供的新闻拥有最终的判断权，此后就对数字媒体进行了持久而猛烈的攻击，将其一概作为假新闻和谣言的代名词，要求其自律，要求政府颁布公共政策来实现他律。

数字媒体固然是假新闻的集散地和放大器，但同时也提供了更多的信息来源，很多具有重大意义的事件率先被发布到社交媒体平台上，引发了全球性的关注和后果。2010年，伊朗大选后发生抗议事件，当时西方记者被禁止入境伊朗，而且伊朗国内的情况非常混乱。一段无名氏拍摄的视频展现了一个叫作内达·阿伽-索尔坦（Neda Ahga-Soltan）的抗议者被枪杀的过程，成为各专业媒体关注的焦点。这段视频在YouTube上播出后，被点击播放了成千上万次，并获得了波克新闻奖（Polk Award）。把新闻界最重要的大奖之一颁给新闻体制之

---

① 尼罗，贝里，布拉曼，等．最后的权利：重议《报刊的四种理论》[M]．周翔，译．汕头：汕头大学出版社，2008：207.

外的无名氏，这说明新闻史上一个崭新时代的到来。"这个奖的意义在于，在今天这个世界，任何一个勇敢的旁观者，只要有一部带摄像功能的手机，就能通过视频分享，在社交网络传播新闻"。[①] 2020 年，美国明尼苏达州的黑人弗洛伊德遭警察暴力执法窒息而死，这个过程被一名目击者用手机通过脸书直播，引起了广泛关注，最终导致全美大规模的反种族主义抗议活动。

专业媒体的真相话语不但忽略了这一点，而且在社交媒体上做出积极改变时也没有给予正面的评价。2019 年，推特首席执行官杰克·多尔西（Jack Dorsey）决定不再接受政治广告。他说："尽管互联网广告非常强大，对商业广告商来说非常有效，但这种力量给政治带来了重大风险，它可以被用来影响投票，影响数百万人的生活。"《华盛顿邮报》却评价："这一即将生效的举措对多尔西来说相对没有痛苦。据估计，这些广告每年只能带来 300 万美元的收入。"《华盛顿邮报》并批评"科技巨头"："他们受到很多东西的驱使，主要是金钱、权力和逃避监管，如果他们考虑的是对社会有益的东西，那很可能是事后才想到的。"专业媒体似乎不受金钱、权力的影响，而且专业媒体猛烈批评数字媒体，却不曾让这些数字媒体在专业媒体平台上发言，连"机械的平衡"都没能做到。

（四）公共政策保护的是专业媒体而非真相

专业媒体呼吁公共政策介入，为报道真相提供良好的外部保障，包括保护新闻出版自由和记者安全的立法、税收政策立法和治理数字媒体的立法。不过，这些呼吁更多的是保护作为机构的精英媒体，而非真相。

首先，从语义层面而言，真相并非新闻，也非新闻真相。在呼吁立法的过程中，专业媒体格外强调真相之于民主的作用，诉诸公众的理性和对社会制度的共识，诸如"真相失败了，民主也会失败"。"事实很重要。真相很重要。说媒体是人民的敌人，这是一件很可怕的事情。从长远来看，这会损害这个国家的真相和新闻"。这样的话语本质是偷换概念，毕竟专业媒体能够提供的"真相"是有限的，甚至是狭隘的。

其次，西方专业媒体既不能完全代表人民，也无法垄断真相。专业媒体呼

---

① 班尼特. 新闻：幻象的政治 [M]. 杨晓红，王家全，译 .9 版 . 北京：中国人民大学出版社，2018：8.

吁立法的基础是它服务于公共利益，是代表人民监督政府行为的"第四权力"，其工作的本质是发挥"看门狗"的作用。但是，商业化媒体的第一要义是生存和赢利。在21世纪之初，全球特别是欧美国家的新闻业版图刚刚经过重构，技术和通信的融合创造了时代华纳、美国在线、迪士尼和美国广播公司这样的公司，中小传媒企业纷纷被跨国、跨行业传媒巨头并购。这些公司的主要业务是商业，新闻只占其收入的很小一部分，而且老板们没有新闻背景，甚至对新闻没什么兴趣。因此，精英媒体的记者忧心忡忡地批评新闻与娱乐不分、观点越来越多地渗透到新闻中、平庸无聊的信息充斥媒体空间。内部缺陷严重的"第四权力"和"看门狗"，特别是作为新闻采集者的记者个体可以要求公共政策的保护，但是用"真相"作为说辞并不真诚。

最后，西方专业媒体呼吁政府对数字媒体立法，来实现他律，这恰恰是一种垄断性的要求。回顾新闻史，今天的社交媒体和19世纪70—90年代的黄色报刊和20世纪三四十年代的广播电视受到的批评颇有相似之处。它们在各自所处的发展阶段都被指责为滥用自由，却"甚至对同情性的批评也做出愤怒的回应"[1]。从1956年至20世纪90年代，媒体并没有变得更好，依然垄断严重，报道肤浅，然而，当它们自己成为"传统媒体"，面对入侵者的挑战时，和当年的"传统媒体"一样也呼吁自律和公共政策的介入。"盎格鲁血统的美国人用宪法第一修正案将自由观变成了从报业角度出发被机构化（institutionalized）的自由观，它限制而不是扩大了自由"[2]。

我们考察话语建构的盲点可以发现，专业媒体的媒介中心主义迷思矮化了其他社会成员的能动性。它的观念基础经不起推敲，无异于沙上建塔。话语缺位之处，就是权力运作之时。话语的盲点既表明那些"不言自明"的观念如何束缚了专业媒体的自我反思和想象，也表明对传播权力的争夺是多么激烈。与此同时，前台表演的观念神话与身份神话"流露"和"隐瞒"了与表演不一致的动机、行为和社会现实，在行动者相互碰撞、协商、争夺意义与身份之时必然导致神话的碎裂。

---

① 尼罗，贝里，布拉曼，等. 最后的权利：重议《报刊的四种理论》[M]. 周翔，译. 汕头：汕头大学出版社，2008：29.
② 凯瑞. 作为文化的传播 [M]. 丁未，译. 北京：中国人民大学出版社，2019：145.

小　结

《华盛顿邮报》的一位书评人认为，"新闻业可能是美国发展最缓慢、最受传统束缚的职业，除非被某种不可抗拒的外部力量推入未来，否则新闻业不会让步"。这一断言得到各国元新闻话语的印证。在西方专业媒体的话语建构中，"真相"是基于真实的社会事件，经过特定价值观和伦理选择之后呈现出的一种陈述，它本身带有不确定性。但是，每家媒体都持价值独断主义，执着于符合论视野中唯一的、给定的"真相"，将自己建构为排他性的真相发掘者、仲裁者和传递者，用俯视的态度看待受众和其他传播主体。这种"媒介中心化的迷思"是在专业媒体的机构话语中被建构出来的。话语建构与现实之间呈现出的巨大断裂严重削弱了专业媒体真相宣称的有效性，信任危机的存在表明受众绝不是被动的接受者。尽管专业媒体充分认识到了自身的处境，并且试图运用话语与受众沟通，取得谅解，但是对外在因素的强调进一步显示，专业媒体对自身身份的维护和自我反思的不足。

我们进一步探查真相话语建构的盲点表明，对唯一的、给定的真相的坚持既是哲学困境的体现，也是传播权力之争和社会政治文化的现实映射。话语的"隐瞒"和"遗漏"一方面是权力运作的结果，显示西方专业媒体未能真诚面对受众，另一方面，也可能他们在一定程度上真诚地相信自己确实扮演着这种角色。"表演者必定期待观众认真对待自己在他们面前所建立起来的表演印象。表演者可能完全进入了他所扮演的角色之中，他可能真诚地相信，他所呈现的现实印象就是真正的现实"。① 但是，这种基于现代性的自我呈现在后现代语境中已经严重滞后，话语建构的策略性意图和现实之间存在断裂，剧班并不了解自己的观众，它试图建构的形象也在"给予""流露"和"隐瞒"的错位中坍塌，话语建构的真相神话面临困境。

由于对核心理念和自我身份缺乏批判性思考，专业媒体的应对策略也浮于表面：认识论困境和价值独断主义导致媒体严重分裂，对此专业媒体除了批判

---

① 戈夫曼. 日常生活中的自我呈现［M］. 冯钢，译. 北京：北京大学出版社，2008：15.

和自我辩护之外束手无策；事实核查和坚守传统标准仍然受"有偏向地核查特定事实"的批评；单向的新闻生产和透明性努力，以及主动解释、抗辩无法弥合精英机构与公众的系统性脱节。

凯瑞说，"我们先是用符号创造了世界，然后我们又栖息在自己所创造的世界里"。① 每个新闻工作者都是被规训的个体，共同体经历漫长的岁月沉淀得到的真相观念既是他们实践的基础，也是他们实践的桎梏。荷兰学者布罗斯玛指出，新闻工作者和受众普遍都接受对现实的模仿和纯粹客观的再现，这是不可能的，但令人吃惊的是，在新闻报道和公共话语中，新闻对真相和真实性的声言仍然如此生动。"新闻业这种一边明知不可能，一边又宣称讲述真相的悖论似乎是它的一个重要组成部分"②，这是新闻业"令人难以忍受的局限"③。那么，这种断裂是否意味着专业媒体的全面衰败和死亡？

---

① 凯瑞. 作为文化的传播 [M]. 丁未，译. 北京：中国人民大学出版社，2019：28.
② BROERSMA M. The Unbearable Limitations of Journalism：On Press Critique and Journalism's Claim to Truth [J]. International Communication Gazette，2010，72（1）：21-33.
③ BROERSMA M. The Unbearable Limitations of Journalism：On Press Critique and Journalism's Claim to Truth [J]. International Communication Gazette，2010，72（1）：21-33.

第五章

新闻与真相的生机："所有盛开的鲜花"

　　了解事实是人类的生存本能。除此之外，人类作为理性动物，要想善于思考，就需要知道事实。人类作为社会动物，要想达成妥协和共识，同样有赖于对事实真相的了解。在科学、医院、立法机构等声称追求真相的现代性机构中，新闻是为"公众建构常识经验和感知真实世界的一股主要力量"①。进入 21世纪，包括新闻在内的所有现代性机构都遭到广泛质疑，专业媒体作为真实与现实仲裁者的权威受到了无数挑战，真相话语建构的神话似乎已经日薄西山。不过，我们有必要指出，对现代新闻业的批评需要联系整个社会的情况。

　　自 20 世纪 90 年代中期以来，西方主要国家的政治生活越来越两极分化，全球化和经济变革将许多人抛出主流社会，城市中教育背景良好的社会精英与小城镇中价值观更加传统的居民之间出现了巨大的文化鸿沟，互联网的兴起削弱了社会精英对信息的垄断，导致人们分裂成无数的信仰社群。今天，愤怒的民粹主义运动在西方世界如烈火烹油，以"抗拒知识"为特征的认识论危机成为现代社会的主要威胁，而"捍卫知识"成为关心人类命运的人们共同的呼声。哲学家反复提醒人们：客观事实和客观真相是存在的，"正因为真理是客观的，不取决于我们和我们的观点，我们才无法绝对确定，反对教条主义的关键恰恰是需要有客观真理存在"。②

　　前文的研究发现，人们尽管存在认知差异，但专业媒体就真相的核心位置

　　① 舒德森. 新闻社会学［M］. 徐桂权，译. 北京：华夏出版社，2010：15.
　　② 维克福什. 另类事实：知识及其敌人［M］. 汪思涵，译. 北京：中信出版集团，2021：48.

达成了共识，从不同的角度肯定和维护了真相对公民、对社会的重大意义。人们对新闻业应当以追寻并报道真相为目标的重大使命并不存疑。就此而言，专业媒体的真相话语既维系和巩固了自身的合法性与地位，也是"捍卫知识"的重要文化力量。

第一节　依然闪光的内核

《牛津词典》将"后真相"选为 2016 年年度词汇，人们哀叹客观事实已经无效，人类看似已经进入了"真相崩塌（Truth decay）"的时代，它表现在：1. 对事实以及事实和数据的分析和解释的分歧越来越大；2. 观点与事实之间的界限逐渐模糊；3. 对事实的观点和个人经验的相对数量乃至影响力与日俱增；4. 对一度尊重的事实信息来源失去信任。[1] 现代社会的有序运转必须建立在一系列公认事实的基础上，否则就无法展开对话、辩论、协商、妥协和决策的有效民主过程。传统上，专业媒体承担着通过报道真相来培养知情公众的民主托付，而在专业媒体的元新闻话语中，真相不仅是认识论中的客观实体，还被建构为至善理念，是真与善统一的价值体系。在新的传播秩序中，审视真相观念的话语建构，可以发现在当代仍有值得坚守的理念与规范。

一、作为仪式的真相言说

在凯瑞看来，新闻阅读与写作"好比参加一次弥撒仪式，在那种场合下，虽然人们没有学到什么新的东西，但是特定的世界观得到了描述和确认"[2]。关于真相的元新闻话语在整个社会舞台上展开，它成为"一场巴厘岛的斗鸡、一本狄更斯的小说、一出伊丽莎白的戏剧、一次学生集会，都是对现实的一种呈现，它为生活提供了一种整体的形式、秩序和调子"[3]。专业媒体的真相言说，就体现了对"真"与"善"的仪式化仰望。

---

[1] KAVANAGH, Rich M. Truth Decay: An Initial Exploration of the Diminishing Role of Facts and Analysis in American Public Life. Rand Cooperation [R/OL]. Rand, 2018-01-16.

[2] 凯瑞. 作为文化的传播 [M]. 丁未，译. 北京：中国人民大学出版社，2019：20.

[3] 凯瑞. 作为文化的传播 [M]. 丁未，译. 北京：中国人民大学出版社，2019：20.

不论对真相的认知有多少不同的视角，也不论对新闻真相有多少批评，在元新闻话语中，一个不言而喻的前提是，"真相"是好的、善的。求真和讲述真相是值得肯定的美德，它们在专业新闻中具有不容置疑的"原初位置"，是专业新闻的共识和对社会的承诺，也是社会成员对专业新闻的期许。真相言说固然建构了一个神话，但是这个神话本身具有强烈的道德感召力，这在话语过程中完成了新闻信仰的仪式，凝聚了对真相的仰望。科瓦齐和罗森斯蒂尔回忆："当我们从1997年开始搜集和记录新闻人的共同看法时，我们首先听到的是下面这个回答：'新闻工作者核心目标是说出真相'，这样人民才能得到所需的信息行使统治权。"①

事实上，正是因为政治和社会两极分化加剧，社会凝聚力受到经济和技术快速变革的压力，民粹主义抬头，对社会不公的抗议日益增加，对机构的信任下降以及阴谋论的兴起等给专业新闻创造了一套新的社会环境。新闻公正性和客观性的传统观念面临压力，专业媒体才需要坚持和澄清事实与真相，这既是职业生存的基础，也是社会稳定的力量。特别是在社会的认知危机日益加剧的时刻，专业媒体有意识地将真相作为符号资源加以利用，强调真相作为职业的至善理念和求真的实践手段，"最小语义场"中的每一句话都在表达对"真"与"善"的仰望和不懈追寻——"高质量新闻的一部分使命就是揭露那些并不总是那么容易发现的真相""我很享受努力履行新闻业看门狗和毫不退缩地追求真相的承诺""犯错令人羞愧，但坦白承认并迅速纠正这些错误是新闻工作和追求真相的必要组成部分""新闻机构的可信度、公共编辑的角色以及新闻本身都取决于说出真相，而不是捏造事实"……

这些话语显示，新闻确实是一种信仰体系，这个信仰体系在元新闻话语中得到了展示，并传递给受众。当下，"别拿事实来烦我"已经成为一种政治立场，公众对不准确、单方面的指控，对尖锐问题不做推论以及公然否认事实的容忍度高得惊人，专业媒体的信仰体系无疑还是一股稳定性力量。尽管专业新闻对真相的信仰的确与利益是分不开的，真相话语在一定程度上被拿来支持传播权力，成为策略性话语，而且新闻在实践中的屡屡失败常常被轻易地忽

---

① 科瓦齐，罗森斯蒂尔. 新闻的十大基本原则［M］. 刘海龙，连晓东，译. 北京：北京大学出版社，2014：16.

略，但是这些话语呼唤着专业新闻的最佳理想，同时也表征和强化着现代社会的共享信仰。

二、坚持客观事实的认识论

当代西方社会面临着认识论危机。在怀疑主义、相对主义、建构主义等后现代思潮下，真相崩塌、事实虚无，人们困守于分裂的信念社区，各自为政，彼此为敌，此时需要理性的声音告诉人们：客观事实和客观真理是存在的。无论特朗普高兴与否，奥巴马确实出生在美国，参加他就职典礼的人数远比参加奥巴马就职典礼的人数少，喝消毒水只能让人中毒而无法治愈新冠；无论人们相信与否，全球发生了新冠疫情、新冠病毒严重威胁人类健康，这一事实是真的，它独立于所有人的信念。瑞典哲学家维克福什专门撰写《另类事实》为客观事实、客观真相辩护，提醒人们：客观性的一个重要方面是"一个陈述在客观上为真，意味着它的真假不取决于我们的信念"①。在这个意义上，我们在日常生活中关于物体和事件的多数经验陈述都是客观上为真或为假的，"另类事实"这种东西并不存在，因为事实就是世界的样子，而世界的存在方式只有一种。② 当人们被情绪和立场驱动而分裂成为不同的信仰社群时，我们用可靠的事实弥合分歧是唯一的办法。

（一）严肃对待客观事实

人类脱离事实就无法生存。作为大众文化形式的专业新闻，它因自身的生存需要决定了它必须坚持以事实的本体论存在为基础的真相，并提供充分的理据将话语（真相声明）与现实联系起来。在专业媒体看来，真相是不言自明的客观实体，以现实中真实发生的事件为基础，绝不能刻意编造，它是可知的，等待新闻工作者去挖掘、讲述。新闻真相是以"符合"为核心的价值体系，其中，认识论中的事实判断是基础。

诚然，新闻是一种社会建构，是由新闻机构和新闻工作者通过制度化流程制作而成的，但这种制作不是凭空捏造。"新闻是一种社会建构，但这种建构是

---

① 维克福什. 另类事实：知识及其敌人 [M]. 汪思涵，译. 北京：中信出版集团，2021：79.

② 维克福什. 另类事实：知识及其敌人 [M]. 汪思涵，译. 北京：中信出版集团，2021：79.

有内容的建构，不是白布作画、无中生有。……我们可以对这个世界上的很多事情进行塑造、扭曲，以及重新解读，但却不能根本性改变这些事情"。① 专业媒体始终坚持"真正的新闻"必须以事实为本源，对现实中发生的事件进行准确、公正的报道，这一点不仅直接关系到专业媒体的生存，还为处于认识论危机的社会提供了稳定性力量。元新闻话语建构的观念神话和身份神话岌岌可危，并不代表作为神话内核的事实和真相不再重要，特别是当发生危及人类生存的全球性事件时，专业媒体还是人们求助的对象。根据路透社新闻研究所2021年的报告，新冠疫情期间，多国的可信品牌媒体消费量增加，特别是在新冠疫情严重和直接影响的国家与人群之时。其中，在欧洲的14个国家中，一些最受信任的新闻机构，包括商业和公共媒体品牌，在网络覆盖范围方面保留了相当多的额外在线受众。相比之下，信任度得分较低的品牌表现得较差。公共服务广播和一些老牌媒体如《爱尔兰时报》的访问量增加明显，显示人们需要准确而具阐释性的信息。② 在一定程度上，疫情挽回了专业媒体的可信度和与受众的联系，增加了专业媒体重新获得文化权威和社会地位的机会，而准确、有用、具阐释性的事实与真相是这一切的基础。

在新闻生产实践中，我们也可以观察到，"假新闻""后真相"现象主要存在于主流新闻之外，当今世界各地的新闻品牌比以往任何时候都更谨慎地对待事实。数据新闻和事实核查运动在全球范围内的兴起也表明，人们对忠实记录现实的新闻有需求，也有兴趣。政治事实（Politi Fact）的主编安吉·霍兰（Angie Holan）说："我无法告诉你这是我职业生涯中的一个巨大变化。我认为，重复我们知道是错误的事情，却不在报道中纠正它们，这是真正的新闻渎职行为。"根据美国新闻基金会2021年发布的最新研究结果，即使在党派对立和媒体不信任的时代，事实核查还是有用的，能够左右观点，消除错误信息。一项对照实验显示，真实世界的事实核查说服了相当大比例的人修改他们的观点。事实核查即使有效，也不意味着它们能消除错误的信念，但是如果没有事

① 舒德森．为什么民主需要不可爱的新闻界［M］．贺文发，译．北京：华夏出版社，2010：198-207.

② Reutersinstitute. Digital News Report 2021［R/OL］. Reutersinstitute，2021-06-23.

实核查过程，情况会更糟。"人们希望看到所有的证据，而不仅仅是总结和结论"。①

对于任何关心人类幸福和进步的人来说，在后真相的完美风暴中，他们要想让分裂的信仰社区重新团结起来，要想让公众改变自己的立场，要想让满口谎言的政府官员为自己的行为负责任，信息来源必须是对事实核查要求标准最高的机构，以及无畏、独立、原创、深入的调查，而这正是专业新闻认识到的——"如果现代新闻失去了对真相的渴望，它就有被边缘化的风险"，以及新闻工作者所渴望做的——"我是一名记者，我的工作就是说出真相"。这种话语维系着社会的基本共识，是一股强大的稳定性力量，既抵御政治权力的侵蚀，也平衡民粹主义的极端。维克福什指出，"不可能有个时代叫'后真相'，因为不管我们怎么想，真相都是始终存在的"。②

专业媒体运用话语强调新闻的事实本源，严肃对待客观事实，强调"合法的新闻工作者"不会编造新闻，态度一致地谴责和驱逐犯下"最严重罪行"的同行，这都是对"存在不依赖于观察者的客观事实与客观真相"③ 这一哲学基本命题的支持，如此，"新闻信仰中隐含的命题真理，在其与现实的对应关系中得到了支持"。④

（二）以"符合"为核心的方法论

互联网的普及提供了一个具有多个信息和表达节点的扁平结构，破坏了从前自上而下的传播垄断机制，"作为文本的新闻（news）和具有现代工业社会特征、以组织为单元并被制度化、可被视为专业加以考量的新闻业（journalism）"⑤ 相互剥离，新闻文本不再由新闻从业者垄断，网络中的任何节点都有可能成为文

---

① National Press Foundation. Even in Polarized Times, Fact Checking Can Sway Opinion and Eliminate Misinformation ［R/OL］. National Press Foundation，2021-05-01.

② 维克福什. 另类事实：知识及其敌人 ［M］. 汪思涵，译. 北京：中信出版集团，2021：221.

③ LISBOA S，BENETTI M. Journalism as Justified True Belief ［J］. Brazilian Journalism Research，2015，2（2）：10-28.

④ LISBOA S，BENETTI M. Journalism as Justified True Belief ［J］. Brazilian Journalism Research，2015，2（2）：10-28.

⑤ 周睿鸣. 元新闻话语、新闻认识论与中国新闻业转型 ［J］. 南京社会科学，2021（2）：108-117.

本生成的主体。① 即便排除出于政治和商业目的而有意操控信息、散布假新闻的心存不良者，多数公民新闻、随机记者也并不具备专业新闻采编能力，无法生产出高质量新闻。路透社 2023 年的最新报告显示，在所有被调查市场中，略多于一半（54%）的人表示，他们对互联网上的假新闻感到担心，相比根本不使用它的人（48%），其中主要使用社交媒体作为新闻来源的人更担心（61%）。②

就此而言，为了保证在真实、准确、可靠的客观事实基础上讲述真相、获得可信度，专业媒体中曾经行之有效的采写标准和实践原则仍然意义重大，"坚守""重申"十分必要，那些"坐在屏幕前，编造一个故事，里面全是未署名的'来源'的直接引用，都不符合记者的资格"。而且，传统的实践原则与伦理规范在液态的新信息生态中得以普遍化。例如，在 2009 年，加拿大的"一些新闻机构正在采取措施，其社区对公民进行专业新闻实践培训。总部设在美国的职业记者协会最近设立了一个为期一天的'公民新闻学院'，来帮助公民准确、合乎道德和公平地从事新闻工作。……关于公民新闻的争论最重要的是，新闻机构本身要维护新闻标准，并在所有收集到的信息发表或广播之前进行核实。未经证实的信息不是新闻，只是谣言——无论是记者还是从事新闻工作的公民收集的"。很多专业媒体的新闻工作者因各种原因离职后，或创办，或就职于新媒体机构，将原有的实践原则和伦理规范带入了新闻媒体机构。2016 年，为了填补高质量体育新闻数量减少留下的空白，风险资本资助了一个订阅式网站"运动"（The Athletic），以致力于提供 20 世纪末期最受欢迎的体育新闻类型。该网站自推出以来获得了很大成功，到 2018 年估值超过 3 亿美元。该网站聘请知名的失业体育记者，成立以来的传统之一就是让每一位新加入的记者写一个介绍性专栏，解释他们为什么加入。对这些元新闻话语的研究发现，这些记者普遍认为，在过去 20 年左右的时间里，传统媒体以牺牲高质量的新闻报道为代价，实现经济资本的最大化，而在"运动"，他们得以"恢复过去新闻行业的许多规范"，通过引人注目和启发性的新闻报道来告知和娱乐公众。因而，这家网

---

① 周睿鸣．元新闻话语、新闻认识论与中国新闻业转型［J］．南京社会科学，2021（2）：108-117.

② Reutersinstitute. Digital News Report 2023［R/OL］．Reutersinstitute，2023-06-14.

站的"创新",其实是回归旧的规范实践来修复新闻范式,并卓有成效。①

三、坚持公共性与伦理的价值论

新闻是对世界的再现,而所有的再现都是基于价值判断的选择,对此毋庸讳言。关键的问题不在于采取了什么视角——"关于视角的讨论是有意义的,强调有许多不同的视角,是为了让我们获得更多的知识。不管出现多少视角,世界的样子都不会改变"②,而在于选择标准的正当性和合理性。正如一些学者指出的,后现代性时代的真相首先应成为价值论的问题,而不应局限于认识论。事实上,专业媒体的元新闻话语建构的真相也并没有局限于认识论,而是将其视为至善理念,并纳入了包括公共利益、最小伤害在内的真与善统一的价值体系,正是因为这些基于价值判断的选择标准使本体论中的真相呈现出等级制度与负面偏向,并赋予求真手段和真相呈现以人性之善。这些价值标准和伦理规范在当今信息泛滥的互联网时代更值得坚持。

(一)新闻真相的公共性

新闻中的真相具有重大公共属性和负面偏向,因此,它令人不悦,但是对民主社会具有重大意义。互联网时代,信息每天如洪水般向我们涌来,我们可以从各种各样的传播者中获得资讯——天气、股价、法律法规、娱乐八卦,甚至各种专业知识,但是当涉及诸如新冠疫情等具有重大公共属性的议题时,大多数传播者无能为力,这便是专业媒体的用武之地。

公共性的概念来自启蒙运动,其出发点在于政治权力与道德正义的区分。公共性作为一种原则,连接政治与民主合法性,即政府的合法性取决于公民是否通过理性的公共辩论从而信服公共政策的公正性。20 世纪,哈贝马斯在论述公共领域时,将公共领域和公共性通用。"公共性本身表现为一个独立的领域,即公共领域,它和私人领域是相对立的。有些时候,公共领域说到底就是

---

① FERRUCCI P. Joining the Team:Metajournalistic Discourse, Paradigm Repair, the Athletic and Sports [J]. Journalism Practice, 2022, 16 (10):2064-2082.

② 维克福什. 另类事实:知识及其敌人 [M]. 汪思涵, 译. 北京:中信出版集团, 2021:59.

公共舆论领域，它和公共权力机关直接相抗衡"。① 哈贝马斯一再强调，只有"具有批判意识的私人"进入公共领域，运用理性参与政治生活，才是"理想的资产阶级公共领域的蓝图"。但是在19世纪之后，资本主义渐渐组织起来，公共领域与私人领域之间的原始关系事实上已经消失了。"公共性已经瓦解：它越来越深入社会领域，同时也失去了其政治功能，也就是说，失去了让公开事实接受具有批判意识的公众监督的政治功能"，"公众的批判意识成为再封建化过程的牺牲品"，而权力机构合谋的大众传媒塑造出来的是公共领域的假象，议会变成了"公共讲坛"，全国人民通过广播和电视来参与这个公共领域，但是广播和电视出现了倾向性歪曲辩论的情况，而且这样做使程序过程变成了展示过程，供无动于衷的消费者消遣。"人们开始关心琐碎的问题，而忽略了真正重要的问题"。这也是人们看到并质疑的当代政治报道：竞选变成了赛马，候选人的私生活变成了公共领域的热点。"'公众舆论'作为批判力量或作为展示和操纵力量，其含义是不同的。前者是政治权力和社会权力的实施得以公开，而后者则公开了个人与机构、消费品与供货单"。② 对于专业媒体而言，坚持报道真正具有重大公共属性的事件——严肃的政治决策过程、社会议题的背景与辩论，并作为批判性力量公开权力的实施区别于随机记者、公民新闻之处。

（二）新闻真相包含人性之善

专业媒体建构的新闻真相还是善的，无论是求真手段，还是真相披露，都将普遍的人性之善作为衡量的标准，在21世纪全球媒介技术时代，这一点尤为可贵。克里斯琴斯指出，每个人都享有生命的尊严，这种人性之神圣是人类共同的承诺，是我们理解人类社会的真谛所在。敬畏生命是人类的天性，它是全球伦理的基石，超越任何国家特权和意识形态。因此，伦理抉择的出发点应是人类的"普世和谐"。③

在元新闻话语中，真相之善体现出对人性尊严的普遍尊重，尽管在具体的实践中存在争议，但值得坚持和追求，并能够在公共传播中起到示范作用。特

---

① 哈贝马斯. 公共领域的结构转型［M］. 曹卫东，王晓珏，刘北城，等译. 上海：学林出版社，1999：2.
② 哈贝马斯. 公共领域的结构转型［M］. 曹卫东，王晓珏，刘北城，等译. 上海：学林出版社，1999：283.
③ 克里斯琴斯. 论全球媒体伦理：探求真相［J］. 北京大学学报，2012（6）：131-141.

别是在报道战争、暴力和悲剧事件时，"一个富于同情心、尊重公众和避免无谓的伤害的新闻界"能够同时赢得新闻来源和受众的尊重。① 澳大利亚亚瑟港大屠杀②10周年之时，致力于新闻与创伤的达特创伤报道中心，在当地联合发起了一个公共论坛，将社区代表和记者聚集在一起，以一种"饱受创伤的社区和媒体之间很少发生的方式进行对话。随后，新闻机构可以根据自己的选择使用或不使用对话的结果"。《澳大利亚人报》表示：

> 暴力和悲剧是新闻的主要内容，无论如何都不应该抹杀它们，也不应该回避事实。敏感并不等同于逃避真相，或软新闻。新闻对公众的责任就是如实报道。然而，记者和消费者都知道，讲述真相的方式很少是单一的，记者每天都要面对这个现实，决定从哪个角度报道。从一个敏感的角度和一个耸人听闻的角度，以及沿着连续体从各种不同的角度来讲述真相都是有可能的。最终，关于新闻编辑室使用何种信息的决定，取决于它应该在哪里使用，取决于各个媒体机构，但对话和辩论对于获得我们都渴望的真相至关重要。

更可贵的是，全球化时代，专业媒体意识到第三世界的在场，提醒自己尊重不同国别、不同文化、不同民族的全球受众。例如，BBC反思自己在伊拉克战争中的图片报道，严肃探讨其对国内国外受众的影响，思考"文化上的不一致"。

克里斯琴斯比较了维基解密和《纽约时报》对待美军直升机"连带谋杀"的视频的不同做法，指出《纽约时报》的报道是语境中的真实，富有批判意识，而维基解密则直接公布原始视频，目的是耸人听闻，不是"无蔽"意义上的真相，而优秀的新闻记者践行充分解释的伦理原则。③ 常江对美国、英国和瑞士3个国家共106位一线新闻从业者的考察也发现，传统新闻职业认同以"客观/专业主义"和"自由/自主性"为核心概念的话语体系，其正逐渐被一种新

---

① 史密斯. 新闻道德评价 [M]. 李青藜，译. 北京：新华出版社，2001：348.

② 1996年4月28日发生于澳大利亚塔斯曼尼亚州的旅游胜地亚瑟港。时年28岁的无业人员马丁·布莱恩（Martin Bryant）持枪冲入当地著名的黑箭咖啡厅（Broad Arrow Cafe）和西斯岬海角大楼（Seascape）向游客乱枪扫射，导致35人死亡、17人受伤。

③ 克里斯琴斯. 论全球媒体伦理：探求真相 [J]. 北京大学学报，2012（6）：131-141.

的以"责任/公共服务使命"和"克制/道德标准"为核心概念的话语体系所
取代。①

四、新闻工作者的个人良知

西方新闻机构一直努力宣称自己"世俗"、商业化的一面与"神圣"、公共
服务的一面并不冲突。但是，商业化媒体的逐利本性决定了它并不是那么有公
德的机构，因此记者的私德是新闻业最后的良心。在高度现代主义时期，新闻
机构的经济成功确实使"记者们更多地把自己看作是公仆或新闻业神圣火焰的
守护者，而不是营利企业的雇员"。② 社会学家赫伯特·甘斯界定了新闻工作者
的"类意识形态"，凝练成更简单的表述就是："我们支持诚实、公正、勇气、
谦逊。我们反对腐败、剥削、残酷、犯罪行为，反对暴力、歧视、折磨、滥用
权力和其他许多东西。"③

现代社会的权力是肯定性、生产性的，作为机构和行业的理想主义话语具
有强大的规训力量，无论现实有多么不堪，理想主义情怀仍然在作为主体的某
些机构和记者心中激荡，并愿意为此付出金钱、自由和生命的代价，这种强烈
的使命感是真相权威的来源之一。从元新闻话语中可知，西方专业媒体和新闻
工作者清晰地认识到追求与讲述真相的威胁、困境和实践中的种种不利因
素，但他们仍然坚守真相的至善理念，并努力践行。土耳其、菲律宾、危地马
拉、印度等国家都有记者不畏强权，虽身陷囹圄或面临杀身之祸，仍不屈不挠
地揭露真相。2019 年，英国路透社因其"熟练地揭露了军队和佛教徒村民对有
组织地从缅甸驱逐和杀害罗兴亚穆斯林负有责任"而获得普利策国际报道
奖，该奖特别提到两位缅甸籍记者瓦龙（Wa Lone）和觉梭（Kyaw Soe Oo）的
卓越贡献。罗兴亚人是生活在佛教国家缅甸的穆斯林族群，因为外貌、语言、
信仰和绝大多数人不同而备受歧视和压迫。缅甸政府不承认罗兴亚人是缅甸公
民，认为他们是英国统治时期从孟加拉国来到若开邦的移民。2017 年 8 月 25

① 常江. 身份重塑：数字时代的新闻从业者职业认同 [J]. 编辑之友，2019 (4)：91-97.
② HALLIN D. The Passing of the "High Modernism" of American Journalism [J]. Journal of Communication，1992, 42 (3)：14-25.
③ CUNNINGHAM B. Re-thinking Objectivity [J]. Columbia Journalism Review, 2003 (4)：24-32.

日，罗兴亚反叛武装罗兴亚救世军（Arakan Rohingya Salvation Army）在边境袭击了30名缅甸警察和军事人员。此后4个月里，被称为缅甸国防军（Tatmadaw）的政府军和警察开始大规模反击镇压，对罗兴亚人的200多个村庄进行扫荡，强奸妇女和女童，烧毁村庄，从直升机上射杀平民，男人则被枪毙或斩首。2017年12月12日，瓦龙和觉梭在对缅甸军人在若开邦一个村庄杀害10名罗兴亚人的武力镇压进行调查时，两名警察在仰光一家餐馆向他们转交了一沓文件而被缅甸政府以违反了"官方机密法"逮捕。2019年，普利策新闻奖颁发后不久，这两位记者在被捕511天之后获得特赦。全球新闻业为此欢呼，英国的《标准晚报》（Evening Standard）评论："缅甸不想让世界知道真相。而新闻要求真相。"

菲律宾记者玛丽亚·雷萨（Maria Ressa）① 创办了一家在线媒体，因为新闻报道，她和前同事被判网络诽谤罪，可能会被判6年监禁，还面临其他指控，这些指控都是为了让媒体噤声。尽管如此，她仍然坚持报道，因为她意识到，"在争取事实和真相的战斗中，新闻是一种行动主义。……当你的权利被损害，而你有证据证明权力被滥用的时候，你为什么不发言，尤其是有数据支持的情况下？在一场为真相而战的战斗中，新闻是一种行动主义"。

在美国，当NBC记者法罗发现好莱坞大亨韦恩斯坦的性侵丑闻时，NBC迫于韦恩斯坦的压力没有同意他的报道，于是他带着这个报道跳槽到《纽约客》，并开启了全球性的#Me Too运动。福克斯新闻的创始员工、新闻部门主任谢泼德·史密斯坚持在自己的新闻节目中对时任总统的特朗普和自己的同事进行事实核查，最终无法忍受福克斯新闻对真相的漠视和扭曲，合同未到期便辞职。《基督教科学箴言报》的自问自答：

> 在当今这个以市场为导向的时代，究竟需要什么才能生产出既优质又有益于社会的产品呢？如果你认为新闻是关于真相、客观和公平的，你发现它（似乎）是关于"有流血就有头条"，你就有一个选择。你可以继续

---

① 2021年，雷萨和俄罗斯记者德米特里穆拉托夫（Dmitry Muratov）被授予诺贝尔和平奖，来表彰他们为捍卫菲律宾和俄罗斯的言论自由所做的努力。挪威诺贝尔委员会（Nobel Committee）表示："自由、独立和基于事实的新闻报道有助于防止滥用权力、谎言和战争宣传，确保公众知情。"

工作，忍受一切。你可以冒着被解雇的风险去做你认为正确的事。你可以尝试（幕后渠道）——有时它会奏效，职业和组织已经好转。最令人钦佩的事情是尝试和其他人一起，建立一个真正反映你信仰的新机构。许多人投身于非营利组织。

加拿大《多伦多明星报》表示，在这个时代，追求重大新闻的记者得到的资源和支持越来越少，而且承受巨大压力——好斗的政治机器、成本意识强的所有者以及怀疑的公众。"但这就是工作，不管多么痛苦。指责别人，总是提出尖锐的问题，让人感到不舒服，即使有人朝我们扔砖头，我们也要发挥自己的作用。我们必须不害怕。你必须相信自己在做什么，并把它做对"。

马克·迪亚茨对世界各地的新闻创业公司进行比较研究发现，尽管所涉及的记者和主编通常对"传统"新闻机构持有深刻的批判性观点，但是对新闻意识形态的承诺仍然坚定到位：

> 一直令人着迷的是——一般来说——即使是就业最不稳定的新闻工作者也倾向于热爱新闻业，将其视为最崇高的媒体职业，远远超出了使其成为一名记者的职责要求。在我们的调查和对失去工作的记者的采访中发现，他们经历了被解雇的创伤性经历，但他们对作为理想的新闻业的忠诚保持不变——他们只是觉得新闻作为一种商业被管理坏了。①

在这个人人都可以自称为新闻工作者的时代，那些能够怀抱理想、愿意为真相献身的人才配得上这个职业。

五、有情感的真相倡导者

"宣称客观真理存在，和宣称作为个体的我们是客观的，不能混为一谈"。② 新闻生产的整个链条决定了新闻真相必然是含有个人承诺的真相，这一点无论对传统新闻业还是对其他传播主体都适用。但是，西方专业媒体在 20 世纪的大部分时间里都讳言这一点，坚持客观性范式，越来越机械的客观性和客观性宣称从实质上损害了新闻业。有学者指出，美国报纸在 20 世纪 60 年代末

---

① DEUZE M. What Journalism Is（not）［J］. Social Media+Society，2019，5（3）：1-4.
② 维克福什. 另类事实：知识及其敌人［M］. 汪思涵，译. 北京：中信出版集团，2021：50.

开始纳入情感叙事,挑战了客观性的某些方面(例如,不解释、中立和超然)。情感和情绪既是叙述故事的必要条件,也是报纸的一种新的文化代码(温暖、关爱、有趣)。我们将情感作为一种职业规范,使媒介驱动发生变化,用以回应新闻业的内生因素和社会的外生因素。① 在 21 世纪的元新闻话语中,客观性范式进一步式微,个人情感和主观判断不再是禁区,新闻工作者在一定程度上成为有人性、有情感的真相倡导者。

在社交媒体时代,新闻与受众的情感连接尤为重要。个人情感和主观判断的介入并不意味着新闻工作者可以随心所欲。事实上,它对新闻工作者和专业新闻提出了更高要求,维克福什指出,理性思考和强烈情感并不对立。"理性无情感则空,情感无理性则盲"②。情感在驱动人们进行智力活动方面很重要。一方面,人们应该充满热情,保有追求理解和解释的强烈愿望。另一方面,不让情感影响理论思考、推理和论证。因此,新闻工作者必须将真相当作最高的道德召唤,凭借良知和知识选择新闻事件,核实事实要件,组合新闻事实,为一个个孤立的事实赋予意义,并真诚地讲述出来。

综上,专业媒体建构的真相观念和身份尽管已经明显滞后于传播格局的变化,但是仍然有很多值得坚守、也必须坚守的理念与规范。对于"最优秀的新闻工作者"而言,"他们确知知识是有条件的,事实并不总是经得起时间考验,而真相则往往是有角度的",因此,他们"承认讲述真相是充满陷阱和令人困惑的选择,但是仍然渴求讲述真相"③。真相作为至善理念、作为认识论、作为价值论、作为记者个人良知的召唤和真诚的情感表达,既是使他们有别于现在进入新闻媒体领域的业余人士的地方,从而维系专业媒体的生存,又是认识论危机中的稳定力量和"捍卫知识"的重要组成部分,是新闻业能够为新信息生态下的公共传播做出贡献之处,应该保持不变。

---

① SCHMIDT T R. "It's OK to Feel": The Emotionality Norm and Its Evolution in U. S. Print Journalism [J]. Journalism, 2021, 22 (5): 1173-1189.

② 维克福什. 另类事实:知识及其敌人 [M]. 汪思涵,译. 北京:中信出版集团,2021:264.

③ FORDE K. The Enduring Problem of Journalism: Telling the Truth [J]. Journal of Magazine & New Media Research, 2012, 13 (1): 1-9.

第二节 亟须批判的教条

美国学者克里斯琴斯提出，真相最佳的定义是希腊语中的"无蔽（Aletheia）"，意思是"真正的公开"，是在后现代语境下"彻底的披露（authentic disclosure）"和"充分的阐释（sufficient interpretative）"①。这不仅适用于新闻报道，还适用于元新闻话语。专业媒体在元新闻话语中建构的真相观念和自我呈现停滞于逝去的时代，无视话语体系的变化。它既不了解公众的需求，也低估了公众的文本解读能力，忽视了公众的反应，这羁绊了专业媒体在新的布局中调适自身角色、面向未来再次出发的脚步，也在公共传播中产生了负面影响。我们是时候为神话祛魅了。

一、观念教条祛魅

韦斯伯德指出："承认'真相碰巧就是新闻'（Truth is what happens to news）风险太大——在新闻业的舒适区之外。人们应该对新闻业仍然停留在简单的、现实主义的说真话观念中的方式提出疑问。清除职业想象中的陈旧陈腐是对旧现代主义秩序瓦解的合乎逻辑的保守反应。"②

（一）坦承新闻真相的本质

在真相观念中，最大的神话莫过于新闻就是真相。实际上，记者知道新闻并不是真相。美国记者克里斯·赫奇斯（Chris Hedges）③ 在 2012 年接受采访时直截了当地说："所有的新闻工作者都有自己的立场，客观、不偏不倚都是谎

---

① 克里斯琴斯. 全球媒介伦理及技术化时代的挑战：克利福德·克里斯琴斯学术访谈[J]. 新闻记者，2015（7）：4-14.

② WAISBORD D. Truth is What Happens to News：On journalism, Fake news, and Post-truth[J]. Journalism Studies, 2018（19）：1866-1878.

③ 克里斯·赫奇斯（1956—），美国记者、长老会牧师、作家和电视主持人，被称为记者思想家。1990 年开始为《纽约时报》工作，报道足迹遍布 50 多个国家，2002 年获普利策解释性报道奖。2005 年，赫奇斯因公开反对伊拉克战争，在《纽约时报》内部引发争议，随后离职。赫奇斯著述丰富，包括入围国家图书评论家协会非小说类奖决赛的《战争是一种赋予我们意义的力量》（*War Is a Force That Gives Us Meaning*）。

言，我们用它们推销。伟大的记者都知道，新闻（news）和真相不是一回事。"① 《华盛顿邮报》专栏作家戴维·布罗德坦承："选择读者读什么的过程，不仅包括客观的事实，还包括主观的判断、个人的价值观，以及成见。"②

信任危机表明，受众也对此持怀疑态度。本书样本中涉及媒介批评主题的内容越来越多地集中在"偏见""意识形态""议程驱动"上，即使新闻在事实上是正确的，也常常被受众和竞争媒体认为是服务于特定党派立场的。如此看来，专业媒体的真相宣称似乎落入了一个陷阱：我知道我说的不是真相，你知道我说的不是真相，我也知道你知道我说的不是真相，但是我仍然坚持宣称，我说的是真相。在"关于欺骗的连续统一体"上，这也是欺骗的一种形式，起码表明，新闻工作者对真相的断言不够真诚。结果，真相言说成为一场持续的造神运动，它提供的认知蓝本既桎梏了新闻业，也影响了受众。

"新闻业遭到的批评恰恰来自未能讲述真相"。③ 人们质疑新闻业提供的真相，不原谅新闻媒体在呈现真相中犯的错误，原因之一就是他们接受了这个神话，相信新闻业应当提供不容置疑的、与现实符合的"那个真相"。新闻业自己建构的真相神话将自己置于炮火之中。有新闻工作者敦促："我们的所作所为相比客观性所暗示，而公众希望相信的范围非常主观，远非超然。我们如果不再声称自己仅仅是客观的观察者，虽然并不会结束偏见指控，但将使我们站在一个更加现实、较少伪善的立场，为我们的所作所为辩护"。④ 因此，与其坚持"新闻就是真相"这个已经破产的神话，不如从哲学的基本问题出发，坦承真相与新闻真相的关系，坦承新闻真相的建构本质，坦承在各种因素的影响下，专业媒体究竟能够带来怎样的"真相"。

第一，人类的生存经验告诉我们，客观事实和客观真相是存在的。正是因为如此，作为有局限的人类，才无法独断。新闻真相的建构和视角并不是原

---

① HEDGES C，MOYERS B. The Price for Truth in Journalism ［R/OL］. YouTube，2012–07–20.

② 舒德森. 新闻社会学 ［M］. 徐桂权，译. 北京：华夏出版社，2010：41.

③ MURPHY J，WARD S，DONOVAN A. Ethical Ideals in Journalism：Civic Uplift or Telling the Truth? ［J］. Journal of Mass Media Ethics，2006，21（4）：322–337.

④ CUNNINGHAM B. Re–thinking Objectivity ［J］. Columbia Journalism Review，2003（4）：24–32.

罪，更不意味着新闻是编造的、虚假的。世界如此复杂，"以言行事"的人类对任何关于世界的描述都经过了各种各样的框架化过程，必然强调了某些东西，同时遗漏了某些东西。因此，"强调有许多不同的视角，是为了让我们获得更多的知识"，而且，"不管出现多少种视角，世界的样子都不会改变"①。

第二，在这一认知基础上，无论是媒体，还是受众，这些都需要转换看待问题的视角：对客观真相抱有信念，同时理解无论是个人还是群体都是有限的理性存在，都只能为抵达那个真相或多或少地贡献一份力量。对于专业媒体来说，真诚地面对新闻真相的建构本质和特定视角，去除它"纯粹的、绝对的"外衣，坦承自身在选择中的主观性，这是清除教条主义的第一步。迈出这一步之后，我们还需要表明建构与视角的正当性，以真诚和合乎伦理的方式选择、组合、阐释事实，这才是重获信任的正道。

（二）放宽新闻真相的视界

新闻工作者对客观真相抱有信念，并谦卑而公开地承认新闻真相的建构和视角，意味着对其他传播主体的包容与尊重，这就清除了第二个教条：真相的等级与偏向。

在精英媒体的真相观念中，真相有等级、有偏向。具有重大公共属性的、负面的社会事件才足以称之为新闻真相，娱乐、体育、资讯、"好消息"都被鄙视，并被边缘化了。但是，在多姿多彩的世界中，人的需求也是多种多样的，政治生活是民主社会中十分重要的一部分，日常生活中对消费、娱乐、情感的信息需求也是人之常情，并不低级。精英媒体可以理直气壮地报道具有重大公共性的社会事件，挖掘权势者隐瞒的丑陋真相，为政治生活提供讨论平台和决策依据，但是也没有必要鄙视其他新闻类型，笼统地认为小报、娱乐是信任危机的因素之一。《卫报》前主编退休后的"发现"，"我发现作为一个普通人，我对媒体的消费方式非常不同。最近我和两位编辑出去吃饭，他们都在不停地查看手机，看最新的小新闻。我知道了什么是放松"。另外一位资深记者表达了类似的意思："我不明白为什么人们要关心安吉和布拉德②孩子的悲伤秘

① 维克福什. 另类事实：知识及其敌人［M］. 汪思涵，译. 北京：中信出版集团，2021：59.
② 美国两位著名电影明星。

密，但我合理化它作为社会的一部分。"

坦承新闻真相的本质，我们还可以清除第三个教条：价值独断主义。专业媒体总是批评其他媒体的偏见、立场、服务于特定议程，仿佛自己出淤泥而不染。新闻真相是一个去伪存真的过程，这个过程中充满价值判断，而在价值多元的社会里，这样的判断必然引起这样或那样的争议。因此，在新闻业中，放弃诛心之论，考察每个人根据"个人的良心"贡献的可以验证的事实是唯一能做的事情。例如，福克斯报道了非法移民强奸案，这是真实发生的社会事件，只要它符合事实，为公众揭示了需要监督的事务，而不必攻击 CNN 和其他主要有线电视没有报道此事。CNN 也可以解释自己为何没有报道那起强奸案，而报道了黑人男子被杀案，也不必批评福克斯为了服务于特朗普的议程而密集报道强奸案。因为，没有任何一家媒体可以自负地说自己取得了上帝的视角，真相于我一览无余，唯我独有，而别人都深陷意识形态泥潭——哪怕别人报道的也是真相。

另外，专业媒体以开放的心态对待他者的陈述，而不必感觉到自己"被冒犯了"。专业媒体不断提醒其他社会主体，真相是"不受欢迎的""不利的""令人痛心的"，这意味着他们自己也必须同样包容他者对事物的陈述和理解。例如，热门播客拉维特在 CNN 节目中批评有线新闻说的是一种"已经死掉的语言"，CNN 主播斯特尔特不快地称拉维特的表述是"向唱诗班布道"，"除了向唱诗班布道，还有其他的吗？因为所有有线新闻的预订（bookings，指谈话节目邀请的嘉宾）都有不同的观点"。显然，斯特尔特不愿意向这个真相敞开：有线新闻的谈话节目限于节目形式、时间、收视率，往往夸夸其谈、匆匆结束，结果并未呈现出关于事件的真相。斯特尔特代表的专业媒体由此错失了一个反思和修正自己的机会。

二、身份教条祛魅

专业媒体将自己建构为真相垄断者、民主的核心，话语建构的身份与关系表明那是一个单向的、封闭自满的精英话语系统。基于这一认知，专业媒体按照自己的价值观向公众提供他们认为重要的东西，并认为那也是公众需要或想要的。这种独白式的自我定义已经远远落后于传播技术和社会现实的发展，需要重新思考和定位。

（一）专业媒体是"追求真相道路上的伙伴"

专业新闻对身份的自我定义和社会关系的自我认知来自对传统上信息的垄断，但是，"长期以来新闻业把垄断得来的控制权误认为是专业性的胜利。其实从新闻媒体的表现来看，其最常发挥的作用是中介和传声筒，而寻求真相、启迪大众、监督政府的核心使命却被边缘化了"①。在新的传播秩序中，技术赋权提醒专业媒体和公众，新闻业的大多数部分并不具有排他性：从物质基础上来看，每个拥有麦克风、鼠标和手机的人都可以声称自己是新闻工作者；从专业知识上来看，新闻业并不具备高深的准入壁垒。与大多数声称追求真相的行业不同，记者并不声称自己拥有深奥或独特复杂的专业知识，事实上，大多数记者根本不是专家。在话语的正当化策略中，新闻工作者提出的主张是浪漫的理想主义——使命感与良知，以及并不抽象的实践原则。物质基础的崩溃和专业知识的虚弱使专业媒体在当今的传播格局中很难维持垄断者的身份，这种修辞性主张早已无法反映职业地位、文化权威和社会关系的实际情况。

事实上，专业媒体从来不是唯一影响真相概念的机构。今天，是它放弃这一自我定位的时候了。真相不是由新闻编辑室单方面决定的，不是由专业媒体"发现""挖掘"并"带给"公众的，而是大量参与者积极扫描、导航、衡量、协商的结果。今天的新闻业是"液态的"，新闻从业者身份的"液态"：记者的身份和角色随着生产实践在职业记者、公民记者和大众之间不断转换；职业共同体的"液态"：职业记者和公众之间的边界模糊，尽管并未完全脱离原有社群秩序，但是已经相互渗透。"液态的新闻业"意味着尊重每一个社会成员以自己的方式生产、使用新闻并借此参与公共生活的权利，与此同时，公众的参与也反之极大地推动了新闻业拓展自身作为公共交流的扩音器角色。②

这提示新闻业在自我身份建构中的重新定位。真相垄断者的身份坍塌，并不意味着专业媒体的死亡。事实上，与公共领域的大多数机构和个人相比，专业媒体仍然拥有闪光的理念和规范，能够确定什么对公众来说是重要的，并且通过什么有效的方法可以使其尽可能真实可靠。因此，作为经验丰富的组织化

---

① 彭增军．新闻业的救赎［M］．北京：中国人民大学出版社，2018：170.
② 陆晔，周睿鸣．"液态"的新闻业：新传播形态与新闻专业主义再思考：以澎湃新闻"东方之星"长江沉船事故报道为个案［J］．新闻与传播研究，2016（7）：24-49.

新闻发布者，专业媒体还可以在新的新闻传播场域中承担如下角色：召唤者——以真相来开启公共对话；主持者——与其他互动参与者交换信息、基于真相发表意见；核实者——以专业化的方式核实其他互动参与者提供的信息；示范者——向其他互动参与者演示如何以行之有效的规范探寻、分辨并分享真相。①

总之，不再是真相垄断者的专业媒体仍然是追求真相道路上的伙伴，与其他社会成员共同向着客观真相靠近。客观真相向我们敞开，最终，是真相赢得了我们，而不是我们赢得了真相。

（二）与受众的平等交互关系

封闭自满的精英话语使专业媒体简单地将公众视为被动的接受者，渴望和等待着专业媒体提供的真相。尽管罗森斯蒂尔和科瓦齐认为，"信我（trust me）"时代已经过去，现在是"秀我"（show me）时代——"'信我'中的'我'是指新闻工作者，而'秀我'中的'我'是指受众，即新闻消费者。这一变化体现了数字时代的权力更迭，作为把关人的记者将权力交给了自己充当编辑的消费者或公民"。② 但是元新闻话语并没有体现出这种变化，那种自上而下的传播观念和权力关系仍然根深蒂固。

专业媒体对受众的冷漠和与受众的系统性脱节已经有所认识，并尝试通过"解释我们所做的事""倾听他们的声音"，增加新闻编辑室的多样性来改善与受众的关系，但是在实践与话语中仍然流露出对公众的不理解和对批评的抗拒。例如，专业媒体即便像《华盛顿邮报》的沙利文那样走入社区，和不同阶层的公众交谈，但仍然很难理解他们。当读者说，"你冒犯了我的价值观"时，CNN主播斯特尔特想到的是做出解释，说明自己为何如此，但没有想到让这位读者继续发言，真正倾听他的声音：你的价值观是什么？"我的"工作为何冒犯了你的价值观？你希望我怎样工作？

陈力丹指出，"精神交往的内容和形式不同于一般的物质活动，一旦形成传

---

① 潘忠党，陆晔. 走向公共：新闻专业主义再出发 [J]. 国际新闻界，2017（10）：91-124.

② 科瓦齐，罗森斯蒂尔. 真相：信息超载时代如何知道该相信什么 [M]. 陆佳怡，孙志刚，译. 北京：中国人民大学出版社，2014：35.

统,会在没有经济基础的情况下延续存在很长时间"①。这种延续性会随着物质活动的发展和时间的推移发生衰退,过程只是十分缓慢,并且"在一段时间内,陈旧的东西会表现出更强烈的生命力,尽管它已经变得不够真实了"②。

第三节 新闻与真相的未来

400年前,随着技术创新的到来,国家和教会等知识垄断者失去了曾经的主导地位,今天的新闻业同样失去了真相垄断者的特权。但是,在21世纪的头20年,"真相"的地位在元新闻话语中却得到强化。从功能主义的角度而言,这是专业媒体的立身之本,在动荡时刻重申这一价值也从一个侧面反映了以客观性为主导的传统新闻范式的衰落。在社会分歧多于共识时,新闻机构也因为拥有不同的经济模式和职业理想而无法团结起来发挥作用。信任危机经常被拿来批评主流新闻业的衰败,但是现实证明,摧毁内嵌于现代制度的体制化新闻并不会产生以事实为基础的倾听、协商、宽容、理性的更好图景,反倒有可能加剧反认知立场。专业媒体在这场行业危机中如何重申合法性和权威性,是全球专业新闻都在面对的问题。

一、道德真相作为合法性基础

"一个人越是试图描绘整个社会场景的现实,那种标准的新闻实践将越不可能达到"。③ 如果每个在社交媒体账号上发布个人琐事的网民都自称新闻工作者,他们发布的信息是真相,那么新闻业就将淹没在"真相"的汪洋大海之中。在众声喧哗的数字媒体时代,专业媒体要生存下去,就必须在公共传播领域中确立一个特定位置,无论社会和公众已经变得多么碎片化,它都需要证明自己可以向社会和公众提供某种特定形式的服务,为自己的存在奠定合法性基础。

（一）专业新闻应报道合乎伦理的真相

元新闻话语建构的规范性真相就是西方专业媒体向社会和公众提供的"特

---

① 陈力丹. 精神交往论 [M]. 北京:开明出版社,1993:19-21.

② 陈力丹. 精神交往论 [M]. 北京:开明出版社,1993:19-21.

③ 舒德森. 新闻社会学 [M]. 徐桂权,译. 北京:华夏出版社,2010:45.

定形式的服务"。这个"特定形式"必然遵循特定的价值体系。对于以言行事的人类而言，权力是不可避免的，并不是只要使用权力就一定有害无益，重点在于权力本身的性质以及权力使用的正当性和合理性。美国学者艾特玛指出，在过去一个世纪中，"学者和批评家们花了很大的力量去解构客观性，但是却没有努力发展哲学家和新闻工作者都能接受的对真相的理解。新闻不应当仅仅是事实。新闻是基于事实基础上的描述方案，具有价值和道德意义"①。譬如，《芝加哥论坛报》（Chicago Tribune）选择报道美国的死刑系统，对死刑的判决和复核进行了大量的调查和研究之后得出了结论，即这个系统存在问题，表现出令人无法接受的道德混乱程度，需要采取措施进行纠正。实际上，在这个系列报道的开始，记者就做出了"良善"和"邪恶"的判断，如此，"事实对陈述的被动符合转变为事实与对一个体制有意义、有目的的谴责，成为积极的协调"②。

本书的研究发现，西方专业媒体运用话语建构的真相观念就是包含着价值判断和道德承诺的"真相"，在规范的层面上，它追求的就是真与善的统一。在争取专业地位的斗争中，这种规范性真相完全以媒体对民主和公民的贡献为导向，以强烈的使命感和严格的实践准则对具有重大公共性的、权力者想要隐瞒的、令人不快的社会事件进行准确、全面、深入的报道，对于这一点，专业媒体不但必须坚持，而且必须坦然承认。

不过，我们需要警惕的是，在当代信息生态系统中，西方专业媒体的道德承诺和价值判断存在精英主义、自由主义霸权，这不仅无法反映其国内的多元社会，还无法应对全球化的传播现实。近30年来，互联网加快了公众获得新闻的速度、送达和全面性，降低了参与门槛，从而将新闻"去地方化"，公众自然地从一个特定区域和国家之外寻求视角，用户、制作者和新闻报道对象不再需

① ETTEMA J. The Momentof Truthiness：The Right Time to Consider the Meaning of Truthfulness［M］// ZELIZER B. The Changing Faces of Journalism：Tabloidization，Technology and Truthiness. London and New York：Routledge，2009：114-123.

② ETTEMA J. The Momentof Truthiness：The Right Time to Consider the Meaning of Truthfulness［M］// ZELIZER B. The Changing Faces of Journalism：Tabloidization，Technology and Truthiness. London and New York：Routledge，2009：114-123.

要共享相同的国家框架，形成了"全球新闻竞技场（the global news arena）"①。在这个竞技场上，任何信息主体在任何信息渠道发布的信息都应当被纳入考察的对象，同时也意味着媒体的竞争愈发激烈，产生文化冲突的可能性更大、频率更高，2015年《查理周刊》的遇袭就是最突出的例子。在本书的样本中，西方专业媒体也意识到了非西方世界的"在场"给求真实践带来的挑战。

多元文化、多元价值的现实存在并不意味着道德相对主义，正如真相拥有多副面孔，但并不意味着不存在客观真相。毕竟，"人"作为一个物种拥有共同的人性，对幸福的追求和进步的概念具有普遍性，例如，对以下主张，世界上绝大多数人都会同意：

> 活比死好。
>
> 健康比疾病好。
>
> 自由比受奴役好。
>
> 富裕比贫穷好。
>
> 教育比无知好。
>
> 正义比非正义好。②

这种普遍的人性不以任何意识形态和个体身份为转移，全球化和互联网时代公共传播的价值判断和伦理选择就可以建立其上。再如，1993年，世界宗教议会通过了《走向全球伦理宣言》，提出了寻求共识的"底线伦理"。1. 两条基本原则："人其人"——每一个人都应当得到人道的对待；"己所不欲，勿施于人"。2. 四条规则：不可杀人、不可偷盗、不可撒谎、不可奸淫。③ 伦理具体到新闻传播领域，就是克里斯琴斯提出的"无蔽"和"非暴力"。新闻的真相，是基于对人类生命和尊严平等对待的尊重，是对核心事实的彻底公开和允分阐释。敞开真相的追求过程，也敞开事实选择的价值判断和伦理抉择，它们只要都基于人性的普遍之善，就可以理直气壮地为这样的立场和担当辩护。

---

① DREESE S, RUTIGLIANO L, HYUN K, et al. Mapping the Blogosphere：Professional and Citizen-based Media in the Global New Sarena [J]. Journalism, 2007, 8（3）：235-261.

② 哈里森. 文化为什么重要 [M]//亨廷顿，哈里森，主编. 文化的重要作用：价值观如何影响人类进步. 北京：新华出版社，2010：35.

③ 何怀宏. 伦理学是什么 [M]. 北京：北京大学出版社，2002：243.

（二）可变的外部因素和不变的合法性内核

作为职业化的原创新闻生产者，一切外部因素都是可变的，应服务于道德真相。例如，在技术变革中，商业化媒体的经济基础正在瓦解，专业媒体为了获取资助（无论是公共资助，还是基金会或付费墙），必须加倍强调自己在民主和社区中的重大作用，而这只能由严肃、重大的公共性信息担纲。

2020年，非营利组织信息和民主论坛（Forum on Information and Democracy）成立了以路透社新闻研究所所长拉斯马斯·尼尔森（Rasmus Nielsen）为领导的工作小组，撰写并发布了题为《新闻业新政》（*New Deal for Journalism*）的建议，提出了一项在国家和国际范围内的雄心勃勃的计划，保证每年将高达GDP的0.1%投入新闻业，以"保障其未来的社会功能"[1]。不少慈善机构和个人意识到传统媒体衰落带来的危机，出资捐助高质量的新闻。例如于2007年由华尔街日报的前总编辑创建的ProPublica聚焦于调查报道，创办初衷是因为在数字时代，观点太多而事实太少，传统媒体无力负担调查新闻的巨大开支。为了将每一个报道的影响最大化，ProPublica与传统媒体合作，免费将深度报道提供给传统的出版物或者广播电台，所有的报道都可以免费获得、重印。同时，该网站也刊登其他媒体的优秀调查性报道，辅以注释和跟进，从而成为调查报道领域的终点和工具，让调查报道进行得更好。2010年，ProPublica获得普利策奖，是首家获普利奖的网络原创媒体。1988年，哥伦比亚广播公司（CBS）《60分钟》记者查尔斯·路易斯（Charles Lewis）离职创办非营利调查新闻组织公共诚信中心（Center for Public Integrity），从小型基金会、工会、公司和电视台筹资，最初一年的预算只有20万美元，接下来15年共筹集了3000万美元，其中超过90%都来自基金会。目前，它是全世界最大的非营利调查报道组织。1997年，公共诚信中心创办聚焦于全球事务、从事实际跨国报道的国际调查记者联盟（International Consortium of Investigative Journalists，ICIJ），与全球新闻机构和自由新闻工作者合作挖掘跨国犯罪、腐败、环境污染问题，2016年对离岸公司洗钱、逃税的调查报道"巴拿马文件"席卷了全球政界，导致冰岛总统辞职，2017年又发表"天堂文件"，对全球社会的福祉做出贡献。在缺乏基

---

[1] Niemanlab. Does the World Need a New Deal for Journalism? [R/OL]. Niemanlab, 2021-06-21.

金会传统的其他国家，人们普遍接受公共资助的概念，同时寻求其他途径解决过度商业化问题。例如，上线于 2013 年的荷兰众筹新闻网站《通讯者》（*De Correspondent*）以多样的类型报道新闻，提供报道的背景、分析、调查报告，在荷兰取得了成功。它的英文版 *The Correspondent* 正试图"打破新闻"，它不会投放广告，不会有订阅者。像 NPR 一样，它对每个人都是免费的，由会员支持，他们尽其所能。其创始人表示，推送给你的通知"更关注耸人听闻的、例外的、消极的、最近的和偶然的，从而忽视了普通的、平常的、积极的、历史的和系统的。我们希望彻底改变新闻的内容、制作方式以及资金来源"①。

再如，传统的新闻工作主要集中于问题和冲突，并在社会中制造了一种不和谐的气氛，甚至引发受众的紧张和焦虑。为了纠正这种"负面偏向"，各国媒体也开展了不少尝试。这并不是歌功颂德或者只报道"好消息"，而是强调报道的"主题式框架"，即提供广阔的图景。例如，统计数据、专家分析或其他信息来帮助公众从更宽广的语境中审视事件，而不是仅聚焦于眼前事件或问题，很少关注议题潜在背景和社会环境的片段式框架。选择主题式框架包含了明确的价值判断和道德承诺。例如，同一起青年暴力事件可以在不同的事实组合中被呈现为一个不稳定的个体实施的孤立行为和无法阻止的犯罪潮的一部分，或者是更广泛的公共健康问题的一个案例。有研究表明，使用公共健康框架，并探讨社会因素而非简单个别事件的报道可以使读者关注社会而不是个别行凶者，因此改变了读者对青少年暴力的理解，大大提高公众对背景的认识，反过来增加公众对健康和预防措施的支持。② 主题式框架也可以表述为"语境真相"、建设性新闻（constructive journalism）、方案新闻（solution journalism），目的都是使受众产生希望和乐观等更积极的情绪，并具有动员作用。

以上因素都是可变的，无论是所有制的多元化，还是报道方式和内容的纠偏和拓展，其核心都不能脱离元新闻话语中的那个道德真相——包含了价值判断和道德承诺的对重大公共事件的真实、准确、全面的报道。专业媒体的未来有赖于此，技术赋权下的新闻业有赖于此。

---

① LEPORE J. Does Journalism Have a Future? [R/OL]. NEW YORKER, 2019-01-21.
② SNYDER S, GRAHAM K. Covering Youth Violence：Lessons from a Local Investigation [R/OL]. Dartcenter, 2012-01-20.

二、"真相的美德"重塑文化权威

英国哲学家威廉斯指出："当我们丧失了对真理的价值的一种意识时，我们也就在个人生活和政治生活上丧失了很多重要的东西。"① 以真相为核心的媒介伦理是新闻职业性质所固有的。新闻作为对知识的追求，本身就是一种伦理框架。即便所有的知识都是可错的，这也并不意味着通过科学方法和充分论证得到的暂时性真相不具有权威性，正如牛顿经典力学并不因为相对论的出现而成为谬误。这就是威廉斯所说的"真理的美德"，"真诚意味着尊重真理。对真理的尊重与两种美德相联系，即'准确'（accuracy）和'诚实'（sincerity）：尽你自己的最大能力获得真信念，你所说的就是你所相信的"。②

21 世纪的头 20 年，信息生态经历了风云变幻，新闻业的许多创新——公共新闻、公民新闻、数字初创媒体等为新闻的多样性和质量做出了重要贡献。但是，近几年，新媒体后浪泡沫退却，从最初对信息民主的欢呼、对传统媒体的唱衰，到对互联网"曾让人血脉偾张、乌托邦式的开放性、民主性、赋权性的失望"③，人们发现，绝大多数公民记者、随机记者无法持续提供优质新闻，多数数字原生媒体还是穿新鞋走老路。④ 传统新闻机构的衰落没有带来信息民主，却为混淆真相与谎言、科学与迷信、事实与虚构打开了闸门。社交媒体平台上固然有很多严肃的传播者，将精英关注不到的角落敞开在全球公众面前，同时也是专业媒体开垦并精耕的新天地。但不可否认的是，社交媒体平台和搜索公司更关心流量和利润，而不是传播真相。大量心怀叵测的传播者散布阴谋论、狂热、反科学言论，助长了怀疑、分裂和仇恨。这种信息秩序的危害显而易见，而且目前也没有任何简单的方案来解决这种乱象。不过，瑞典科学家维克福什提出，如果这是一场完美风暴，"我们可以通过对付其中的一个或几

---

① 威廉斯. 真理与真诚 [M]. 徐向东，译. 上海：上海译文出版社，2013：20.
② 威廉斯. 真理与真诚 [M]. 徐向东，译. 上海：上海译文出版社，2013：27.
③ 彭增军. 后浪的泡沫：数字原生新闻的希望与幻灭 [J]. 新闻记者，2020（11）：54-58.
④ 彭增军. 后浪的泡沫：数字原生新闻的希望与幻灭 [J]. 新闻记者，2020（11）：54-58.

个要素，来让风暴平息一些"①。专业新闻就是其中一个可以"让风暴平息一些"的因素。从规范层面而言，在传统媒体时代打磨出的新闻精神——"向权势者说出真相""铁肩担道义，妙手著文章"的理想主义、坚信科学知识的前提和新闻认识论的实践规范、记者的个人良知与勇气不但是专业媒体的宝贵遗产，还是新信息秩序中的灯塔。

在元新闻话语中，西方专业媒体对真相的仪式化言说、对新闻真相之于社会和公众的重大意义的执着、对求真原则的坚持和求善理念的追求都决定着专业新闻在关键时刻仍然是公众的求助对象，这从"特朗普冲击"和疫情中优势媒体的亮眼表现中可见一斑。不过，不能忽视的是，少数精英媒体形成了赢者通吃的局面，新闻荒漠化是全球现象，而单向的、独白式的新闻实践已无法适应今天的传播环境。沃斯和托马斯考察了美国记者在2000年至2016年期间如何评估和构建新闻制度权威，认为"在一个看似后真相时代，记者似乎也不确定他们的权威的基础"②。的确，拥有了权力不等于拥有了权威。"真实的权力是政治的、经济的和社会的权力，要使那种权力受到某些思想的重大影响，只有在那些思想具有某种权威的情况下，才会是如此"。③ 文化权威是在动态中形成的。对于今天"向前倾"④ 的主动受众来说，专业新闻除了继续依靠自己的内容和质量获得信任，还应当以受众的需求为基础，发展出一种更加完善和精致的理念。科瓦齐和罗森斯蒂尔认为，立足于"人们使用新闻的方式以及他们对新闻的需求"⑤，当代专业新闻应当放弃传统把关人的角色定位，发挥以下8个方面的功能：

1. 鉴定者。在"乱花渐欲迷人眼"的信息洪流中，用可靠的方法帮助公众鉴定哪些事实是真实可信的。

2. 释义者。将事实置于恰当的语境中，使其对公共生活有意义、有价

---

① 维克福什. 另类事实：知识及其敌人 [M]. 汪思涵，译. 北京：中信出版集团，2021：222.
② VOS T, TIM P, THOMAS R. The Discursive Construction of Journalistic Authority in a Post-truthage [J]. Journalism Studies, 2018, 19 (13)：2001-2010.
③ 威廉斯. 真理与真诚 [M]. 徐向东，译. 上海：上海译文出版社，2013：26.
④ 意指受众为满足自身的兴趣和寻找答案而积极查询信息.
⑤ 科瓦齐，罗森斯蒂尔. 真相：信息超载时代如何知道该相信什么 [M]. 陆佳怡，孙志刚，译. 北京：中国人民大学出版社，2014：181-186.

值，而不仅仅是记录。

3. 调查者。继续发挥看门狗的作用，揭露被隐藏的不法行为。

4. 见证者。观察和监督每一个社群，媒体的出现和在场本身对作恶者就是一个警示。

5. 赋权者。媒体将公众视为新闻生产的一个组成部分，通过与公众分享经历和知识提升公众的能力，相互赋权。

6. 聪明的聚合者。善加利用网络力量，梳理整个信息领域，为受众监测和获取有用信息。

7. 论坛组织者。媒体创建供公民参与和对话、交流的公共论坛。

8. 新闻榜样。为公民新闻和新兴新闻媒体提供学习的榜样。①

所有这些功能都以真相的美德为基础，内生于传统的新闻精神中。正如元新闻话语显示的，无论风云如何变幻，他们对真相的追求就是他们权威的基础。它只是需要变得更为复杂。

如此，在公共传播时代，它正如美国广播公司驻白宫记者山姆·唐纳森（Sam Donaldson）希望的那样：

> 我相信所有盛开的鲜花。互联网、博客，让每个人都有发言权。但令人担心的是，如果发言的人不关心事实，只是关心他们的观点和他们的政治议程，你要怎么区分呢？不过，我认为最终人们会解决这个问题。他们会找到真正带来信息而不仅仅是观点的网站。

在"所有盛开的鲜花"中，专业新闻将会是最夺目的那一朵。

小　结

如果仅仅将传播视为信息的传递，那么专业媒体无法带来符合论意义上的"真相"，它能带来的只是基于各种价值选择的文本系统——真相的"造物"，这种语义上的内在矛盾与实践的断裂产生了传播过程中的混乱。这并不意

---

① 科瓦齐，罗森斯蒂尔. 真相：信息超载时代如何知道该相信什么［M］. 陆佳怡，孙志刚，译. 北京：中国人民大学出版社，2014：181-186.

味着这个"造物"是虚构的,更不意味着客观真相因而不存在,而且对客观真相的追求本身就具有道德感召力和技术示范性。因此,新闻发挥的不仅是信息传递的功能,它还是社会文化的重要构成部分,与其他阐释性产品共同构成了这个既定的世界,为人们提供了一个理解世界的语境,创造和传递了"关于世界上何为好和何为坏、何为道德和何为非道德、何为适当和何为不适当的偏向性陈述"①。

不过,"流变就是新闻的本质属性之一"。② 面对剧变中的社会政治和经济条件以及传播秩序,新闻从业者和研究者都十分重要的问题是重新审视在不同时期新闻业和公共传播发展起来的经典认知与论点,探查专业新闻的生机与未来,重申其合法性和权威性。

凯瑞认为:"新闻的目的并不是再现或告知,而是发送信号,讲述事件及引发深入的调查。接下来的调查也只是一种交谈或讨论,而且是对事物更系统的看法。"③ 在大众文化生产的竞争性真相环境中,专业媒体既要坚持依然闪光的内核,也要祛除陈腐的教条,理直气壮地报道真正具有公共性、真正基于人性之善所选择的合乎伦理的"新闻真相"或者"故事",召唤和引领参与者进行一场对话。专业媒体同时承认自己是追求真相道路上的众多成员之一,在真诚的交流中,彼此畅所欲言,敞开心扉,去伪存真,让真相来掌握自己。"只要我们是在诚恳地交流,即使一开始每一个人都是错的,真理也可能来临。真理赢得我们所有的人,而不是一些人战胜了另一些人"④。这样的"文化交谈"或许过于理想,甚至过于乌托邦,但是没有这样的希望之光存在,在战争和分裂笼罩地球的至暗时刻,人类还能仰望什么呢?

---

① ZELIZER B. Taking Journalism Seriously [M]. California: Sage Publication, 2004: 178.

② 王亦高. 新闻与现代性:从"永恒"到"流变"的世界观转向 [J]. 国际新闻界, 2010 (10): 66-72.

③ 凯瑞. 作为文化的传播 [M]. 丁未,译. 北京:中国人民大学出版社, 2019: 73.

④ 陈嘉映. 真理掌握我们! [J]. 云南大学学报(社会科学版), 2004 (1): 32-37.

结　语

星空在我头顶，道德在我心中

后现代主义认为，不存在一个与客观事实相符合的真相，一切都是权力运作、修辞和阐释的结果。但是，正如瑞典哲学家维克福什指出的，即便我们在选择术语、建构概念时有一定的自由度，这也并不意味着"世界"是我们建构出来的。① 客观真相的存在，恰恰在于它不取决于任何人的喜好和看法。而且，人人都希望他人对自己诚实，但是"如果你实际上并不相信真理的存在，那么对真诚的激情究竟是对什么的激情呢？"

在互联网和全球化带来的巨大多元性和复杂性面前，我们更要坚持真相的价值。首先，真相具有使用价值——它使人类得以生存、获得帮助、远离危险；其次，真相具有内在价值——"真相本身就是美德"，即使发现真理和讲述真理的理想本身就是幻觉，即使"真理"的观念本身是空洞的，在我们对那些目标的认定和追求中，那些幻觉很可能还是起到了至关重要的作用；最后，追寻真相的过程是"真相的美德"，"它体现在人们对认识真理的渴求、对真理的发现以及将真理述之于他人的过程之中"。②

以报道真相为存在基础和最高理想的专业媒体既为社会提供真实而有用的信息/真相，起到监测、预警、决策的作用，又在这个过程中体现了"真理的美德"。新闻工作者通过艰苦的努力揭示了事件的来龙去脉、社会背景、成因，这本身就是美德，而这种美德反哺社会环境。

---

① 维克福什. 另类事实：知识及其敌人［M］. 汪思涵，译. 北京：中信出版集团，2021：56.

② 威廉斯. 真理与真诚［M］. 徐向东，译. 上海：上海译文出版社，2013：54.

不过，这种理想与现实存在反差。

基于本书的分析，我们可以为西方媒介体制中的专业媒体围绕真相建构的观念和自我形象勾勒出这样一幅特写：他/她在仰望星空。满天繁星，他/她却只看到几颗，而且乌云时常模糊了他的视线；他/她一边仰望星空，一边将看到的那几颗星当作整个星空描述给想象中的听众，并想当然地认为，听众一定看不见，也不知道往哪儿看，因此必定会感兴趣；当他/她偶然低下高贵的头颅看了看四周，禁不住惊讶地自问：他/她们为什么不信，甚至不听？他/她们怎么可以不关心？他/她身边还有很多同伴，当同伴说，看到了其他的星星，他/她不屑地反驳说，你那是偏见，一场争吵就此爆发，将更多怀疑的种子播撒在围观者心中。我们如何理解和审视这样的观念和自我呈现？这是本书探讨的问题。

一、元新闻话语中的真相与新闻

星空，就是客观真相。专业媒体首先肯定真相的存在和重要性。在传播格局剧烈变化的今天，尽管在外部面临经济上的长期衰落、政治上的严峻威胁、社会中的信任低迷，在内部面对实践中的种种缺陷和争议，真相仍然是专业媒体的核心、基础、本源，是专业媒体的承诺，也是社会受众的期待。其次，建构了新闻与真相的关系与观念——元新闻话语建构的真相观在本体论上将新闻等同于真相，并超越了本体论，将真相建构为一个容纳了本体、方法和价值的复杂系统。专业媒体根据自己的价值判断对社会事件进行选择，并运用特定的实践标准进行报道，最终试图有益于社会和公众。最后，将自己建构为真相的化身，在大众文化形式中具有排他性的真相管辖权，是民主的核心，并运用各种话语策略巩固这一自我形象。

二、观念与形象的批判性审视

遗憾的是，专业媒体所建构的真相观念和自我形象无法说服今天的公众，陷入信任危机是长期实践的后果。专业媒体自身主要将信任危机归因于外部因素，包括商业化侵蚀、传播技术变革、党派人士的盛行和攻击，也对内部因素进行了一定程度的自我反思，包括媒体分裂、个别媒体和新闻工作者的道德崩坏等。这些归因无疑是正确的，也十分重要，但是隐藏在话语之后的盲点表明，机构性话语建构的真相观念和自我形象未能真诚面对受众，未能顺应新信息生态，加之认知上的价值独断主义和利益驱使的传播权力之争，导致话语建构的自我形象坍塌和媒体间的分裂，辜负了许多公众的期望。新的信息生态呼唤真相观念和身份角色的更新。

三、新闻与真相的未来

人们对元新闻话语建构的真相观念和自我呈现进行批判性审视，并不意味着贬低或否认专业媒体对真相的仰望（哪怕它是表演性的），更不是要抛弃真相本身，而是为思考新闻的未来提供基础。

人们将新闻业置于当代社会的整体视角下观察，就会发现它并没有独自面对信任危机。吉登斯指出，现代社会的运行有赖于两种脱域机制：象征标志（symbolic tokens）和专家系统（expert system）。二者都依赖于信任（trust）。我们自己缺乏验证专业知识的能力，只能依赖由技术成就和专业队伍所组成的专家系统。① 信任不仅是认知意义上的理解，还表现为对某事物的信奉。真相崩塌的今天，专家系统也失去了信任。如今很多声称追求真相的行业都在遭到质疑与挑战，包括对专业知识要求极高的领域。医学领域的反疫苗运动、科学领域的反气候变暖斗争、政治领域对现行体制的"不信任"，在现实中给人类带来了实实在在的可怕后果。2000 年就正式宣布消灭麻疹的美国，在 2019 年却因为疫苗接种不足而报告了近 700 个病例，欧洲国家与日本、菲律宾和泰国等亚洲国家均出现了麻疹病例激增的现象。2017 年，美国退出了巴黎气候协定。2021 年 1 月 6 日，从未在政权交接时发生过动荡的美国见证了冲击国会山暴乱。在全社会的信任危机中，人类生存面临威胁，必须重申客观真相、客观事实的存在和价值，而专业媒体的体制化存在和作为示范的新闻精神是重要的稳定性力量。

在信息的汪洋大海中，专业媒体要占据和维持其与众不同的位置，巩固其合法性与权威性，就必须重申公共性、批判性、建设性新闻的价值，而这必须建立在新闻业的核心理念之上，即基于事实的准确、真实、全面、道德的新闻真相。而在液态的新闻实践中，专业媒体则以传统的新闻精神引领公共传播，以主题式或建设性的方式讲述真相，以普遍的人性之善连接今天的情感公众，以真相为基础召唤理性对话。同时，要想做到这一点，专业媒体就必须破

---

① 吉登斯 . 现代性的后果［M］. 田禾，译 . 南京：译林出版社，2011：23-24.

除真相观念中的教条主义，真诚面对受众：第一，新闻真相不是真相本身，而是包含着道德承诺和价值判断的事实选择、组合和阐释，这并非原罪，关键在于敞开选择与判断的价值标准；第二，放弃价值独断主义，否定以特定主体的价值标准作为绝对权威的做法，承认现实生活中不同主体的价值标准之间可以互为参考；第三，抛下唯我独真的傲慢，正视新的传播秩序，接受传统垄断权力的失去，让曾经在社会中必不可少、举足轻重的"大型传播机构"与其他传播主体平等对话，承认和包容竞争性真相的真实性和合法性，又以"真相的美德"引领新传播秩序，在主体间性中走向"无蔽"，凝聚共识。

本书从文化分析路径出发考察西方模式下的专业媒体如何自我认知和自我呈现，为新闻理论研究补充了新的文献。

1. 对文本/最小语义场的挖掘回答了两个行业认知的根本问题：（1）何为新闻（journalism）——新闻就是真相；（2）谁是新闻工作者——新闻工作者就是真相的化身。

2. 对话语实践/篇章、社会实践/互文性的分析拆解了"真相"这个高度浓缩的符号，揭示了专业媒体真相观念与身份中的矛盾和权力争夺，指出受众的主动性和话语的局限性。

这些发现有助于我们理解西方模式中专业媒体的自我认知和实践，并在这个基础上与更大的社会环境相勾连，批判性、建设性地审视当下的公共生活与公共传播，这具有较强的现实意义。

此外，西方媒介模式的真相宣称面临的问题是公共传播时代的普遍问题，本书的研究同样给追求信息民主的社会成员一些提示：第一，相信客观真相的存在，就像人类终于知道太阳不是围着地球转，地球也不是平的；第二，理解"真相体制"是"以言行事"的人类无法避免的，重点不在于体制本身，而在于这个体制的正当性与合理性；第三，寻求真相时，不盲信唯一真相、不等待终极答案，不以自己的立场无视多维真相，也不以他人的立场抗拒对立真相，用常识、证据、逻辑和耐心拼起不同视角的真相，获得关于世界的知识，做一个有反思能力的人；第四，发布信息时，以审慎的态度质疑、核实其中的事实要件，用普遍的人性之善来衡量和选择发布的内容和形式，做一个负责任的公共传播者：在真相面前，保持谦卑。

本书最初以"最相似体制"中的专业媒体为研究对象，预设它们是一个具有共享价值观的阐释共同体，但是在研究过程中发现，即便是在"最相似体制"下，不同民族国家、不同媒体对"真相"这个看似最核心、最具有普遍共识的概念也存在不同的理解。这令笔者产生了进一步的研究兴趣，接下来希望能够专门从比较视角出发，从历史、文化、体制等不同层面理解各类新闻社群的认知和实践。另外，本书研究对象仅限于专业媒体，希望在未来的研究中，将视野扩展到多元传播主体，并采用多样的研究方法，进一步理解当下活色生香的新闻实践和生活世界。

参考文献

一、中文文献

（一）著作

［1］陈力丹．精神交往论［M］．北京：开明出版社，1993．

［2］陈力丹．世界新闻传播史［M］．2版．上海：上海交通大学出版社，2007．

［3］龚群．道德乌托邦的重构［M］．北京：商务印书馆，2005．

［4］何怀宏．伦理学是什么［M］．北京：北京大学出版社，2002．

［5］黄旦．传者图像：新闻专业主义的建构与消解［M］．上海：复旦大学出版社，2005．

［6］李彬．全球新闻传播史［M］．北京：清华大学出版社，2009．

［7］彭增军．媒介内容分析法［M］．北京：中国人民大学出版社，2012．

［8］彭增军．新闻业的救赎［M］．北京：中国人民大学出版社，2018．

［9］徐宝璜．新闻学［M］．北京：中国传媒大学出版社，2016．

［10］杨保军．新闻真实论［M］．北京：中国人民大学出版社，2006．

［11］杨保军．新闻精神论［M］．北京：中国人民大学出版社，2007．

［12］叶文曦．语义学教程［M］．北京：北京大学出版社，2016．

［13］张汝伦．现代西方哲学十五讲［M］．北京：北京大学出版社，2003．

［14］张志伟．西方哲学十五讲［M］．北京：北京大学出版社，2004．

［15］罗钢，刘象愚，主编．文化研究读本［M］．北京：中国社会科学出版社，2000．

（二）译著

[1] 阿特休尔.权力的媒介 [M].黄煜,裘志康,译.北京:华夏出版社,1989.

[2] 巴特.神话修辞术 [M].屠友祥,译.上海:上海人民出版社,2016.

[3] 班尼特.新闻:幻象的政治 [M].杨晓红,王家全,译.9版.北京:中国人民大学出版社,2018.

[4] 柏拉图.理想国 [M].郭斌和,张竹明,译.北京:商务印书馆,1986.

[5] 梵迪克,主编.话语研究多学科导论 [M].周翔,译.重庆:重庆大学出版社,2015.

[6] 梵迪克.作为话语的新闻 [M].曾庆香,译.北京:华夏出版社,2003.

[7] 费尔克拉夫.话语与社会变迁 [M].殷晓蓉,译.北京:华夏出版社,2003.

[8] 福柯.知识考古学 [M].谢强,马月,译.北京:生活·读书·新知三联书店,1998.

[9] 格尔茨.文化的解释 [M].韩莉,译.南京:译林出版社,2014.

[10] 甘斯.什么在决定新闻 [M].石琳,李洪涛,译.北京:北京大学出版社,2009.

[11] 戈夫曼.日常生活中的自我呈现 [M].冯钢,译.北京:北京大学出版社,2008.

[12] 哈贝马斯.公共领域的结构转型 [M].曹卫东,等,译.上海:学林出版社,1999.

[13] 哈贝马斯.现代性的哲学话语 [M].曹卫东,译.南京:译林出版社,2011.

[14] 哈克特,赵月枝.维系民主?西方政治与新闻客观性 [M].修订版.沈荟,周雨,译.北京:清华大学出版社,2010.

[15] 亨廷顿,哈里森,主编.文化的重要作用:价值观如何影响人类进步 [M].程克雄,译.北京:新华出版社,2010.

[16] 哈林,曼奇尼.比较媒介体制 [M].陈娟,等,译.北京:中国人民

大学出版社，2012.

[17] 吉登斯. 现代性的后果 [M]. 田禾，译. 南京：译林出版社，2011.

[18] 吉特林. 新左派运动的媒介镜像 [M]. 张锐，译. 北京：华夏出版社，2007.

[19] 凯瑞. 作为文化的传播 [M]. 丁未，译. 北京：中国人民大学出版社，2019.

[20] 科瓦齐，罗森斯蒂尔. 新闻的十大基本原则 [M]. 刘海龙，连晓东，译. 北京：北京大学出版社，2014.

[21] 科瓦齐，罗森斯蒂尔. 真相：信息超载时代如何知道该相信什么 [M]. 陆佳怡，孙志刚，译. 北京：中国人民大学出版社，2014.

[22] 库恩. 科学革命的结构 [M]. 金吾伦，胡新和，译. 4版. 北京：北京大学出版社，2012.

[23] 库尔德里. 媒介仪式：一种批判的视角 [M]. 崔玺，译. 北京：中国人民大学出版社，2016.

[24] 库卡茨. 质性文本分析 [M]. 朱志勇，范晓慧，译. 重庆：重庆大学出版社，2017.

[25] 李普曼. 公众舆论 [M]. 阎克文，江红，译. 上海：上海世纪出版集团，2006.

[26] 麦克卢汉. 理解媒介 [M]. 何道宽，译. 南京：译林出版社，2011.

[27] 卡尔·曼海姆. 意识形态与乌托邦 [M]. 黎鸣，李书崇，译. 南京：译林出版社，2016.

[28] 门彻. 新闻报道与写作 [M]. 展江，等，译. 北京：世界图书出版公司，2014.

[29] 尼科尔斯. 专家之死：反智主义的盛行及其影响 [M]. 舒琦，译. 北京：中信出版集团，2019.

[30] 尼罗，等. 最后的权利：重议《报刊的四种理论》 [M]. 周翔，译. 汕头：汕头大学出版社，2008.

[31] 帕特森，威尔金斯. 媒介伦理学：问题与案例 [M]. 李青藜，译. 8版. 北京：中国人民大学出版社，2018.

[32] 普特南. 事实与价值二分法的崩溃 [M]. 应奇，译. 北京：东方出版

社，2006.

[33] 史密斯 . 新闻道德评价 [M]. 李青藜，译 . 北京：新华出版社，2001.

[34] 舒德森 . 发掘新闻 [M]. 陈昌凤，常江，译 . 北京：北京大学出版社，2009.

[35] 舒德森 . 新闻社会学 [M]. 徐桂权，译 . 北京：华夏出版社，2010.

[36] 舒德森 . 为什么民主需要不可爱的新闻界 [M]. 贺文发，译 . 北京：华夏出版社，2010.

[37] 塔奇曼 . 做新闻 [M]. 麻争旗，刘笑盈，徐扬，译 . 北京：华夏出版社，2008.

[38] 维克福什 . 另类事实：知识及其敌人 [M]. 汪思涵，译 . 北京：中信出版集团，2021.

[39] 威廉斯 . 真理与真诚 [M]. 徐向东，译 . 上海：上海译文出版社，2013.

[40] 西伯特，彼得森，施拉姆 . 传媒的四种理论 [M]. 戴鑫，译 . 北京：中国人民大学出版社，2008.

[41] 新闻自由委员会 . 一个自由而负责的新闻界 [M]. 展江，王征，王涛，译 . 北京：中国人民大学出版社，2004.

（三）期刊

[1] 白红义 . 新闻业的边界工作：概念、类型及不足 [J]. 新闻记者，2015（7）.

[2] 白红义 . 边界、权威与合法性：中国语境下的新闻职业话语研究 [J]. 新闻与传播研究，2018（8）.

[3] CHRISTIANS C G，徐佳 . 全球语境下的新闻真实伦理 [J]. 全球传媒学刊，2015（1）.

[4] 操瑞青 . 作为假设的"新闻真实"：新闻报道的"知识合法性"建构 [J]. 国际新闻界，2017（5）.

[5] 常江，何仁亿 . 迈克尔·舒德森：新闻学不是一个学科——历史、常识祛魅与非中心化 [J]. 新闻界，2018（1）.

［6］常江.身份重塑：数字时代的新闻从业者职业认同［J］.编辑之友，2019（4）.

［7］常江，何仁亿.客观性的消亡与数字新闻专业主义想象：以美国大选为个案［J］.新闻界，2021（2）.

［8］陈楚洁，袁梦倩.社交媒体，职业"他者"与"记者"的文化权威之争——以纪许光微博反腐引发的争议为例［J］.新闻大学，2015（5）.

［9］陈楚洁.意义、新闻权威与文化结构：新闻业研究的文化-社会路径［J］.新闻记者，2018（8）.

［10］陈静茜，白红义.新闻业能做什么［J］.新闻记者，2018（7）.

［11］陈红梅.情感、阶级和新闻专业主义：美国公共传播危机的话语与反思［J］.新闻与传播研究，2019（9）.

［12］陈嘉映.真理掌握我们［J］.云南大学学报（社会科学版），2004（1）.

［13］邓建国，舒德森.我对新闻业未来谨慎乐观：迈克尔·舒德森学术访谈［J］.新闻记者，2015（2）.

［14］丁方舟."理想"与"新媒体"：中国新闻社群的话语建构与权力关系［J］.新闻与传播研究，2015（3）.

［15］郭佳.机构话语与专门用途语言的关系探析：以话语共同体为考察维度［J］.外语学刊，2015（4）.

［16］韩功华.用主体性思维解构"后真相"［J］.中国政法大学学报，2020（4）.

［17］胡翼青.后真相时代的传播：兼论专业新闻业的当下危机［J］.西北师大学报（社会科学版），2017（11）.

［18］江畅，左家辉.重新认识价值论的性质［J］.华中师范大学学报（人文社会科学版），2021（5）.

［19］克里斯琴斯.论全球媒体伦理：探求真相［J］.北京大学学报，2012（6）.

［20］李德顺，孙美堂."后真相"问题笔谈［J］.中国政法大学学报，2020（4）.

［21］李青藜.真相的重申与困惑：从"史密斯 VS 法罗"之争看美国当代新闻伦理困境［J］.中国新闻传播研究，2021（1）.

[22] 李青藜，刘嘉妍. 孤独的理想主义者：美国当代新闻业"真相"话语的建构与消解 [J]. 新闻记者，2023（2）.

[23] 李玮，蒋晓丽. 从"符合事实"到"社群真知"：后真相时代对新闻何以为"真"的符号哲学省思 [J]. 现代传播，2018（12）.

[24] 陆晔，潘忠党. 成名的想象：中国社会转型过程中新闻从业者的专业主义话语建构 [J]. 新闻学研究（台北），2002（71）.

[25] 陆晔，周睿鸣. "液态"的新闻业：新传播形态与新闻专业主义再思考：以澎湃新闻"东方之星"长江沉船事故报道为个案 [J]. 新闻与传播研究，2016（7）.

[26] 潘忠党，陆晔. 走向公共：新闻专业主义再出发 [J]. 国际新闻界，2017（10）.

[27] 庞金友. 后真相时代竞争性真相的谱系与策略 [J]. 安徽师范大学学报（人文社会科学版），2020（9）.

[28] 彭增军. 稻草人与看门狗：作为体制存在的新闻业 [J]. 新闻记者，2018（9）.

[29] 彭增军. 后浪的泡沫：数字原生新闻的希望与幻灭 [J]. 新闻记者，2020（11）.

[30] 彭增军. 此间再无萧萧竹：新闻荒漠化及其后果 [J]. 新闻记者，2021（3）.

[31] 彭增军. 从此萧郎是路人：新闻的弃儿 [J]. 新闻记者，2021（5）.

[32] 舒德森. 新闻的真实面孔：如何在"后真相"时代寻找"真新闻" [J]. 周岩，译. 新闻记者，2017（5）.

[33] 舒德森，李思雪. 新闻专业主义的伟大重塑：从客观性 1.0 到客观性 2.0 [J]. 新闻界，2021（2）.

[34] 王维佳. 媒体建制派的失败：理解西方主流新闻界的信任危机 [J]. 现代传播（中国传媒大学学报），2017（5）.

[35] 王亦高. 新闻与现代性：从"永恒"到"流变"的世界观转向 [J]. 国际新闻界，2010（10）.

[36] 王亦高. 新时代应警惕"新闻本质真实论" [J]. 新闻与写作，2015（7）.

［37］杨保军. 简论新闻的真相真实与假象真实［J］. 国际新闻界，2005（6）.

［38］杨保军. 如何理解新闻真实论中所讲的符合［J］. 国际新闻界，2008（5）.

［39］杨保军. 事实·真相·真实：对新闻真实论中三个关键概念及其相互关系的理解［J］. 新闻记者，2008（6）.

［40］杨保军. 新媒介环境下新闻真实论视野中的几个新问题［J］. 新闻记者，2014（10）.

［41］杨保军. 论收受主体视野中的新闻真实［J］. 现代传播（中国传媒大学学报），2017（8）.

［42］姚君喜. 新闻真实性的意义阐释［J］. 社会科学，2007（6）.

［43］周睿鸣. 元新闻话语、新闻认识论与中国新闻业转型［J］. 南京社会科学，2021（2）.

二、英文文献

（一）著作

［1］CHRISTIANS C G. Media Ethics and Global Justice in the Digital Age［M］. New York：Cambridge University Press，2019.

［2］PETERS C，BROERSMA M. Rethinking Journalism：Trust and Participation in a Transformed News Landscape［M］. London：Routledge，2012.

［3］WARD S. The Invention of Journalism Ethics：The Path to Objectivity and Beyond［M］. Montreal & Kingston，London，Ithaca：McGill – Queen's University Press，2004.

［4］ZELIZER B. The Changing Faces of Journalism：Tabloidization，Technology and Truthiness［M］. London and New York：Routledge，2009.

［5］ZELIZER B. Taking Journalism Seriously［M］. California：Sage Publication，2004.

［6］ZELIZER B，ALLAN S. Key Words in News & Journalism Studies［M］. New York：The McGraw–Hill Companies，2010.

（二）期刊

［1］ BREED W. Social Control in the Newsroom: A Functional Analysis ［J］. Social Forces, 1955 (33).

［2］ BROERSMA M. The Unbearable Limitations of Journalism: On Press Critique and Journalism's Claim to Truth ［J］. International Communication Gazette, 2010, 72 (1).

［3］ BUOZIS M, ROONEY S, CREECH B. Journalism's Institutional Discourses in the Pre - Internet Era: Industry Threats and Persistent Nostalgia at the American Society of Newspaper Editors ［J］. Journalism, 2021, 22 (1).

［4］ CARLSON M. Metajournalistic Discourse and the Meanings of Journalism: Definitional Control, Boundary Work, and Legitimation ［J］. Communication Theory, 2016, 26 (4).

［5］ CARLSON M, USHER N. News Startups as Agens of Innovation: For-profit Digital News Startup Manifestos as Metajournalistic Discourse ［J］. Digital Journalism, 2016, 4 (5).

［6］ CARLSON M. The Information Politics of Journalism in a Post - Truth Age ［J］. Journalism Studies, 2018, 19 (13).

［7］ CAREY J A. Short History of Journalism for Journalists: A Proposal and Essay ［J］. The Harvard International Journal of Press/Politics, 2007, 12 (1).

［8］ CHRISTIANS C. Media Ethics in Education ［J］. Journalism & Communication Monographs, 2008, 9 (4).

［9］ CUNNINGHAM B. Re - thinking Objectivity ［J］. Columbia Journalism Review, 2003 (4).

［10］ DEUZE M. What is Journalism? Professional Identity and Ideology of Journalists Reconsidered ［J］. Journalism: Theory Practice and Criticism, 2005 (6).

［11］ DEUZE M. Whatjournalismis (not) ［J］. Social Media+Society, 2019, 5 (3).

［12］ FERRUCCI P. Joining the Team: Metajournalistic Discourse, Paradigm Repair, the Athletic and Sports ［J］. Journalism Practice, 2022, 16 (10).

[13] FINNEMAN T, THOMAS R, RYAN J. "Our Company is in Survival Mode": Metajournalistic Discourse on COVID – 19's Impact on U. S. Community Newspapers [J]. Journalism Practice, 2022, 16 (10).

[14] HANITZSCH T, VOS T. Journalistic Roles and the Struggle Over Institutional Identity: The Discursive Constitution of Journalism [J]. Communication Theory, 2017, 27 (2).

[15] HANITZSCH T, VOS T. Journalism Beyond Democracy: A New Look into Journalistic Roles in Political and Everyday Life [J]. Journalism, 2018, 19 (2).

[16] LISBOA S, BENETTI M. Journalism as Justified True Belief [J]. Brazilian Journalism Research, 2015, 2 (2).

[17] SCHMIDT T. "It's OK to Feel": The Emotionality Norm and Its Evolution in U. S. Print Journalism [J]. Journalism, 2021, 22 (5).

[18] TUCHMAN G. Objectivity as Strategic Ritual: An Examination of Newsmen's Notions of Objectivity [J]. American Journal of Sociology, 1972, 77 (4).

[19] VOS T, TIM P, THOMAS R. The Discursive Construction of Journalistic Authority in a Post-truth Age [J]. Journalism Studies, 2018, 19 (13).

[20] WAISBORD S. Truth is What Happens to News: On Journalism, Fakenews, and Post-truth [J]. Journalism Studies, 2018 (19).

[21] VOS T, MOORE J. Building the Journalistic Paradigm: Beyond Paradigm Repair [J]. Journalism, 2020, 21 (1).

[22] WARD S. Ethical Flourishing as Aim of Global Media Ethics [J]. Journalism Studies, 2011, 12 (6).

[23] WHITE D. The Gate Keeper: A Case Study in the Selection of News [J]. Journalism Quarterly, 1950, 27 (3).

[24] WYATT J, LYNCH M. From One to Many: Recent Work on Truth [J]. American Philosophical Quarterly, 2016, 53 (4).

[25] ZELIZER B. Journalists as Interpretive Communities [J]. Critical Studies in Mass Communication, 1993 (10).

（三）网上资源

［1］ HIGGINS K. Post－truth：A Guide for the Perplexed ［EB／OL］. Nature，2016－11－28.

［2］ KAVANAGH J, RICH M. Truth Decay：An Initial Exploration of the Diminishing Role of Facts and Analysis in American Public Life. Rand Cooperation ［R／OL］. Rand，2018－01－17.

［3］ Niemanlab. Doesthe World Needa New Deal for Journalism? ［R／OL］. Niemanlab，2021－06－21.

［4］ Reutersinstitute. Digital News Report 2023 ［R／OL］. Reutersinstitute，2021－07－20.

［5］ UN. Trust in Public Institutions：Trends and Implications for Economic Security ［R／OL］. UN，2021－07－20.

附录一

EBSCO 文本库

1	K DILLIN. What the Films Tell Us about Ourselves [N]. Christian Science Monitor, 2000-03-24 (p16).
2	The Daily Telegraph (Sydney). Grain Growers' Hands Tied [N]. The Daily Telegraph (Sydney), 2000-11-07 (P20).
3	E KIBBLE. More Truth than They can Handle [N]. The Advertiser, 2001-02-28 (P45).
4	R SIEGEL. Commentary: Learning the Hard Way the Truth isn't Always Welcome in Journalism [N]. All Things Considered (NPR), 2001-11-27.
5	A SHANAHAN. When Some Twisted Statistics Become a Damned Lie [N]. The Australian, 2001-10-30 (P13).
6	B KALLER. CBS Newsman Wallace Gives Lecture at Columbia, Mo., College. [N] Columbia Daily Tribune (MO), 2001-04-25.
7	L NEARY. Analysis: Journalists Reporting on Wars [N]. Talk of the Nation (NPR), 2001-11-29.
8	J WILLIAMS. Analysis: Twenty-four Hour News Industry and Whether Journalism Has Changed for Better or Worse [N]. Talk of the Nation (NPR), 2001-05-10.
9	O'Reilly Factor (FOX News). Should Gay Celebrities Make Their Status Known? [N]. O'Reilly Factor (FOX News), 2001-03-21.
10	A PAULSON. Ethical Work in a Bottom-line Time [N]. Christian Science Monitor, 2001-12-10 (P17).
11	K CAMPBELL. When is "terrorist" a Subjective Term? [N]. Christian Science Monitor, 2001-09-27 (P16).
12	The Australian. Letters [N]. The Australian, 2001-08-30 (P05).

13	R LUSETICH. Why Junk it if You Can Junket? [N]. The Australian, 2001-08-06 (P11).
14	B MACINTYRE. History that Was More Bunk than Usual [N]. The Times (UnitedKingdom), 2001-06-30 (P24).
15	M WEST. Margincall [N]. The Australian, 2001-02-09 (P34).
16	S WEINBERG. The Watchdogs Need Closer Watching [N]. Christian Science Monitor, 2001-03-08 (P19).
17	R GLEDHILL. Aitken to Support Persecuted Christians [N]. The Times (United Kingdom), 2002-04-04 (P09).
18	Toronto Star (Canada). When it Comes to Israel, The Star Protests Too Much [N]. Toronto Star (Canada), 2002-04-29 (P21).
19	D CAMP. Secrecy is the True American Tragedy [N]. Toron to Star (Canada), 2002-01-30 (P21).
20	N RIJN. Funeral Home Pulls Ads to Protest Star's Coverage of Mideast Accuses Paper of "fomenting racism and intolerance" [N]. Toronto Star (Canada), 2002-04-27 (PA12).
21	L FAY. There's no Sign of the Final Whistle for a Veteran Broadcaster Who Gets His Kicks from Being at the Heart of the Action. [N]. The Sunday Times, 2002-08-25 (P4).
22	G SHERIDAN. Running out of Esteem [N]. The Australian, 2002-04-18 (P009).
23	J GIBSON. Interview With Christopher Hanson [N]. Big Story with John Gibson (FOX News), 2003-11-05.
24	Toronto Star (Canada). Wheels' Auto Reviews Should Be More Positive [N]. Toronto Star (Canada), 2003-10-11 (P12).
25	Hannity & Colmes (FOX News). Was CBS Fair When It Offered White House Conditional Opportunity to Rebut Saddam Hussein's Comments? [N]. Hannity & Colmes (FOXNews), 2003-02-27.
26	R DIMANNO. Easier to Criticize Coverage than Understand Roads to War [N]. TorontoStar, 2003-12-08 (PA02).
27	The Australian. You Heard It Here First [N]. The Australian, 2003-09-16 (P031).
28	M MCKENNA. The Big Gun [N]. Herald Sun (Melbourne), 2003-09-06 (PW10).

29	M MCKENNA. Friendly Fire [N]. The Courier Mail (Brisbane), 2003–09–04 (P031).
30	T GAUDOIN. When Stella Met David [N]. The Times (United Kingdom), 2003–09–06 (P86).
31	H KUNDNANI. Lies, Damned Lies [N]. Times, The (United Kingdom), 2003–07–19 (P24).
32	W SHAPIRO. Twinkley' Brinkley a Sad Loss for News, Politics [N]. USA Today, 2003–06–13 (P06a).
33	A COCK. How a Cheating Reporter Made a Splash [N]. The Advertiser (Adelaide), 2003–05–13 (P022).
34	A COCK. This Reporter'S News Just Not Fit to Print [N]. The Courier Mail (Brisbane), 2003–05–13 (P011).
35	B APPLEYARD. Don't Believe a Word They Say about Them [N]. The Sunday Times, 2003–05–18 (P3).
36	B MACARTHUR. Blame and Shame [N]. Times, The (United Kingdom), 2003–05–16 (P19).
37	L GROVE. The Reliable Source [N]. The Washington Post, 2003–04–01 (PC03).
38	M BELL. What's Important? [N]. The Times (United Kingdom), 2003–03–19 (P21).
39	P JOHNSON. CNN Takes Heat for Action, Inaction [N]. USA Today, 2003–04–14 (P05d).
40	T LUCKHURST. Don't Listen to the Good–News Freaks [N]. The Sunday Times, 2003–02–16 (P4).
41	E GAONA. Hampton, Va., University's Journalism School Continues to Grow [N]. Daily Press (Newport News, VA), 2003–02–24.
42	T ROMBECK. New York Times Publisher Says Editorial Board Is Undecided about Possible War [N]. Journal–World (Lawrence, KS), 2003–02–08.
43	T HARPUR. It's Getting Harder to Tell the Truth about Anything [N]. Toronto Star (Canada), 2003–01–26 (PF06).
44	B MACARTHUR. BBC is Paying the Price for a Lack of Professionalism [N]. The Times (United Kingdom), 2004–01–30 (P43).
45	A ZERBISIAS. Stewart Gets Serious, Why Won'T Reporters? [N]. Toronto Star (Canada), 2004–08–10 (PD05).

46	Toronto Star (Canada). Journalism is Telling Truth to Power [N]. TorontoStar (Canada), 2004-12-17 (PA36).
47	M LINKLATER. A Sampson among the Media Dwarfs [N]. The Times (United Kingdom), 2004-12-22 (P16).
48	G BROCK. Misreading the Media [N]. The Times (United Kingdom), 2004-08-28 (P11).
49	N CONAN. Interview: George de Lama, Kenneth Irby and David Perlmutter Discuss Ethical Issues Involved in Publishing and Broadcasting Graphic Pictures of War [N]. Talk of the Nation (NPR), 2004-04-20.
50	N CONAN. Analysis: Seeing Our World through Fiction and the Experience of Immigrants [N]. Talk of the Nation (NPR), 2004-07-01.
51	D CHINNI. Press "fairness" in Politics: Just Relativism Disguised? [N]. Christian Science Monitor, 2004-09-28 (P9).
52	P VAN SLAMBROUCK. Monitor Readers Weigh in on "Bias" [N]. Christian Science Monitor, 2004-06-16 (P9).
53	R DIMANNO. Uncut, Al-Jazeera's Useful [N]. Toronto Star (Canada), 2004-07-19 (PA02).
54	M WHYTE. Edward Murrow Would be Rolling in His Grave [N]. Toronto Star (Canada), 2004-10-02 (PJ01).
55	V MENON. Only the Jester Speaks the Truth [N]. Toronto Star (Canada), 2004-08-26 (PA28).
56	D GOULD. Spinning out of Control [N]. The Gold Coast Bulletin, 2004-03-09 (P011).
57	R MANCUSO. It's too One-sided [N]. Townsville Bulletin, 2004-07-30 (P032).
58	A BOLT. Judge, Jury, Joke [N]. HeraldSun (Melbourne), 2004-12-01 (P019).
59	R YALLOP. Giving the Lie to Language [N]. The Australian, 2004-11-11 (P018).
60	J YARDLEY. "Boys on the Bus": Pack Journalism At Unsafe Speeds [N]. The Washington Post, 2004-08-27 (PC01).
61	The Australian. Letters [N]. The Australian, 2004-08-31 (P012).
62	K MURPHY. DVDs [N]. The Australian, 2004-07-10 (PB25).

续表

63	A COOPER . Last Year, 36 Died Seeking the News [N]. Toronto Star (Canada), 2004-03-13 (PF06).
64	L CLARK. Shattered Glass Remains Cloudy [N]. The Sunday Telegraph (Sydney), 2004-02-15 (P090).
65	S JENKINS. Mount Truth is Besieged by a Faction of Dramatists [N]. The Times (UnitedKingdom), 2004-02-27 (P28).
66	B MACARTHUR. Disreputable Maybe, but the Press Has a Duty to Ask Questions [N]. The Times (United Kingdom), 2004-02-06 (P35).
67	K NICHOLS. Accountability in the "Blogosphere" [N]. Christian Science Monitor, 2005-02-11 (P8).
68	P HOWELL. Capote Capote [N]. TorontoStar (Canada), 2005-10-28 (PD01).
69	The Australian. King sues ESPN for $3. 2bn [N]. The Australian, 2005-01-14 (P025).
70	N CONAN. Analysis: Controversy over Funding for Public Radio and Listeners' Comments and Questions for NPR's Ombudsman [N]. Talk of the Nation (NPR), 2005-06-15.
71	A CHADWICK. Interview: David Westin Discusses the Future of Network News [N]. Day to Day (NPR), 2005-03-07.
72	O'Reilly Factor (FOX News). Left Wing Media's Reaction to Iraq Elections [N]. O'Reilly Factor (FOXNews), 2005-01-31.
73	Hardball (MSNBC). HARDBALL For January 24, 2005 [N]. MSNBC, 2005-01-24.
74	A MITCHELL. National Book Festival [N]. The Washington Post, 2005-09-21.
75	M CLARK. Claudia Puig. 10 Shining Stars in a Not – so – stellar Movie Year [N]. USAToday, 2005-12-30 (P06e).
76	K HEYSEN. Film Reviews; A Goodnight'S Work, Ed [N]. Sunday Mail (Adelaide), 2005-12-18 (P100).
77	E SIMPER. Flourishing Plants among Greenbacks and Muck [N]. The Australian, 2005-12-08 (P022).
78	Irish Times. A Terrible Rendition [N]. Irish Times, 2005-12-10.
79	S SHREVE. Post Magazine: Go Ask Your Mother [N]. The Washington Post, 2005-05-09.

80	USA Today. How Safe should Americans Feel? [N]. USA Today, 2005-07-11 (P18a).
81	D MILBANK. My Bias for Mainstream News [N]. The Washington Post, 2005-03-20 (PB01).
82	R MOSEY. Problems of Putting Pain in the Picture [N]. The Times (United Kingdom), 2005-01-07 (P60).
83	W ANDERSON. Poll Position [N]. Sunday Telegraph Magazine, 2005-01-23 (P010).
84	Toronto Star (Canada). Poem A Note for Journalists [N]. Toronto Star (Canada), 2006-08-06 (PD11).
85	The Sunday Times (Perth). We Scoop Awards [N]. The Sunday Times (Perth), 2006-11-05.
86	Toronto Star (Canada). Journalists Risk All for Truth [N]. Toronto Star (Canada), 2006-11-04 (PF06).
87	The Gold Coast Bulletin. Journalist of; the old School [N]. The Gold CoastBulletin, 2006-10-28.
88	D MCNICOLL. Attack on Uni Media Courses [N]. The Australian, 2006-06-17 (P009).
89	A JOANNOU. Star Writer Nominated for Public Service Reporting [N]. Toronto Star (Canada). 2006-03-24 (PA02).
90	A CHADWICK. Videos that Put YouTube. com on the Map [N]. Day to Day (NPR), 2006-10-19.
91	D SCOTT. Reporters on the Job [N]. Christian Science Monitor, 2006-08-14 (P6).
92	D MURRAY. Anonymous Letter to Pulitzer Board spurs investigation by The Blade [N]. The Blade (OH), 2006-05-28.
93	L MASTERSON. Brad Plays Doting Dad [N]. Sunday Tasmanian (Hobart), 2006-12-17 (PA08).
94	L MASTERSON. Dad Brad no Longer a Drifter [N]. Sunday Herald Sun (Melbourne), 2006-11-12 (PE07).
95	S RINTOUL and C StTEWART. Integrity Guided Reporter [N]. The Australian, 2006-10-25 (P012).
96	G HENDERSON. Memo to the ABC: how to be Fair and Balanced [N]. The Australian, 2006-08-31 (P01).

97	K WINDSCHUTTLE. Communication Break Down [N]. The Australian, 2006-06-17 (P023).
98	Northern Territory News (includes Sunday Territorian). OPINION [N]. Northern Territory News (includes Sunday Territorian), 2006-06-06 (P013).
99	Toronto Star (Canada). Coverage can Shape Conflicts [N]. Toronto Star (Canada), 2006-06-03 (PF06).
100	L DOWNIE Jr. Ask The Post [N]. The Washington Post, 2006-05-17.
101	The Australian. LETTERS [N]. The Australian, 2006-05-04 (P016).
102	R NADELSON. Telling it Like it is. Well, Almost [N]. The Times (United Kingdom), 2006-05-06 (P4).
103	M DAY. Shock Expose! My Real Life Battle with Truth and Trash [N]. The Australian, 2006-04-06 (P018).
104	N ADLAM. News Lacks True Drama [N]. Northern Territory News (Includes Sunday Territorian), 2006-03-10 (P028).
105	D JACKSON. Wrong Side of Genius [N]. The Australian, 2006-03-10 (P013).
106	V MENON. Stewart Lobs Gentle Bombs at Stars [N]. Toronto Star (Canada), 2006-03-06 (PE02).
107	J MAYNARD. SATURDAY [N]. The Washington Post, 2006-01-28 (PC07).
108	B COLLINS. Still a Place for Marshals on the Wild Web'S Frontiers [N]. The Sunday Times, 2006-01-01 (P8).
109	P WINTOUR. Blair Assails Media for Acting Like 'feral beasts' [N]. Irish Times, 2007-06-13.
110	N CONAN. Former Tabloid Writers Tell All [N]. Talk of the Nation (NPR), 2007-08-15.
111	Hardball (MSNBC). For November 6, 2007, MSNBC [N]. Hardball (MSNBC), 2007-11-06.
112	D GLOVER. The Forum-On John Pilger's View of the American Empire [N]. The Australian, 2007-10-20 (P002).
113	A N WILSON. The Shock of the New [N]. The Sunday Times, 2007-06-17 (P39).
114	R HOLEYWELL. Pearl's Murder Inspires Scholarly Search for Truth [N]. USA Today, 2007-05-09 (P08d).

115	The Australian Magazine. Feedback – have Your Stay [N]. The Australian Magazine, 2007-05-12 (P006).
116	H KURTZ. A Case of Bad Ink: Portrait of Media Is Not So Flattering [N]. The Washington Post, 2007-03-07 (PC01).
117	G DOUGARY. For the Sake of Integrity, Keep the PR Meisters at Bay [N]. The Times (UnitedKingdom), 2007-02-22 (P7).
118	The Times (United Kingdom). Award – Winning Times Reporter Dies after Foreign Assignment [N]. The Times (UnitedKingdom), 2007-02-21 (P2).
119	J TORRES. Student Journalists Listen to, Learn from Veterans [N]. The Record (Stockton, CA), 2007-02-02.
120	P AKERMAN. Facts won't Stop a Good Story; Prize Fight [N]. Geelong Advertiser, 2008-09-04 (P019).
121	M WESTWOOD. Drama in Power Failure [N]. The Australian, 2008 - 05 - 22 (P010).
122	M BLOCK. Le Carre Tackles Terror In 'A Most Wanted Man' [N]. All Things Considered (NPR), 2008-10-07.
123	M MARTIN. Margaret Seltzer Joins List of Fabricating Writers [N]. Tell Me More (NPR), 2008-03-05.
124	L HANSEN. Looking at the Future of 'E-Politics' [N]. Weekend Edition Sunday (NPR), 2008-06-29.
125	M JURKOWITZ. Election 2008: Winning the Media: Sarah Palin's wardrobe, Media Bias, Economic Crisis Coverage [N]. The Washington Post, 2008-10-23.
126	M COSIC. How Truth Without Fear or Favour Became Coward'S Compromise [N]. The Australian, 2008-08-23 (P030).
127	C WOCKNER. Just Lies, Says Corby Sister [N]. The Sunday Times, (Perth), 2008-07-06.
128	C WOCKNER. My Dad Wasn'T A Drug Dealer; Corby Sister Blasts 'disgraceful lies' [N]. Sunday Mail (Adelaide), 2008-07-06 (P013).
129	H KURTZ. As Obama Aide, Reporter Dons Flack Jacket [N]. The Washington Post, 2008-06-16 (PC01).
130	Irish Times. A Last Stand for High Standards [N]. IrishTimes, 2008-03-01.
131	Toronto Star (Canada). From coloured Ink to Multimedia [N]. Toronto Star (Canada), 2008-02-02 (PAA06).

132	J LYDEN. A Reporter's Arrest Casts A Vast Shadow [N]. Weekend Edition Saturday (NPR), 2009-10-03.
133	Toronto Star (Canada). When Citizens are Journalists [N]. Toronto Star (Canada), 2009-11-14 (P/ IN06).
134	Larry King Live (CNN). Walter Cronkite Dies [N]. Larry King Live (CNN), 2009-07-17.
135	Hardball (MSNBC). For April17, 2009, MSNBC [N]. Hardball (MSNBC), 2009-04-17.
136	W RODGERS. Nigerian Car Thief Turns into Goat! [N]. Christian Science Monitor, 2009-07-06 (P9).
137	S LARKIN. Barmaid's Bombshell Her Husband is Accused of Assaulting Him but South Australian Premier Mike Rann says He did not have sexual Relations with that Woman [N]. Townsville Bulletin, 2009-11-28 (P42).
138	S LARKIN. INSIGHT The Stories Behind the News [N]. The Weekend Post (Cairns), 2009-11-28 (P36).
139	S LARKIN. Affair Claims Absurd: Rann [N]. Geelong Advertiser, 2009-11-24 (P2).
140	H GENSLER. 'Goat' -to Guy: Jedi Knight Ewan McGregor Plays a Reporter on the Trail of a Big, Baaad Story [N]. The Philadelphia Daily News (PA), 2009-11-06.
141	Editorial Board. EDITORIAL: News Business Must Restore Credibility [N]. Yakima Herald-Republic (WA), 2009-09-20.
142	The Cairns Post. Post Pair are Winners Reporter, Photographer are Best in Queensland [N]. The Cairns Post, 2009-08-31 (P4).
143	The Courier Mail (Brisbane. The Most Trusted Man in America [N]. The Courier Mail (Brisbane), 2009-07-20 (P59).
144	G FOREMAN. Journalism's Tough Public-Relations Problem [N]. The Philadelphia Inquirer (PA), 2009-09-17.
145	D CONOVER. Cronkite Represents Landmark in Era of Childhood [N]. The Paducah Sun (KY), 2009-07-19.
146	M STUTCHBURY. Welfare Parent Trap [N]. The Australian, 2009-05-12 (P12).

147	The Times (United Kingdom). Regarding Death, where do you Draw the Line Between Voyeurism and Art? [N]. The Times (United Kingdom), 2009-03-21 (P1).
148	Toronto Star (Canada). Compassion Trumps Truth [N]. Toronto Star (Canada), 2009-09-30 (PA22).
149	Toronto Star (Canada). Plethora of Probes No Panacea [N]. Toronto Star (Canada), 2010-09-15 (PA22).
150	L GRAY. OPINION: It's All About Context, which NPR Missed [N]. Northeast Mississippi Daily Journal (Tupelo, MS), 2010-10-24.
151	K ENGLISH. Newspapers have a Duty to Report the Painful Truth [N]. Toronto Star (Canada), 2010-09-25 (PIN6).
152	A DANIELSEN. The many Marks of Twain [N]. Columbia Daily Tribune (MO), 2010-03-14.
153	M MARTIN. The Tricky Ethics of Video in a YouTube Era [N]. Tell Me More (NPR), 2010-07-22.
154	O'Reilly Factor (FOX News). Talking Points Memo and Top Story [N]. O'Reilly Factor (FOX News), 2010-07-23.
155	The Gold Coast Bulletin. Chatroom [N]. The Gold Coast Bulletin, 2010-12-10 (P29).
156	Irish Times. Fixed in the Ghoul-Light of Murder [N]. Irish Times, 2010-10-23.
157	K ENGLISH. The Ethics of Going Undercover [N]. Toronto Star (Canada), 2010-10-09 (PIN6).
158	The Charleston Gazette (WV). EDITORIAL: Amazing: Electronic Marvels [N]. The Charleston Gazette (WV), 2010-07-25.
159	S MATCHETT. Briefing Books [N]. The Australian, 2010-05-29 (P20).
160	D HOUGHTON. Secrets From the Devil's Playground [N]. The Courier Mail (Brisbane), 2010-04-17 (P60).
161	C OVERINGTON. Nice Perk if You can Get it from Taxpayer [N]. The Australian, 2010-03-25 (P18).
162	R THOMSON. End of the World as We Know it [N]. The Australian, 2010-01-23 (P2).
163	A TRENEMAN. All Eyes are on the Silent Star of John and Sally Show [N]. The Times (United Kingdom), 2010-01-15 (P38).

164	The Times (United Kingdom). Journalism and Our Democracy [N]. The Times (United Kingdom), 2011-07-16 (P23).
165	The Times (United Kingdom). Parliament, Public Interest and Regulation of the Media [N]. The Times (United Kingdom), 2011-07-14 (P27).
166	The Times (United Kingdom). The Times Book Club [N]. The Times (United Kingdom), 2011-04-11 (P2).
167	K ENGLISH. We Need to Talk About Suicide [N]. Toronto Star (Canada), 2011-10-01 (PIN6).
168	D W WICKHAM. How Good could Come from Murdoch's 'low journalism' [N]. USA Today, 2011-07-26 (P09a).
169	C GOAR. Exciting End to Corrosive Campaign [N]. Toronto Star (Canada), 2011-05-04 (PA23).
170	American Morning (CNN). Mitt Romney Holds Leads in First Four Republican Primary States; Hurricane Rina Losing Strengt has it Approaches Mexico; Trial of Michael Jackson's Doctor Continues; Super Committee Stumped?; "Occupy Wall Street" Arrests; More Survivors Rescued in Turkey; Reporter Who "Ambushed" Biden Speaks; Biden Goes After Conservative Journalist; Measles Making a Comeback [N]. American Morning (CNN), 2011-10-27.
171	R MONTAGNE. American Media's True Ideology? Avoiding One [N]. Morning Edition (NPR), 2011-01-05.
172	R GREENSLADE. Sian Murder Says a lot About Media'S Values [N]. Evening Standard, 2011-03-30 (P40).
173	M DAY. Where Should Reporters Draw the Line? On Media [N]. The Australian, 2011-12-05 (P24).
174	The Australian. Broadsheet Rushed in to Burn Witches of Wapping [N]. The Australian, 2011-12-15 (P12).
175	J LAWLESS. Phone Hacking Acceptable Tool, Inquiry Told [N]. Toronto Star (Canada), 2011-11-30 (PA16).
176	R AULAKH. Power of the Punjabi Press Under Attack [N]. Toronto Star (Canada), 2011-11-07 (PGT1).
177	The Australian. Top-Quality Journalism Thrives in Print and Online [N]. The Australian, 2011-10-24 (P15).
178	B ZALTSBERG. OPINION: School of Journalism's 100 Years Sees Change, Steady Commitment [N]. Herald-Times, (Bloomington, IN), 2011-09-19.

续表

179	B DAVIS. OPINION: Journalism and Why it's Important [N]. The Anniston Star (AL), 2011-09-11.
180	The Australian. Letters to the Editor [N]. The Australian, 2011-08-29 (P15).
181	J WITHEROW. An Eye for a Lie and a Tooth for the Truth-Phone Hacking Scandal [N]. The Australian, 2011-07-25 (P28).
182	D LOWDEN. Hard to be Unbiased When there's Money Riding on a Result [N]. The Australian, 2011-07-23 (P48).
183	B NEILL. Right Rolls Over and Lets Political Correctness Censor the World [N]. The Australian, 2011-07-11 (P16).
184	R MAXWELL. 'Disgusting'? No, It was in the Public Interest [N]. The Sunday Times, 2011-07-17 (P26).
185	M BELL. News too Often Puts the Truth Under Siege [N]. The Times (United Kingdom), 2011-07-05 (P20).
186	Townsville Bulletin. Voice of the North Focuson the Truth [N]. Townsville Bulletin, 2011-06-18 (P48).
187	C GOODWIN. You couldn't Make It up... He did [N]. The Sunday Times, 2011-05-22 (P7).
188	S NEMEC. Washington Post Columnist Says Old, New Media Should Coexist [N]. The Leader-Telegram (Eau Claire, WI), 2011-05-05.
189	L WHITTINGTON. Passionate, powerful Canadian Voice Stilled [N]. Toronto Star and Bruce Campion-Smith, 2011-03-04 (PA1).
190	S MARCUS. La Crosse Tribune, Wis., Samantha Marcus Column [N]. LaCrosse Tribune (WI), 2011-02-08.
191	P B. PEXTON. The Year in Corrections [N]. The Washington Post, 2011-12-31.
192	M FISHER. "Different from other Reporters" [N]. The Washington Post, 2011-04-06.
193	P B. PEXTON. Many Platforms, but One Goal [N]. The Washington Post, 2011-04-30.
194	P ALFORD. Ole Miss Football Coach Hugh Freeze Comments on Election Demonstration [N]. Northeast Mississippi Daily Journal (Tupelo, MS), 2012-11-08.
195	A SULLIVAN. UK Press Digs Deep to Keep Freedom Alive [N]. 2012-07-30 (P8).

196	R OUZOUNIAN. The Agony and the Ecstasy of the Artist [N]. Toronto Star (Canada), 2012-05-05 (PE8).
197	CNN Reliable Sources. Obama and Romney Debate; Moderator in the Hot Seat [N]. CNN Reliable Sources. 2012-10-07.
198	Fresh Air (NPR). Jeff Daniels: Anchoring The Cast Of 'The Newsroom' [N]. Fresh Air (NPR). 2012-06-20.
199	Hardball (MSNBC). For June 13, 2012, MSNBC [N]. Hardball (MSNBC), 2012-06-13.
200	The Advertiser (Adelaide). How We Let Lance Peddle a Fantasy [N]. The Advertiser (Adelaide), 2012-12-15 (P100).
201	The Courier Mail (Brisbane). Dirty Deeds Killed a Legend [N]. The Courier Mail (Brisbane), 2012-12-15 (P100).
202	R WATSON. Mitchell's Account is at Odds With CCTV, Senior Tory Says [N]. The Times (United Kingdom), 2012-12-26 (P11).
203	C KENNY. Media's Approach to Gillard Plagued by Double Standards [N]. The Australian, 2012-11-17 (P19).
204	K ENGLISH. Globe Plagiarism Scandal a Test of Accountability [N]. Toronto Star (Canada), 2012-09-29 (PIN6).
205	E MILLS. Listen up, Leveson-they're All too Happy to Lie to Us [N]. The Sunday Times, 2012-08-12 (P4).
206	P CARLYON. It's not Pretty Tawdry Tale Sprinkled in Fairy Dust [N]. Herald Sun (Melbourne), 2012-06-08 (P38).
207	J SMITH. Victory for Those with the Courage to Speak up [N]. Toronto Star (Canada), 2012-06-13 (PA4).
208	B LYNCH. TV Series on Hatfield – McCoy Feud Aims for Accuracy [N]. The Charleston Gazette (WV), 2012-05-27.
209	K ENGLISH. When Truth is Relative [N]. Toronto Star (Canada), 2012-05-05 (PIN6).
210	J ORIEL. Scared to Tell the Truth: Why Censorship won't Work [N]. The Australian, 2012-04-18 (P30).
211	B VANCHERI. Steve Harvey Hopes Film Empowers Women [N]. Pittsburgh Post-Gazette (PA), 2012-04-20.
212	The Times (United Kingdom). Olympocratic Nonsense, Rumour and Grumbles [N]. The Times (United Kingdom), 2012-01-03 (P25).

续表

213	The Times (United Kingdom). Witness to Power [N]. The Times (United Kingdom), 2012-02-23 (P2).
214	K PARKER. How to get Smarter About the News [N]. The Washington Post, 2012-07-17.
215	R MACNEIL. Burnishing a Name in War [N]. The Washington Post, 2012-05-18.
216	P MARKS. Woolly Mammoth, Sticking to its Daisey Chain Woolly Mammoth, Sticking to its Daisey Chain [N]. The Washington Post, 2012-03-23.
217	Evening Standard. Citizen Journalism Helps the Truth to Come Out [N]. Evening Standard, 2013-09-25 (P39).
218	The Eagle (Bryan, TX). BRIEF: Truth-Seeking Topic of Journalism Symposium Discussion [N]. The Eagle (Bryan, TX), 2013-10-10.
219	D BROWN. Montana Petroleum Association Hosts 'Frack Nation' Showing at Fairgrounds [N]. The Independent Record (Helena, MT), 2013-01-23.
220	D CRYER. Author Unravels His Family'S Mystery [N]. Newsday, (Melville, NY) 2013-02-18.
221	HARDBALL (NPR). For August 22, 2013, MSNBC. CHRISMATTHEWS, HOST: Colin Powell Versus Reince Priebus. Who are You Going to Call? [N]. HARDBALL (NPR), 2013-08-22.
222	Fresh Air (NPR). Jeff Daniels: Anchoring The Cast of 'The Newsroom' [N]. FreshAir (NPR), 2013-07-12.
223	M DAY. Dross Might Please Masses But Future & apos; S Local [N]. The Australian, 2013-12-02 (P23).
224	N CATER. Giving up on the Search for Truth [N]. The Australian, 2013-11-02 (P13).
225	R WILSON. Crying Foul on 'leaks' will Just Hide the Truth [N]. The Advertiser (Adelaide), 2013-08-03.
226	C BANTICK. Newspapers Still Deliver [N]. The Mercury (Hobart), 2013-12-17.
227	K ENGLISH. Journalists Honoured for Dogged Pursuit of Truth [N]. Toronto Star (Canada), 2013-12-07.
228	D SMITH. Thank You for Helping us with This Worthy Cause [N]. Toronto Star (Canada), 2013-11-16.
229	R WILSON. Leak Claims a New Low [N]. The Daily Telegraph (Sydney), 2013-08-03 (P103).

230	J MCCARTHY. Abortion Law Should be Decided by Public, not Politicians [N]. The Sunday Times, 2013-06-30 (P22).
231	N LEYS. Local PolitiFact Set to Check in [N]. The Australian, 2013-05-06 (P24).
232	The Advertiser (Adelaide). Actions of a Government with Something to Hide [N]. The Advertiser (Adelaide), 2013-03-20 (P20).
233	Fresh Air (NPR). "All The Truth Is Out" Examines How Political Journalism Went Tabloid [N]. Fresh Air (NPR), 2014-09-30.
234	K ENGLISH. Photo Integrity a Must [N]. Toronto Star (Canada), 2014-01-25.
235	S WALTERS. Plebgate PC: I Want £200K for mp's "Lies" [N]. Mail on Sunday, 2014-04-27 (P01).
236	USA Today. Making the Ultimate Sacrifice for News [N]. USA Today, 2014-04-09 (P02a).
237	CNN Reliable Sources. Patriotism Vs. Journalism in Wartime; The American Agent ISISLoves to Quote; Did NFL Ties Lead ESPN to Suspend Analyst? [N]. CNN Reliable Sources, 2014-09-28.
238	O'Reilly Factor (FOX News). Talking Points Memo and Top Story [N]. O'Reilly Factor (FOXNews), 2014-03-24.
239	S MARQUAND. The Raw Truth can be Ugly [N]. The Daily Telegraph (Sydney), 2014-12-18 (P03).
240	S SARA. No Crime to Tell the Truth [N]. The Courier Mail (Brisbane), 2014-08-06.
241	R GREENSLADE. I Salute Snow for Breaking the "Rules" with His Appeal on Gaza [N]. Evening Standard, 2014-08-06 (P37).
242	E MECONI. Quality Journalism Makes a Vital Contribution to the National Conversation [N]. The Australian, 2014-07-12.
243	K ENGLISH. Confidential Sources and How They'Re Used [N]. Toronto Star (Canada), 2014-07-19.
244	N KEUNG. The Star Honours Journalism Prospects [N]. Toronto Star (Canada), 2014-05-23.
245	M LOCKWOOD. Northern Wisconsin's Voice Falls Silent [N]. The Telegram (Superior, WI), 2014-10-06.
246	J PERRY. OPINION: Journalists Risk Lives to Tell Difficult Stories [N]. American News (Aberdeen, SD), 2014-08-25.

247	R LUBITZ. No Big-headed Rock Star Here [N]. The Washington Post, 2014-08-14.
248	K KLOOR. Robert Kennedy Jr. and the Autism-Vaccine risk [N]. The Washington Post, 2014-07-07.
249	M POTTER. Ever-Changing Death of Bin Laden a Conspiracy Theory for the Ages [N]. Toronto Star (Canada), 2015-05-24.
250	T BAKKER. Redford a True Legend [N]. Herald Sun (Melbourne), 2015-11-29 (P86).
251	T BAKKER. Nothing But the Truth [N]. The Courier Mail (Brisbane), 2015-11-29 (P18).
252	The Courier Mail (Brisbane). Leading the Charge for Truth [N]. The Courier Mail (Brisbane), 2015-09-23 (P20).
253	K ENGLISH. Now That'S Great Reporting [N]. Toronto Star (Canada), 2015-01-31.
254	C ROSE. The President and Cyber Security; A Conversation on "American Sniper"; Remembering David Carr and Bob Simon; A Conversation on Sports Illustrated's Swimsuit Edition [N]. Charlie Rose Show (MSNBC), 2015-02-13.
255	L SYDELL. Facebook Aims To Weed Fakes From Your News Feed [N]. Weekend Edition Saturday (NPR), 2015-01-24.
256	T KNIGHT. What Went Wrong in South Africa After Apartheid Crumbled [N]. Toronto Star (Canada), 2015-12-19.
257	The Mercury (Hobart). Cate Takes Centre Stage in London [N]. The Mercury (Hobart), 2015-10-17 (P66).
258	R GREENSLADE. Brittan Claims Expose Pitfalls in Searching for Sordid Truths [N]. Evening Standard, 2015-10-14 (P51).
259	S MARKSON. Lloyd Slams Crikey's Reporting [N]. The Australian, 2015-06-29 (P23).
260	M DAY. The Reporter Who Kept War'S Deadly Blunders to Himself [N]. The Australian, 2015-04-25 (P22).
261	O ROSS. A Picture'S Worth a Thousand Sarkozys [N]. Toronto Star (Canada), 2015-01-14.
262	V MENON. The World Needs Mindless Celebrity Distractions [N]. Toronto Star (Canada), 2015-01-11.

263	A RAJAN. Lies are Now in Fashion Because the Truth Just isn't Enough [N]. Evening Standard, 2015-02-12 (P15).
264	B VANCHERI. "Room" Wows the Crowd at Toronto Film Festival [N]. Pittsburgh Post-Gazette (PA), 2015-09-19.
265	E POTTON. Nice Breeches, Looks Hot on a Horse—Meet your Poldark Replacement [N]. The Times (United Kingdom), 2015-05-15 (P4, 5).
266	D WATERS. The Commercial Appeal, Memphis, Tenn., David Waters column [N]. The Commercial Appeal (Memphis, TN), 2015-04-23.
267	M PITTS. OPINION: Credible Evidence Suggests Ferguson Shooting was Justified [N]. The Fayetteville Observer (NC), 2015-03-23.
268	W QUIGLEY. Brian Williams' Lies Tarnish all Journalists [N]. Albuquerque Journal (NM), 2015-02-12.
269	R RIEDER. Truth Matters in Films Based on Real Life [N]. USA Today, 2015-01-20 (P02b).
270	C LANE. Reporting From Harm'S Way [N]. The Washington Post, 2015-02-12.
271	Toronto Star (Canada). Goar's Voice Will be Missed [N]. Toronto Star (Canada), 2016-04-12.
272	S SIMON. CNN Anchor Christiane Amanpour Concerned For U. S. Journalism in Trump Era [N]. Weekend Edition Saturday (NPR), 2016-12-03.
273	Evening Standard. Swiftian Troubadour of Journalism will be Missed [N]. Evening Standard, 2016-12-13 (P15).
274	C HERRINGTON. The Commercial Appeal, Memphis, Tenn., Chris Herrington Column [N]. The Commercial Appeal (Memphis, TN), 2016-10-18.
275	Herald Sun (Melbourne). The Age Publishes Fake Story [N]. Herald Sun (Melbourne), 2016-07-10 (P20).
276	The Australian. Maley's Freedom Medal [N]. The Australian, 2016-05-06 (P2).
277	M CHRISTENSEN. The Times-News, Twin Falls, Idaho, Matt Christensen Column [N]. The Times-News (Twin Falls, ID), 2016-06-05.
278	M ADHIAMBO. I don't Know About Journalism in Africa--but I Know My Journalism is About People [N]. The Daily Oklahoman (OK), 2016-05-15.
279	J BUNTJER. Accountant by Day, Writer by Night: Slayton Woman Pens Series of Self-Published Books [N]. Worthington Daily Globe (MN), 2016-01-27.
280	NewsHour (PBS). PBS NewsHour for December 9, 2016 [N]. 2016-12-09.

281	O'Reilly Factor (FOX News). New Leaked Emails Reveal Clinton Campaign Tried to Delay Illinois Presidential Primary; NYT Says it Welcomes Libel Suit From Trump Over Stories He Sexually Assaulted Two Women [N]. O'ReillyFactor (FOXNews), 2016-10-13.
282	N SMITH. Behind the Myth of White-Witch Feminist [N]. The Australian, 2016-11-12 (P21).
283	N CATER. Thriving Businesses Feed a Rising Economy for All [N]. The Australian, 2016-10-18 (P12).
284	M LATHAM. Coming up Trumps [N]. The Daily Telegraph (Sydney), 2016-10-11 (P9).
285	C MITCHELL. Bias or Stupidity Blocking the Truth [N]. The Australian, 2016-10-10 (P24).
286	R RIEDER. Moderators Must Challenge Debate Falsehoods [N]. USAToday, 2016-09-15 (P02b).
287	R RIEDER. The Casual Cruelty of WikiLeaks [N]. USA Today, 2016-08-25 (P02b).
288	P WILLAMS. Good Journalism Reaps Rewards [N]. The Courier Mail (Brisbane), 2016-07-20 (P23).
289	C HARVEY. Good Yarn Unravels in the Furnace of Ratings [N]. The Daily Telegraph (Sydney), 2016-04-17 (P37).
290	A MOLLARD. Put Spotlight on Truth, Not on Kim's Nude Selfie [N]. The Daily Telegraph (Sydney), 2016-03-13 (P119).
291	A MOLLARD. Power to Probe [N]. The Courier Mail (Brisbane), 2016-03-13 (P27).
292	R RIEDER. Declaring Blitzkrieg on Internet Hoaxes [N]. USA Today, 2016-07-07 (P02b).
293	A VORE. The San Diego Union-Tribune [N]. The San Diego Union-Tribune (CA), 2016-07-02.
294	S SCOTT. Has Ageism at the BBC Crossed the Pond? [N]. The Times (United Kingdom), 2016-05-10 (P2, 3).
295	CAMILLA. Come on, Dive in! [N]. The Sunday Times, 2016-03-06 (P12, 13).
296	The Augusta Chronicle (GA). EDITORIAL: Too Much Time on Their Hands [N]. The Augusta Chronicle (GA), 2016-01-22.

297	K LEININGER. The News-Sentinel (Fort Wayne, Ind.) Kevin Leininger column [N]. The News-Sentinel (Fort Wayne, IN), 2016-01-07.
298	M SULLIVAN. More Threats to Media Beyond President-Elect [N]. The Washington Post, 2016-12-19.
299	Editorial Board. For a Scoop in Turkey, Life in Prison [N]. The Washington Post, 2016-02-02.
300	M HUME. Revealed: The Plot to Stop You Reading the Truth [N]. The Sunday Times, 2017-01-01 (P11).
301	L RENKEN. Ten Peoria-area Authors Featured in Online Magazine "Downstate Story" [N]. Journal Star (Peoria, IL), 2017-01-14.
302	CNN Reliable Sources. BuzzFeed Editor Defends Publishing Unconfirmed Trump Memo; BuzzFeed Panned for Publishing Trump Dossier [N]. CNN Reliable Sources, 2017-01-15.
303	Morning Edition (NPR). Judge Sides With University in Legal Fight With Student Newspaper [N]. Morning Edition (NPR), 2017-01-25.
304	K ENGLISH. Repairing the Mirror [N]. Toronto Star (Canada), 2017-01-28.
305	J MCCARTHY. News is What Someone doesn't Want Reported—Not a Massaging of Egos [N]. The Sunday Times, 2017-01-29 (P18).
306	P JUDD. Sorry, Were You Saying Something? [N]. Geelong Advertiser, 2017-01-31 (P20).
307	CNN Reliable Sources. Trump: Some News Outlets are "Enemy" of the People; Trump's Nixon-Esque Press Bashing; Challenge to Press: Focuson Trump's Actions, Not Insults; Trump Demands Crackdown on Leaks; How Can Media Do a Better Job?; The Importance of Anonymous Sources; Fox News Under Investigation for Failure to Report Payments [N]. CNN Reliable Sources, 2017-02-19.
308	P WILDING. Scranton Native Covered Several Presidents as News Correspondent [N]. The Times-Tribune (Scranton, PA), 2017-02-19.
309	O'Reilly Factor (FOX News). Bill O'Reilly, FOX NEWS Host, "The O'Reilly Factor" [N]. O'Reilly Factor (FOX News), 2017-02-20.
310	P BOYER. Simple Slogans Cannot Fix Complex Reality [N]. The Mercury (Hobart), 2017-02-21 (P17).
311	J KIGER. "Spotlight" Reporter Says Journalism is Critical in a Democracy [N]. Post-Bulletin (Rochester, MN), 2017-02-23.

312	Toronto Star (Canada). Donald Trump's 'Dark Brilliance' [N]. Toronto Star (Canada), 2017-02-26.
313	CNN Reliable Sources. Trump, The Making of an Alternative Reality; Trump Claims Obama Wiretapped Him, Offers No Proof; Twitter Trump Versus Teleprompter Trump; Life as a White House Reporter; Argument by Anecdote [N]. CNN Reliable Sources, 2017-03-05.
314	KokomoTribune (IN). EDITORIAL: Sunshine Week Begins [N]. KokomoTribune (IN), 2017-03-12.
315	A CORNISH. In The Age Of Fake News And Alternative Facts, Al Gore Remains Optimistic [N]. All Things Considered (NPR), 2017-03-14.
316	The Australian. Truth for All Beats Sensitivity of a Few [N]. The Australian, 2017-03-20 (P25).
317	CNN Reliable Sources. President Trump's Growing Credibility Problem; Trump's Ties to Conservative Media Taking a Turn?; Voice of the Opposition: Interview with Jon Lovett; When Local News Goes National. Aired 11a-12p ET [N]. CNN Reliable Sources, 2017-03-26.
318	G ZALESKI. T & D Publisher Honored with S. C. Silver Crescent [N]. The Times and Democrat (Orangeburg, SC), 2017-04-02.
319	The Times (United Kingdom). Trump v the FBI: the Spook Speaks [N]. The Times (United Kingdom), 2017-05-15 (P2, 3).
320	M SULLIVAN. NBC Taking the Wrong Approach with Conspiracy Theorist Jones [N]. The Washington Post, 2017-06-14.
321	P SMITH. Chances of the Media Getting Fair Hearing at Collingwood are Now Buckley's and None [N]. The Australian, 2017-06-24 (P41).
322	E SHEERAN. Patrick Doyle: "I Should Just Enjoy All This while it's There, But This isn't the Reality I Want to Live in" [N]. The Sunday Times, 2017-06-25 (p8, 9, 11, 13, 14).
323	The Washington Post. Reactions to the Senate's Obamacare Repeal [N]. The Washington Post, 2017-06-26.
324	J DUFFY. The Retirement This Week From Our TV Screens [N]. Mail on Sunday, 2017-07-23 (P24).
325	M SULLIVAN. In Journalism, Relaying the Truth Takes Precedence Over "Bothsides" [N]. The Washington Post, 2017-08-16.
326	The Australian. Get Up! Gets Tetchy Over The Australian's Frank And Fair Reportage on its Biggest Donors [N]. The Australian, 2017-09-13 (P15).

327	K ENGLISH. Ethics of Undercover Reporting [N]. Toronto Star (Canada), 2017-09-16.
328	M MACE (Tucson, AZ). UA Downtown Series to Feature NYT Executive Editor Dean Baquet [N]. Arizona Daily Star (Tucson, AZ), 2017-10-08.
329	R DEE. The Stars Knew: They Said Nothing. So How Did the Truth Emerge? Good Old-Fashioned Journalism of Course! [N]. Daily Mail, 2017-10-12 (P14).
330	The Cairns Post. Texts [N]. The Cairns Post, 2017-10-20.
331	H BRUNINIUS. Pass the Tote Bag: Why Young Readers are Now Willing to Pay for Old-Guard News [N]. Christian Science Monitor, 2017-10-31 (PN. PAG. 0p).
332	CNN Headline News: Primetime Justice with Ashleigh Banfield. Mariah Woods Still Missing; Big Star Falling from NBC; TV Host Fired; Suspected Serial Killer Caught; Manhunt For Suspect. Aired 8-9pET [N]. CNN Headline News: Primetime Justice with Ashleigh Banfield, 2017-11-29.
333	FOX News Sunday. Interview with Treasury Secy Mnuchin; Panel Examined Tax Bill; Doug Jones Interview; Anti-Trump FBI Communications; Power Player of the Week Lynsey Addario [N]. FOX News Sunday, 2017-12-17.
334	M SULLIVAN. Maybe They Don't Really Hate Us I Went to the Rust Belt And Asked About Perceptions of the Media. I Learned it's a Lot More Complicated than it Appears From Washington [N]. The Washington Post, 2018-01-02.
335	USA Today. Can We Reverse "Truth Decay"? [N]. USA Today, 2018-01-16 (P05a).
336	The Australian. Journalist Remembered for His Integrity, Humanity [N]. The Australian, 2018-02-05 (P26).
337	CNN Reliable Sources. White House Press Team Becomes the Story; Alternative News Universes on Porter Coverage; Examining Attacks on the Media; A Look at Money and the Media. Aired 11a-12nET [N]. CNN Reliable Sources, 2018-02-11.
338	M SULLIVAN. Will the Truth Win Out in the Trump Era? [N]. The Washington Post, 2018-02-12.
339	The Dallas Morning News (TX). Dallas Morning News' Parent Puts 'Rock of Truth' Campus on Market, Seeking at Least $30 Million [N]. The Dallas Morning News (TX), 2018-03-02.
340	The Australian. Defamation Laws Must Change in Era of Social Media [N]. The Australian, 2018-03-19 (P28).

341	CNN Live Event/Special. Coverage of White House Correspondents Dinner; President Donald Trump's Rally in Michigan; Trump: We're going to Win The House, "Fight Like Hell"; Trump Snubs Journalist Event Celebrating First Amendment; Trump: Putin Using Russian Lawyer to Cause Chaos in U. S.; Crowd Chants" Nobel, Nobel" as Trump Talks North Korea. Aired 8-9pET [N]. CNN Live Event/Special, 2018-04-28.
342	The Washington Post. The Last Laugh? [N]. The Washington Post, 2018-05-01.
343	C KENNY. Friends of Aunty Embarrass Her [N]. The Australian, 2018-05-04 (P16).
344	D SANDERSON. War Reporter Inspired Cannes Hit [N]. The Times (United Kingdom), 2018-05-14 (P3).
345	P COLLINS. Wolfe's 'Right stuff' Matters More than Ever [N]. The Times (United Kingdom), 2018-05-18 (P25).
346	J BORDSEN. Meet-up in 'Mad City' [N]. USA Today, 2018-05-18 (P03d).
347	The Times (United Kingdom). Thin Skin [N]. The Times (United Kingdom), 2018-05-25 (P31).
348	The Sunday Times. Media Player John Burns [N]. The Sunday Times, 2018-07-01 (P17).
349	L GARCIA-NAVARRO. The Reporting Before The Iraq War In "Shock And Awe" [N]. Weekend Edition Sunday (NPR), 2018-07-15.
350	J BUNTJER. Oliver's Travels: From Russia to Cameroon, Worthington Grad Studies Press Freedom [N]. Worthington Daily Globe (MN), 2018-07-18.
351	Bill Fox Opinion. Trudeau Must Step Up for Local News [N]. Toronto Star (Canada), 2018-07-22.
352	A ROBINSON. OPINION: What's Journalism Anyway? It's Complicated [N]. Dayton Daily News (OH), 2018-07-23.
353	FOX News Sunday. Interview with Steve Mnuchin; Interview with Rudy Giuliani; Trump Team Says Cohen's a Liar; Trump's Knowledge of Payments; Kavanaugh Helpful on Court; Trump Angry at Cohen; Questions over Putin Meeting; Putin Invited Trump to Moscow; Power Player Lynsey Addario [N]. FOX News Sunday, 2018-07-29.
354	C R. WOOTSON JR. Newspapers to Respond as One to Trump's Media Attacks [N]. The Washington Post, 2018-08-12.
355	The Anniston Star (AL). EDITORIAL: The Core Principles of Journalism [N]. The Anniston Star (AL), 2018-08-15.

356	J HARRISON. Mainers Remember One of the State's Most Respected Journalists [N]. Bangor Daily News (ME), 2018-08-15.
357	The San Diego Union-Tribune (CA). EDITORIAL: How We Restore Faith in Journalism [N]. The San Diego Union-Tribune (CA), 2018-08-15.
358	The Leader-Telegram (EauClaire, WI). OPINION: Phrases Damaging for Free Press [N]. The Leader-Telegram (EauClaire, WI), 2018-08-16.
359	The SundayTimes. Paper Tigers [N]. The SundayTimes, 2018-08-19 (P19).
360	The Advertiser (Adelaide). Digging Deep [N]. The Advertiser (Adelaide), 2018-09-09.
361	Morning Edition (NPR). Trump Tweets 'Fear' is a Joke, Woodward Tells NPR That Book is Carefully Done [N]. MorningEdition (NPR), 2018-09-10.
362	C KENNY. Broadcaster Surrenders Claim to Objectivity [N]. The Australian, 2018-09-20 (P1).
363	The Times (United Kingdom). Don't Let Norden's Gentle Humour Die with Him [N]. The Times (United Kingdom), 2018-09-20 (P25).
364	Yakima Herald-Republic (WA). Editorial: "Fake" News is Nothing New; Ask Orson [N]. Yakima Herald-Republic (WA), 2018-10-10.
365	M C. WATERS. An Immigrant's Life of Fear And Activism [N]. The Washington Post, 2018-10-19.
366	The Washington Post. Mr. Khashoggi's Disappearance [N]. The Washington Post, 2018-10-20.
367	Hardball (MSNBC). HARDBALL WITH CHRISM AT THE WS for October 25, 2018, MSNBC [N]. Hardball (MSNBC), 2018-10-25.
368	The Australian. Papers Profit as Giants Fear Fake News [N]. The Australian, 2018-11-05 (P25).
369	J NEILSON. We Need to Protect Principles of Truth, Democracy [N]. The Australian, 2018-12-03 (P24)
370	All Things Considered (NPR). Year End Check-in With 'Capital Gazette' Photojournalist, Joshua McKerrow [N]. All Things Considered (NPR), 2018-12-21.
371	S ELLISON. Are Covering Journalist on How Journalism Can Recover [N]. The Washington Post, 2018-12-25.
372	Letters to the Editor. This is Academic Malpractice [N]. The Washington Post, 2018-11-03.

373	M DAY. Words, Music: Hughes in Tune [N]. The Australian, 2018 - 04 - 30 (P26).
374	Herald Sun (Melbourne). Text Talk [N]. Herald Sun (Melbourne), 2019-01-07 (P25).
375	A LIPINSKI. The Sad, Inspiring State of Modern News [N]. The Washington Post, 2019-02-01.
376	M BRICE-SADDLER, K EPSTEIN, M SULLIVAN. Abramson: 'I was Up All Night' Going Through Plagiarism Claims [N]. The Washington Post, 2019-02-08.
377	A BOLT. Reject Facts And Liars Rule [N]. The Gold Coast Bulletin, 2019-02-21 (P8).
378	B NAYLOR. Voice Of America Vows Independence, As Trump Calls For "Worldwide Network" [N]. Morning Edition (NPR), 2018-12-04.
379	S BROOK. Fire Storms And Fizzers, And more than a Few Embarrassin Gown-Goal Headlines [N]. The Australian, 2018-12-10 (P26).
380	E LINDQUIST. Devroy Forum to Feature Washington Post Managing Editor [N]. The Leader-Telegram (Eau Claire, WI), 2019-04-08.
381	I GENTLE. Light of Journalism is Glare of Accountability [N]. Toronto Star (Canada), 2019-05-02.
382	K ENGLISH. "Great Journalism Holds Mirror to Our Souls" [N]. Toronto Star (Canada), 2019-05-02.
383	Evening Standard. Freedom in Myanmar [N]. Evening Standard, 2019 - 05 - 07 (P14).
384	The Dallas Morning News (TX). EDITORIAL: Ending U. S. aid to Central America will Exacerbate the Crisis at the Border [N]. The Dallas Morning News (TX), 2019-04-26.
385	Weekend Edition Saturday (NPR). Turkey's Journalists Work Under Threat of Jail [N]. Weekend Edition Saturday (NPR), 2019-06-08.
386	Herald Sun (Melbourne). Democracy Relies on the Brave [N]. Herald Sun (Melbourne), 2019-06-09 (P58).
387	Toronto Star (Canada). Miner Faces Questions After Protest Fatality [N]. Toronto Star (Canada), 2019-06-22.
388	Herald Sun (Melbourne). Herald Sun [N]. Herald Sun (Melbourne), 2019-07-27.

389	P CARLYON and a DOWSLEY. Just 42 Minutes more then Free [N]. Herald Sun (Melbourne), 2019-07-27 (P5).
390	L GARTNER. Gov. Tom Wolf Orders State Overhaul After Abuses at Glen Mills Schools [N]. The Philadelphia Inquirer (PA), 2019-08-01.
391	J ALBERT. Sharing Wonderland [N]. The Australian, 2019-09-07 (P12).
392	G BAKER. The First Casualty of US Culture War is Truth [N]. The Times (United Kingdom), 2019-09-19 (P27).
393	K ENGLISH. Journalists and "Fake News" Under Election Spotlight [N]. Toronto Star (Canada), 2019-09-21.
394	Townsville Bulletin. Socialist Agenda Push [N]. Townsville Bulletin, 2019-09-24 (P18).
395	N TURVEY. As Journalism Goes, so Goes Democracy [N]. Toronto Star (Canada), 2019-10-03.
396	A GAUG. Movie Filmed in Area Captures Fictitious Mystery [N]. St. Joseph News-Press (MO), 2019-10-20.
397	C KENNY. Climate Cover Age Just Load of Hot Air [N]. The Australian, 2019-10-14 (P25).
398	R TORNOE. "Senseless": Fox News Anchor Shepard Smith Shocks Colleagues with His Sudden Departure [N]. The Philadelphia Inquirer (PA), 2019-10-12.
399	F RYAN. The Press is a Servant, not the Enemy [N]. The Washington Post, 2019-10-12.
400	M STOLLE. Bunner, Former KTTC-TV Reporter Fired for Wearing MAGA Hat, isn't Sorry [N]. Post-Bulletin (Rochester, MN), 2019-10-21.
401	M SULLIVAN. Lack of Outside Query into Handling of Weinstein Story Hurts Credibility [N]. The Washington Post, 2019-11-06.
402	P BARTLETT. We Overreacted to Terror Fears——Let'S Think Again [N]. The Australian, 2019-10-28 (P12).
403	The Australian. When Scrutiny Becomes Enemy of the State [N]. The Australian, 2019-10-22 (P1).
404	The Australian. Those Who Control Flow of Information Not Above Law [N]. The Australian, 2019-10-22.
405	M SULLIVAN. A Finger in the Dike vs. a Thumb to the Nose [N]. The Washington Post, 2019-11-01.

续表

406	M MENDOZA. Stage West Adapts Broadway's Buzzy, Controversial "Life Span of a Fact," Which Examines Truth vs. Fiction [N]. The Dallas Morning News (TX), 2019-11-23.
407	K ENGLISH. Journalism and "Strategic Silence" [N]. Toronto Star (Canada), 2019-11-30.
408	A ORSO. Philadelphia Inquirer Names New Publisher Lisa Hughes [N]. The Philadelphia Inquirer (PA), 2020-01-14.
409	A ORSO. Former New Yorker Executive Lisa Hughes Named Philadelphia Inquirer's First Female Publisher [N]. The Philadelphia Inquirer (PA), 2020-01-15.
410	J LORINC. We've lost "a Giant in Journalism" [N]. Toronto Star (Canada), 2020-02-13.
411	C KENNY. Ask the Activists Why Journalism is Held in Such Low Regard [N]. The Australian, 2020-04-13 (P19).
412	The Daily Telegraph, (Sydney). Victim of Online Swamp [N]. The Daily Telegraph (Sydney), 2020-03-04 (P24).
413	B LOCKE. Brad Locke: Ode to a Great Editor [N]. Northeast Mississippi Daily Journal (Tupelo, MS), 2020-04-05.
414	R JOHN. Rash Report: A pointed Report on the Trump Administration and the Media [N]. Star Tribune (Minneapolis, MN), 2020-04-18.
415	K ENGLISH. Serving the Public Interest in Instances of Mass Murder [N]. Toronto Star (Canada), 2020-04-25.
416	The Times (United Kingdom). BBC Impartiality [N]. The Times (United Kingdom), 2020-06-03 (P24).
417	S DELACOURT. Fate of Journalism Hinges on Who Pays for News Online [N]. Toronto Star (Canada), 2020-06-18.
418	Mail on Sunday. Scoops And Free Speech Make MOS the Best-Selling Sunday Newspaper in Britain [N]. Mail on Sunday, 2020-06-21 (P2).
419	K BURRIS. An Open Letter From the Pittsburgh Post-Gazette [N]. Pittsburgh Post-Gazette (PA), 2020-06-10.
420	J MARRIOTT. Listen Up: How the Podbuster Became the New Blockbuster [N]. The Times (United Kingdom), 2020-07-14 (P8, 9).
421	R MARTIN. Philippine Journalist Maria Ressa: "Journalism is Activism" [N]. Morning Edition (NPR), 2020-08-06.

422	S VESTAL. Falsehoods Spread Right Along with the Fires, From People Who Should Know Better Vestal, Shawn [N]. The Spokesman-Review (Spokane, WA), 2020-09-23.
423	E SILVERMAN. Philadelphia Weekly Might Rebrand to Become More Conservative [N]. The Philadelphia Inquirer (PA), 2020-09-24.
424	Mail on Sunday. It's Chilling... the Walls are Closing in on Our Freedoms [N]. Mail on Sunday, 2020-10-11 (P33).
425	POTTON. The Best Film About Journalism Since All the President's Men [N]. The Times (United Kingdom), 2020-11-11 (P8).
426	P FARHI. Does Skeptical Reporting Equate to a Lack of Patriotism? Some Think So [N]. The Washington Post, 2020-01-08.
427	M STRAHAN. ABC NEWS: 75 Years in the Making [N]. Good Morning America (ABC), 2021-06-01 (P1).
428	C KELLY. OPINION: Chris Kelly Opinion: Another Local in Federal Trouble [N]. The Times-Tribune (Scranton, PA), 2021-04-14.
429	The Dallas Morning News (TX). Editorial: A New Anti-Lynching Law has been Proposed, And America Needs It Now [N]. The Dallas Morning News (TX), 2021-03-17.
430	J WALSH. Star Tribune Wins Pulitzer for George Floyd Reporting; Darnella Frazier Also Cited [N]. Star Tribune (Minneapolis, MN), 2021-06-11.
431	J LEHMAN. Local, Trusted Sources of Information are Critical [N]. Toronto Star (Canada), 2021-02-05.
432	A ELGHAWA. Two Reporters Symbols of Journalism's Role in Democracy [N]. Toronto Star (Canada), 2021-04-07.
433	E CUNNINGHAM. Nicaragua Faces Growing Pressure to End Crackdown on Political Opponents [N]. The Washington Post, 2021-06-23.
434	G STOLZ. Keys to the Man for All Seasons [N]. The Courier Mail (Brisbane), 2019-04-01 (P23).

注：1. 附录1中既有报纸文章，也有电视新闻节目脚本。

2. EBSCO数据库中有些报纸文章没有附带版面信息。

附录二

77 家专业媒体一览表

序号	媒体名称	数量	所属国家
1	The Australian	62	澳大利亚
2	Toronto Star（Canada）	59	加拿大
3	The Washington Post	39	美国
4	The Times（United Kingdom）	37	英国
5	National Public Radio（NPR）	29	美国
6	The Sunday Times	16	英国
7	USA Today	13	美国
8	CNN	11	美国
9	The Courier Mail（Brisbane）	11	澳大利亚
10	Christian Science Monitor	10	美国
11	Herald Sun（Melbourne）	10	澳大利亚
12	FOX News	9	美国
13	The Daily Telegraph（Sydney）	7	澳大利亚
14	The Philadelphia Inquirer（PA）	7	美国
15	Evening Standard	6	英国
16	MSNBC	6	美国
17	The Advertiser（Adelaide）	6	澳大利亚
18	The Gold Coast Bulletin	4	澳大利亚
19	Irish Times	4	爱尔兰

续表

序号	媒体名称	数量	所属国家
20	Mail on Sunday	4	英国
21	The Dallas Morning News（TX）	4	美国
22	The Townsville Bulletin	4	澳大利亚
23	Geelong Advertiser	3	澳大利亚
24	The Mercury（Hobart）	3	澳大利亚
25	Northeast Mississippi Daily Journal（Tupelo, MS）	3	美国
26	The Leader-Telegram（EauClaire, WI）	3	美国
27	Pittsburgh Post-Gazette（PA）	3	美国
28	Sunday Mail（Adelaide）	2	澳大利亚
29	The Sunday Times（Perth）	2	澳大利亚
30	Northern Territory News（includes Sunday Territorian）	2	澳大利亚
31	The Cairns Post	2	澳大利亚
32	Yakima Herald-Republic（WA）	2	美国
33	The Anniston Star（AL）	2	美国
34	Columbia Daily Tribune（MO）	2	美国
35	The Charleston Gazette（WV）	2	美国
36	The Commercial Appeal（Memphis, TN）	2	美国
37	Worthington Daily Globe（MN）	2	美国
38	The Times-Tribune（Scranton, PA）	2	美国
39	Post-Bulletin（Rochester, MN）	2	美国
40	The San Diego Union-Tribune（CA）	2	美国
41	Star Tribune（Minneapolis, MN）	2	美国
42	The Sunday Telegraph（Sydney）	1	澳大利亚
43	Sunday Tasmanian（Hobart）	1	澳大利亚
44	Sunday Herald Sun（Melbourne）	1	澳大利亚
45	The Australian Magazine	1	澳大利亚
46	The Weekend Post（Cairns）	1	澳大利亚

续表

序号	媒体名称	数量	所属国家
47	Sunday Telegraph Magazine	1	英国
48	The Record（Stockton，CA）	1	美国
49	The Blade（OH）	1	美国
50	Daily Press（Newport News，VA）	1	美国
51	Journal-World（Lawrence，KS）	1	美国
52	The Philadelphia Daily News（PA）	1	美国
53	The Paducah Sun（KY）	1	美国
54	Herald-Times（Bloomington，IN）	1	美国
55	La Crosse Tribune（WI）	1	美国
56	The Eagle（Bryan，TX）	1	美国
57	The Independent Record（Helena，MT）	1	美国
58	Newsday（Melville，NY）	1	美国
59	The Telegram（Superior，WI）	1	美国
60	American News（Aberdeen，SD）	1	美国
61	The Fayetteville Observer（NC）	1	美国
62	Albuquerque Journal（NM）	1	美国
63	The Times-News（TwinFalls，ID）	1	美国
64	The Daily Oklahoman（OK）	1	美国
65	News Hour（PBS）	1	美国
66	The Augusta Chronicle（GA）	1	美国
67	The News-Sentinel（Fort Wayne，IN）	1	美国
68	Journal Star（Peoria，IL）	1	美国
69	The Times and Democrat（Orangeburg，SC）	1	美国
70	Arizona Daily Star（Tucson，AZ）	1	美国
71	Daily Mail	1	英国
72	Dayton Daily News（OH）	1	美国
73	Bangor Daily News（ME）	1	美国

序号	媒体名称	数量	所属国家
74	St. Joseph News-Press（MO）	1	美国
75	The Spokesman-Review（Spokane，WA）	1	美国
76	Good Morning America（ABC）	1	美国
77	Kokomo Tribune（IN）	1	美国

后　记

　　这本书来自我的博士论文，我的博士论文选题又来自一场新闻学界与业界的大争论。2015 年 9 月 19 日下午，中国人民大学新闻学院举行的建院 60 周年庆学术论坛之一——"优良制度与职业道德"圆桌讨论分论坛活动上，《新京报》的朱学东老师认为"最大的伦理是真相"，"学界老师对我们的批评主要是技术疏漏，而技术疏漏很容易纠正"①。这场讨论引起了新闻学界和业界的大讨论，我当时在现场，对此颇感震动。

　　作为美国新闻伦理学著作《新闻道德评价》（2002）、《媒介伦理学》（2006、2018）的译者，我对新闻的最高理想——真相从未有过怀疑。来自不同媒体，同样就就业业、热爱自己工作的新闻工作者对"真相"的看法大相径庭，并对"学界老师"提出批评，这不仅让我深感意外，而且对自己一直以来从事的"学界老师"对新闻业"技术疏漏"的批评也产生了怀疑，迷惘于今后的学术道路，直到我开始阅读和翻译美国学者芭比·泽利泽（Barbie Zelizer）的《严肃对待新闻》。

　　由新闻工作者转型为新闻学者的泽利泽观察到，在新闻从业者和新闻学者之间存在割裂。她回想自己的经历："当我带着'新鲜的专业知识'从新闻世界来到大学时，我觉得自己进入了一个平行宇宙。作为一名研究生，我阅读的内容无一能反映我刚刚离开的工作世界。"② 因此，她提出，传统的新闻学术将新闻视为一种专业，然而这种框架限制了对新闻实践的理解。她借用受众研究中的"阐释共同体（interpretive communities）"这个框架，将新闻工作者视为一

---

① 笔者当天与会的笔记。
② ZELIZER B. Taking Journalism Seriously ［M］. California：Sage Publication，2004：2.

个具有特定共享话语的集体,研究新闻工作者如何使用话语来形成有关自己的意义。①

泽利泽开启的新闻文化分析路径极大地启发和鼓舞了我,我意识到,"学界老师"完全可以通过分析新闻工作者的话语理解和尊重他们的在地实践。这是理解公共传播、理解世界的一个重要部分。

确定选题后的撰写过程漫长而痛苦,其间,我还经历了疫情和生离死别。无论如何,在很多人的帮助下,我得以完成学业,并最终让这一段思考以书籍的形式呈现。此刻,我只有深深的感激。

感激我的父母,他们永远毫无保留地支持我,对我只有无边无际的宠爱、欣赏和鼓励。他们给了我生命,更给了我生活的勇气、力量和韧性。

感激我的硕士导师刘树田教授,在我从英语专业转向新闻传播领域时,他开启了我的学术之门,耐心、宽容地指导我,让我能够不断深入学习。

感激将我招入门下的陈绚教授,她在我万分迷茫的时候接纳了我,在我固执地寻找意义时包容我、鞭策我。遗憾的是,陈绚教授英年早逝,只留下无尽哀思与惋惜。

感激在我最无助时向我伸出双手、帮助我完成学业的博士导师钟新教授,她的善良、真诚、无私、宽宏,还有她特有的温和与体谅,让几乎陷入抑郁的我重新燃起了希望。

感激我心中的学术灯塔陈力丹教授、魏永征教授和杨保军教授,他们在百忙之中不但无私地给予我学术上的指导,还在我困难的时候真诚地伸出援手,帮助我度过人生低谷。

感激中国海洋大学的王天定教授和美国明尼苏达州州立圣克劳德大学的彭增军教授,于我而言,他们亦师亦友亦兄长,既在学业上帮助我,又在精神上支持我,随时在线充当我的情绪垃圾桶,给了我挣扎前行的力量。

感激我在美国伊利诺伊大学厄巴纳—香槟分校访学时的 host professor,知名的传媒学者克利福德·克里斯琴斯(Clifford Christians)教授。在美期间,他每两周见我一次,听我谈读书、思考心得,甚至帮我收集论文资料。我回国

---

① ZELIZER B. Journalists as Interpretive Communities [J]. Critical Studies in Mass Communication, 1993(10):219-237.

后，他来北京开会约见我，带着一个红色的文件袋，里面竟然都是我们的邮件往来，记录着我不成熟的点点滴滴。

感激我的朋友们，特别是袁红、怡琳、俊华，她们都是我的心理治疗师，在我崩溃无助之时，她们总能及时托住我，让我不至于跌落深渊。

最后，感激我的家人，我的丈夫、儿子，我的兄嫂、公婆、小姑、侄女，一切尽在不言中。

李青蓉

2023 年 7 月 22 日